Barocke

Barocke Lebenslust

Schloss Hof & Schloss Niederweiden

Herausgegeben von
Franz Sattlecker und Birgit Lindner

Mit Fotos von
Lois Lammerhuber

Amalthea SCHLOSS HOF

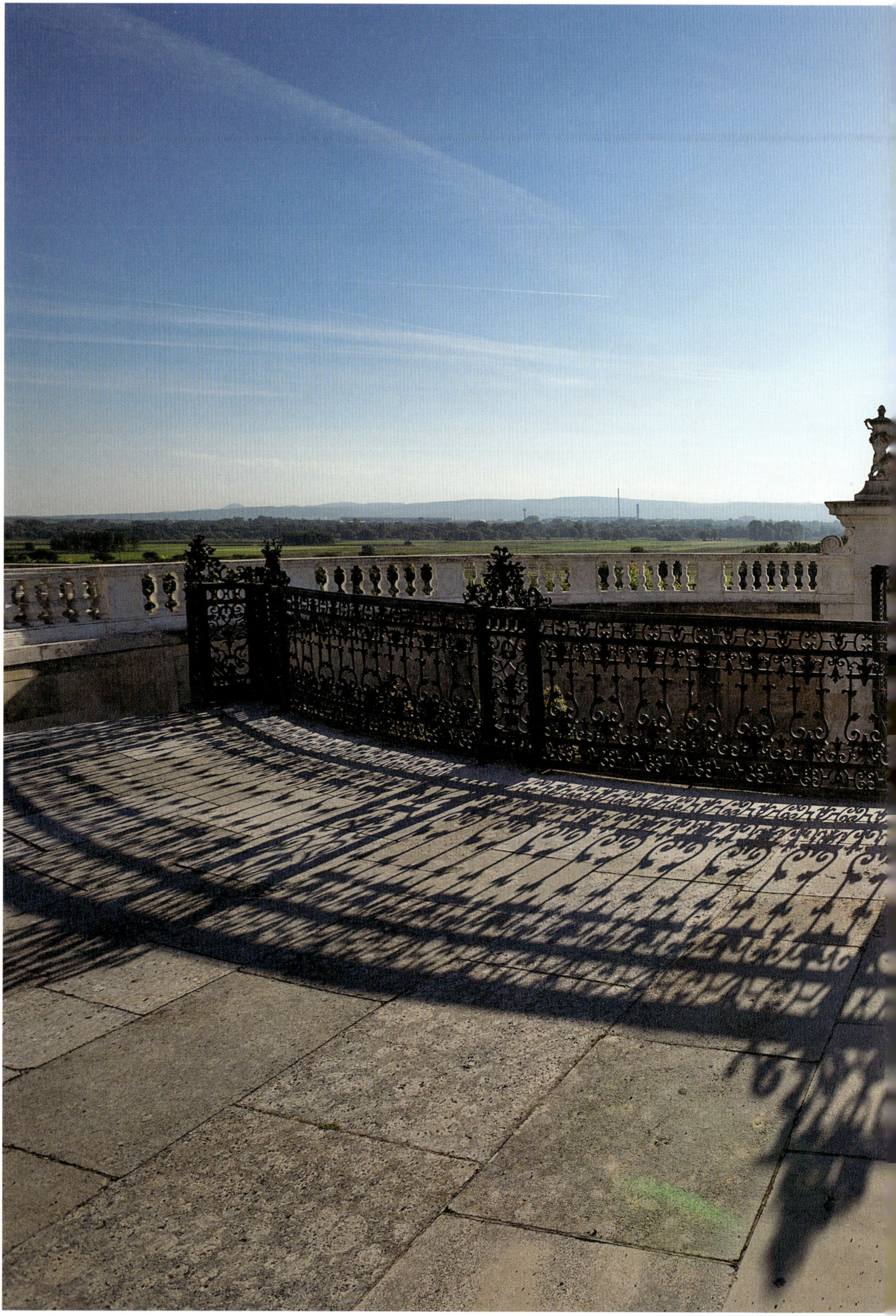

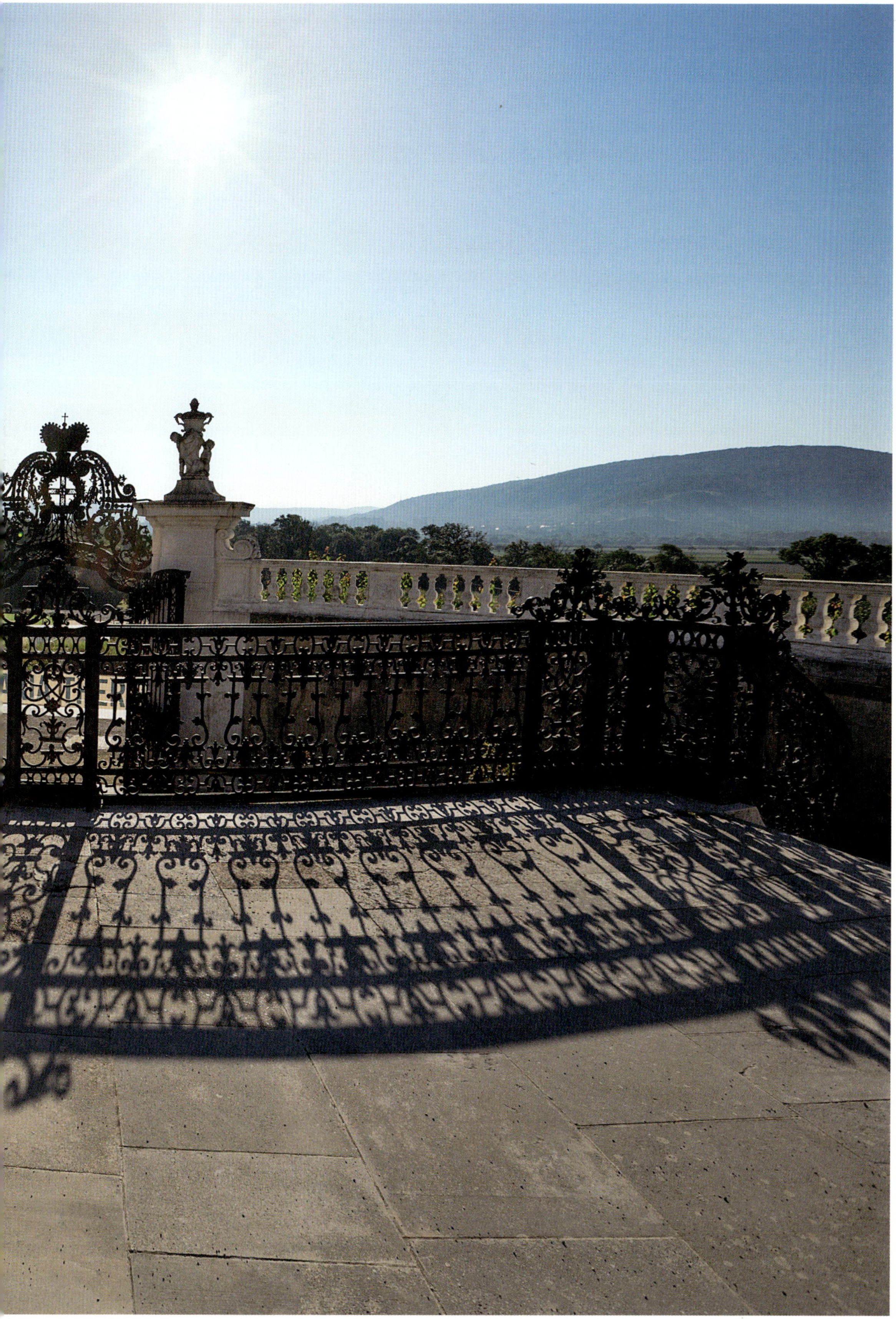

Bildnachweis

Alle Bilder von Lois Lammerhuber außer:
Seite 18 oben: Georg Matthäus Vischer, »Hoff an der March«, um 1672 (Niederösterreichische Landesbibliothek, Topograph. Sammlung, Inventar Nr. 6.640); Seite 18 unten: Bernardo Bellotto, genannt Canaletto, Schloss Hof Gartenseite, um 1760 (KHM-Museumsverband); Seite 150 oben: Christian Engelbrecht und Johann Andreas Pfeffel, Schloss Niederweiden, Stich um 1696 (Österreichische Nationalbibliothek Bildarchiv, Inventar Nr. 166594-C); Seite 206 oben: Schloss Eckartsau Innenansicht (© FC Peter Podpera); Seite 206 unten: Schloss Eckartsau (© FC Melanie Nedelko); Seite 208: Schloss Orth im Nationalpark (© Kern)

MIX
Papier aus verantwortungsvollen Quellen
FSC® C084279
www.fsc.org

Besuchen Sie uns im Internet unter:
amalthea.at
schlosshof.at

Umschlag- und Schubergestaltung: Elisabeth Pirker/OFFBEAT
Umschlagfotos: © Lois Lammerhuber
Lektorat: Karin Mück
Herstellung und Satz: Franz Hanns
Gesetzt aus der Stempel Garamond 11,5 auf 16 Punkt
Printed in the EU
ISBN 978-3-99050-073-6

Inhalt

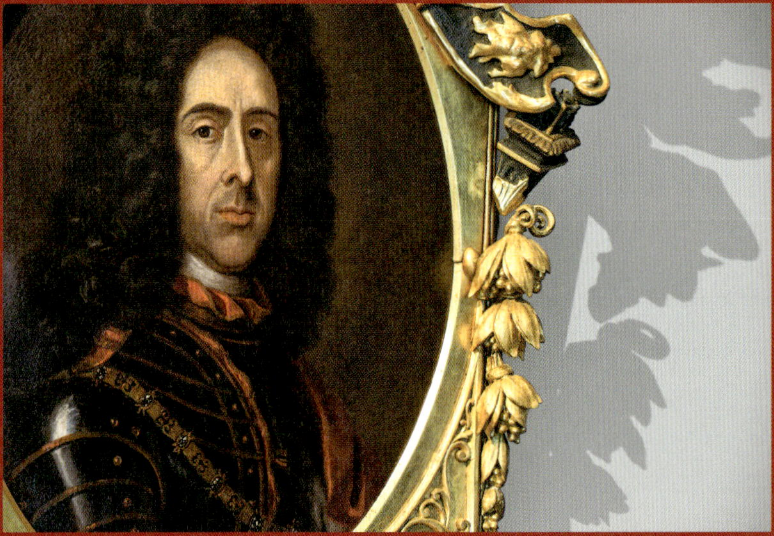

Vorwort der Herausgeber

Prinz Eugen und Maria Theresia laden ein. Zwei Ikonen der österreichischen Geschichte – der erfolgreiche Feldherr und Kunstmäzen und die große Herrscherin und Reformerin – prägten mithilfe der besten Architekten und Künstler ihrer Zeit die Geschichte und das Aussehen von Schloss Hof und Schloss Niederweiden im Marchfeld. Prinz Eugen ließ die beiden Schlossanlagen im barocken Stil großartig ausbauen, Maria Theresia gab ihnen mit Zu- und Umbauten ihre heutige Gestalt. Beide, der alleinstehende Prinz und die Herrscherin mit ihrer großen Familie, verbrachten gerne Zeit in ihren Schlössern und liebten es, Gäste zu empfangen. Zum gemeinsamen Jagen, Lustwandeln, Luftschöpfen und zum Feiern.
Auch heute wird Gastfreundschaft großgeschrieben. Tür und Tor stehen jetzt allen Gästen weit offen. Herzlichkeit und familiäre Atmosphäre zeichnen heute den Prunk und Glanz des Barock aus. Lebenslust und ausgelassenes Feiern prägen wie damals den Jahreskreis – von den Frühlingsgartentagen bis zum Weihnachtsmarkt, vom Tierumzug bis zu Kinderaktivitäten.

Historische Authentizität. In den vergangenen Jahren wurden die beiden Schlösser von Grund auf restauriert und revitalisiert. Auf Basis wissenschaftlicher Forschung wurde der Originalzustand aus der Barockzeit wiederhergestellt: wo immer es möglich war, mit historischen Materialien und originalen Einrichtungsgegenständen. Mit dem einzigartig erhaltenen Gutshof und den weitläufigen Terrassengärten sowie Wasserspielen bilden Schloss Hof und Schloss Niederweiden heute ein europaweit einmaliges Ensemble barocker Kunst und Lebenslust. Steinerne Löwen, Skulpturen von griechischen Göttern, barocke Putti, Fluss-Allegorien von Donau und March und Prinz Eugen persönlich auf barocken Gemälden empfangen die Gäste und begleiten sie gestenreich durch Schloss und Garten.

Moderne Sichtweise. Barocker Glanz und Prunk waren damals elitären Gesellschaftsschichten vorbehalten. Moderne Geschichtsforschung berücksichtigt aber auch alle jene Menschen, die im Schatten der Pracht standen und durch ihre harte Arbeit diese erst ermöglichten. In Schloss Hof und Schloss Niederweiden ist daher auch das Leben der Bediensteten, der Mägde, der Stallknechte, der Diener, der Köchinnen, der Bauern und Handwerker dokumentiert und erfährt entsprechende Würdigung: auf zwei Erlebnispfaden und in einer Dauerausstellung über das barocke Alltagsleben, in den vielen Räumlichkeiten und Werkstätten des Gutshofes sowie in der funktionstüchtigen Wildküche von Niederweiden.

Leben im Schloss heute. Schloss Hof und Schloss Niederweiden sind keine Museen, sondern lebendige Organismen. Im Gutshof leben exotische Tiere und seltene Haustierrassen wie die beliebten Weißen Barockesel von Schloss Hof. In den verschiedenen Nutzgärten wachsen Obst, Kräuter und Gemüse, die auch in den Restaurantküchen Verwendung finden. Die Werkstätten – von der Korbflechterei bis zur Töpferei – sind authentisch eingerichtet und in Betrieb. In den Orangerien, im Festsaal und im Arkadenhof laden regelmäßig Kunstschaffende ein – zu Konzerten, Theateraufführungen, Ausstellungen oder Workshops. Und für Kinder gibt es im Bäckenhof ein einzigartiges Kulturzentrum, wo sie in einem barock anmutenden Kindertheater, in Back- und Bastelstuben, Ateliers, einer alten Schreibstube und Spielräumen historisches Tun erleben.

Über dieses Buch. Der Fotokünstler Lois Lammerhuber hat für dieses Buch all das eingefangen: Glanz und Lebenslust des Barock – Spuren von damals und Leben heute. Seine Fotos atmen die einmalige Atmosphäre der Schlösser im Jahreskreis.

Mitarbeiterinnen und Mitarbeiter der Schlösser schreiben über ihre Arbeit und stellen die Schlösser mit all ihren Besonderheiten sowie kleinen und großen Geheimnissen vor. Zwischen den Zeilen spürt man, mit wie viel Herzblut und Begeisterung sie sich für »ihre« Schlösser engagieren.
Wir, die Herausgeber, laden Sie, geneigte Leserinnen und Leser, nun herzlich ein, in unserem Buch in Bild und Text durch barocke Lebenslust zu spazieren, und freuen uns darauf, Sie auch ganz persönlich und real als Gäste in Schloss Hof und Schloss Niederweiden begrüßen zu dürfen. Zum Lustwandeln, Luftschöpfen und Feiern.

Franz Sattlecker
Geschäftsführer Schloß Schönbrunn
Kultur- und Betriebsgesellschaft

Birgit Lindner
Leiterin Gästeservice
Schloss Hof und Schloss Niederweiden

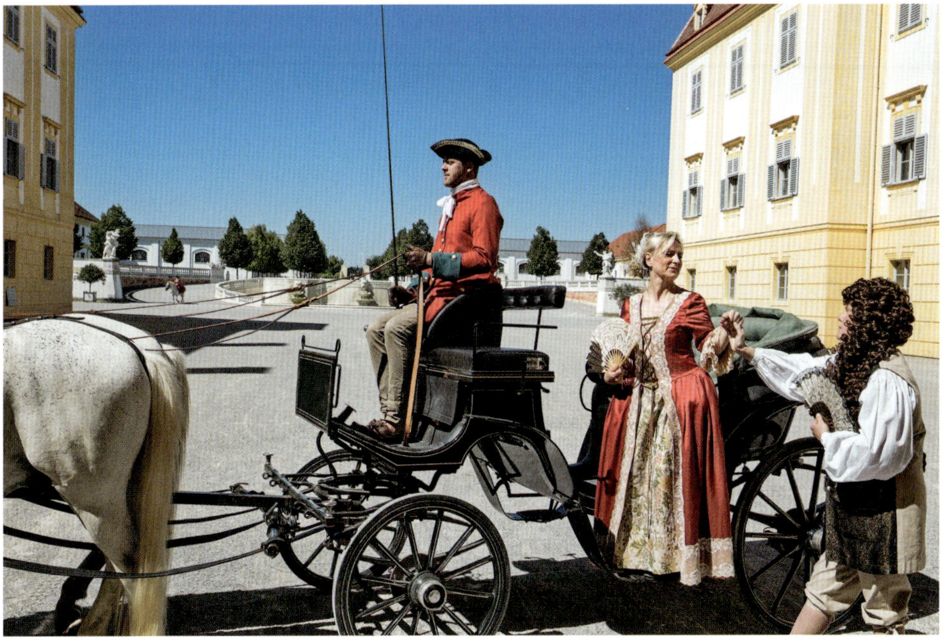

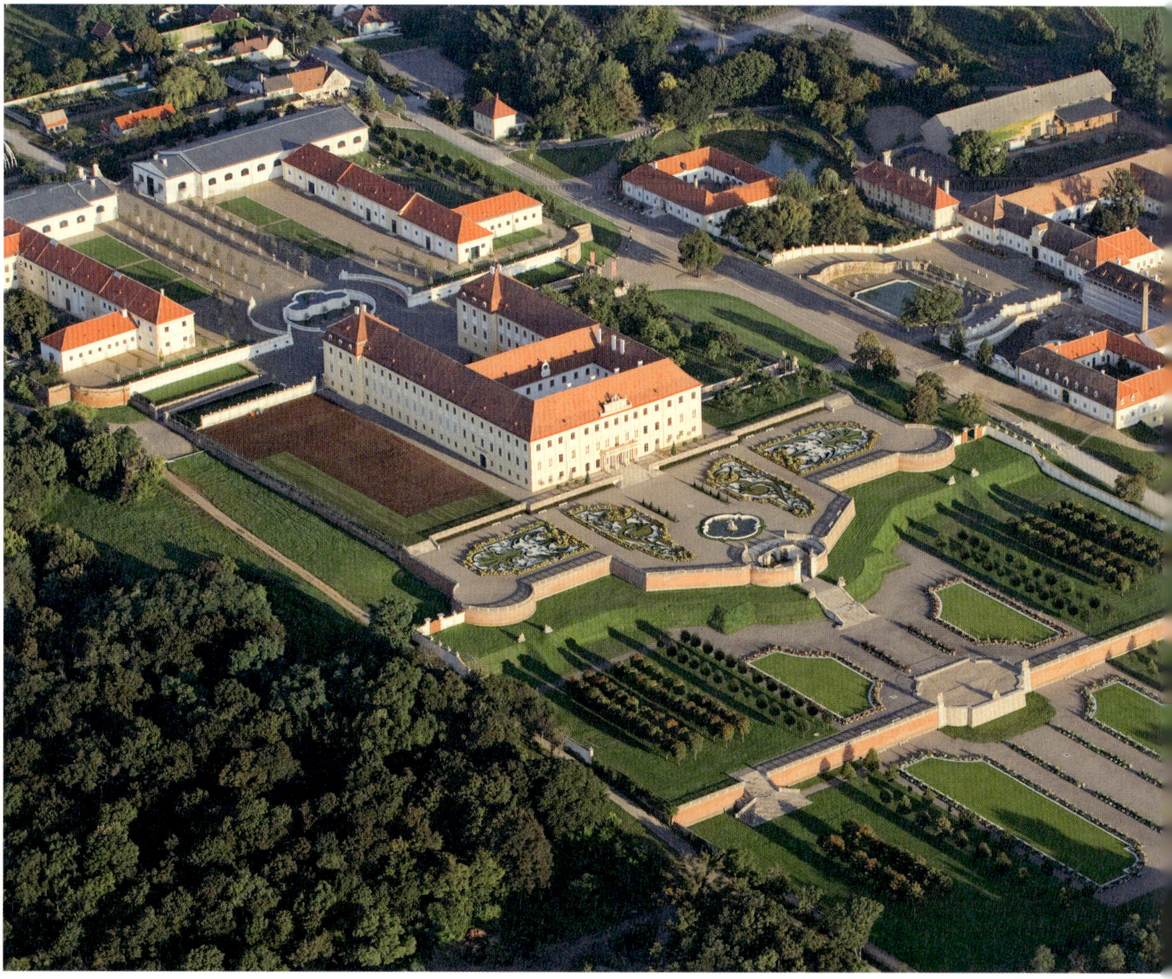

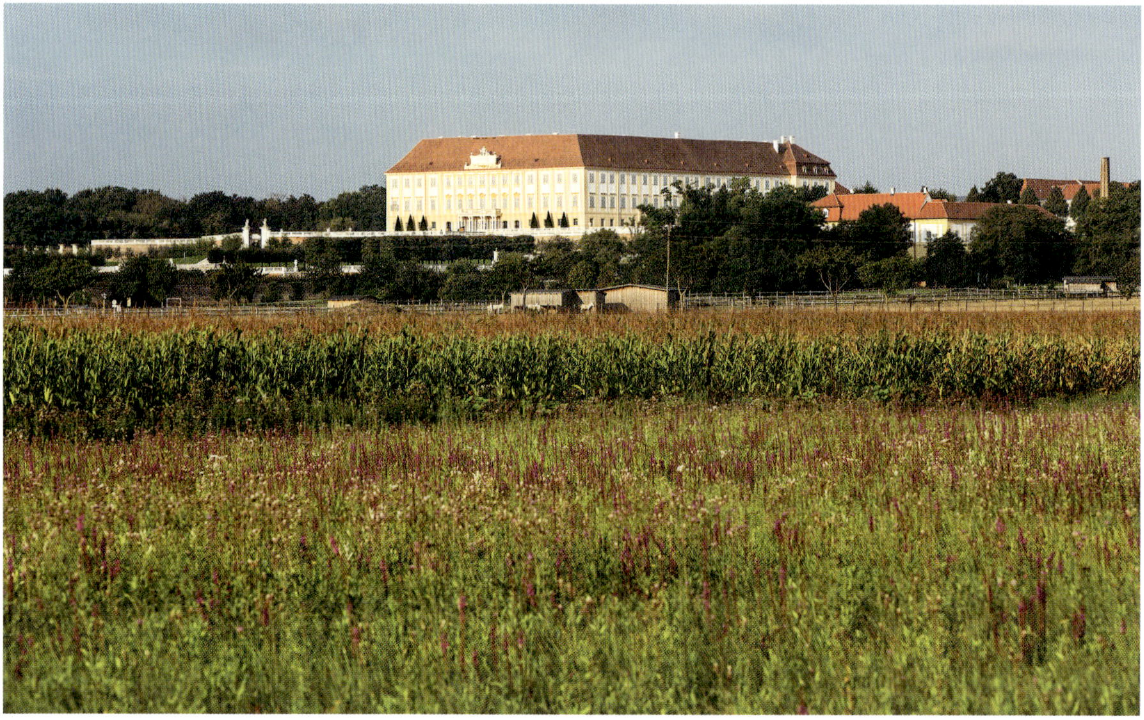

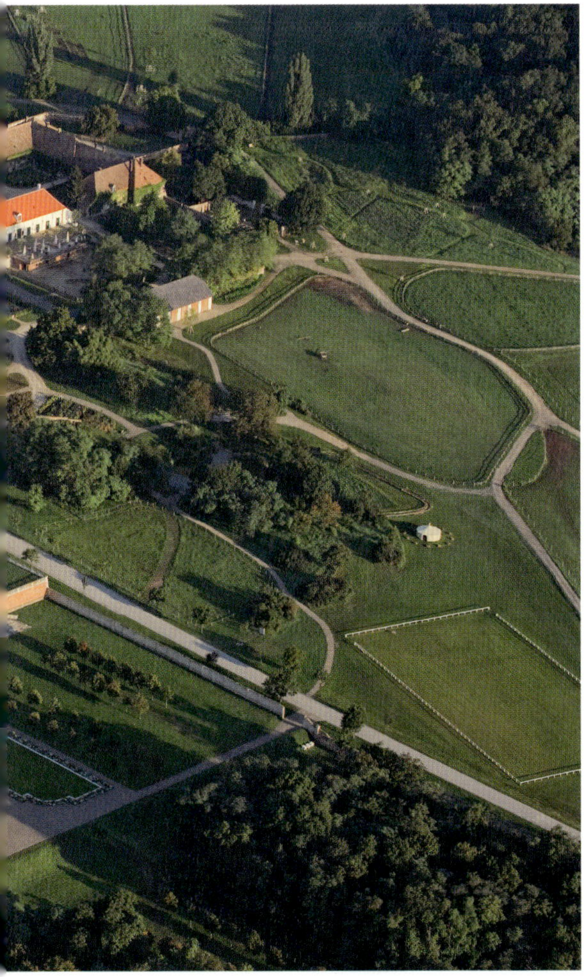

Annähern …

Luftbildaufnahme Schloss Hof 2006

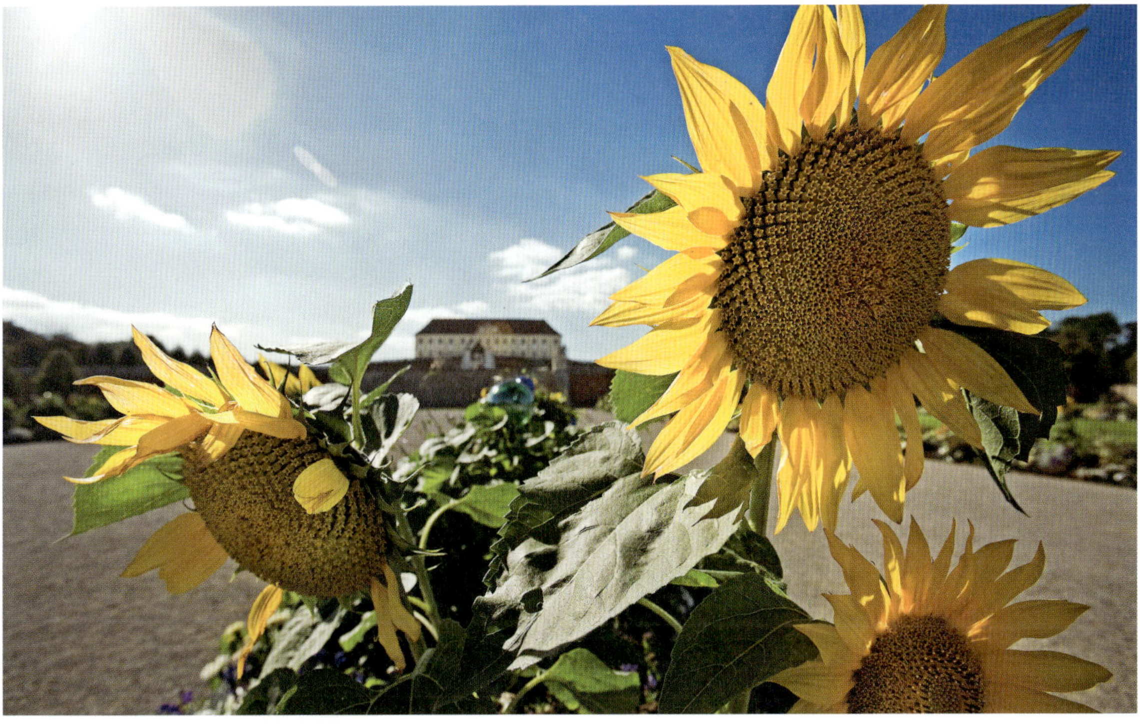

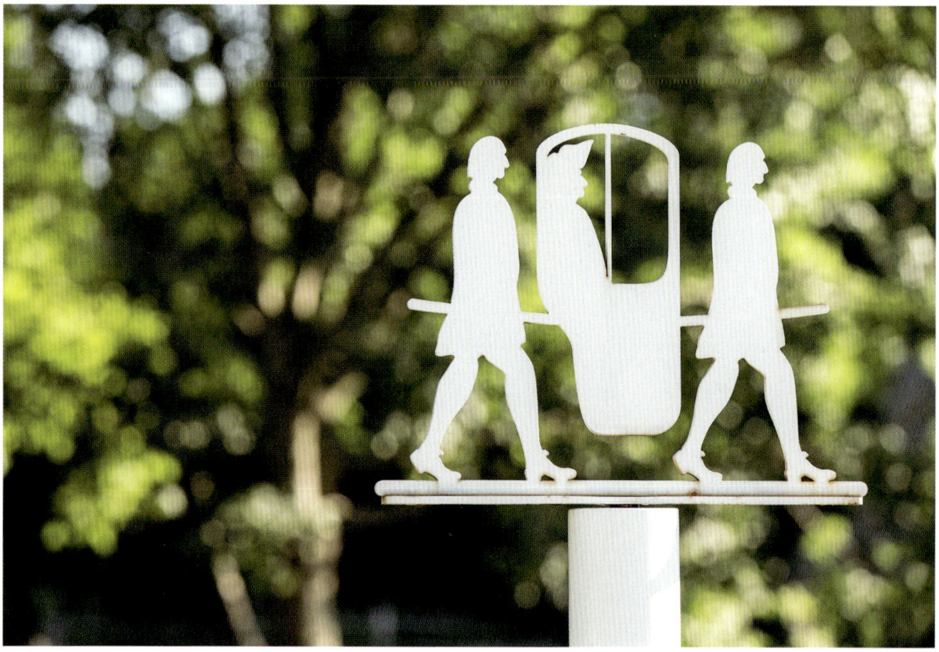

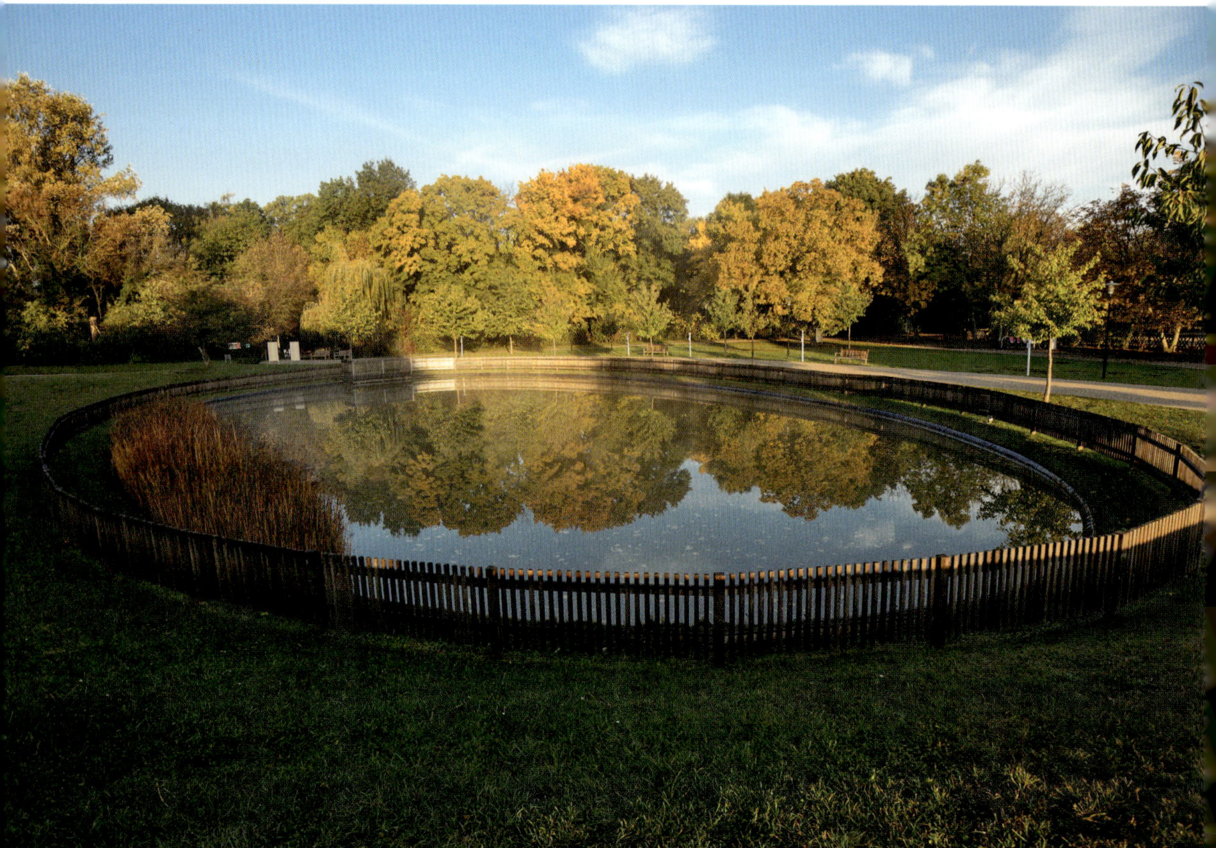

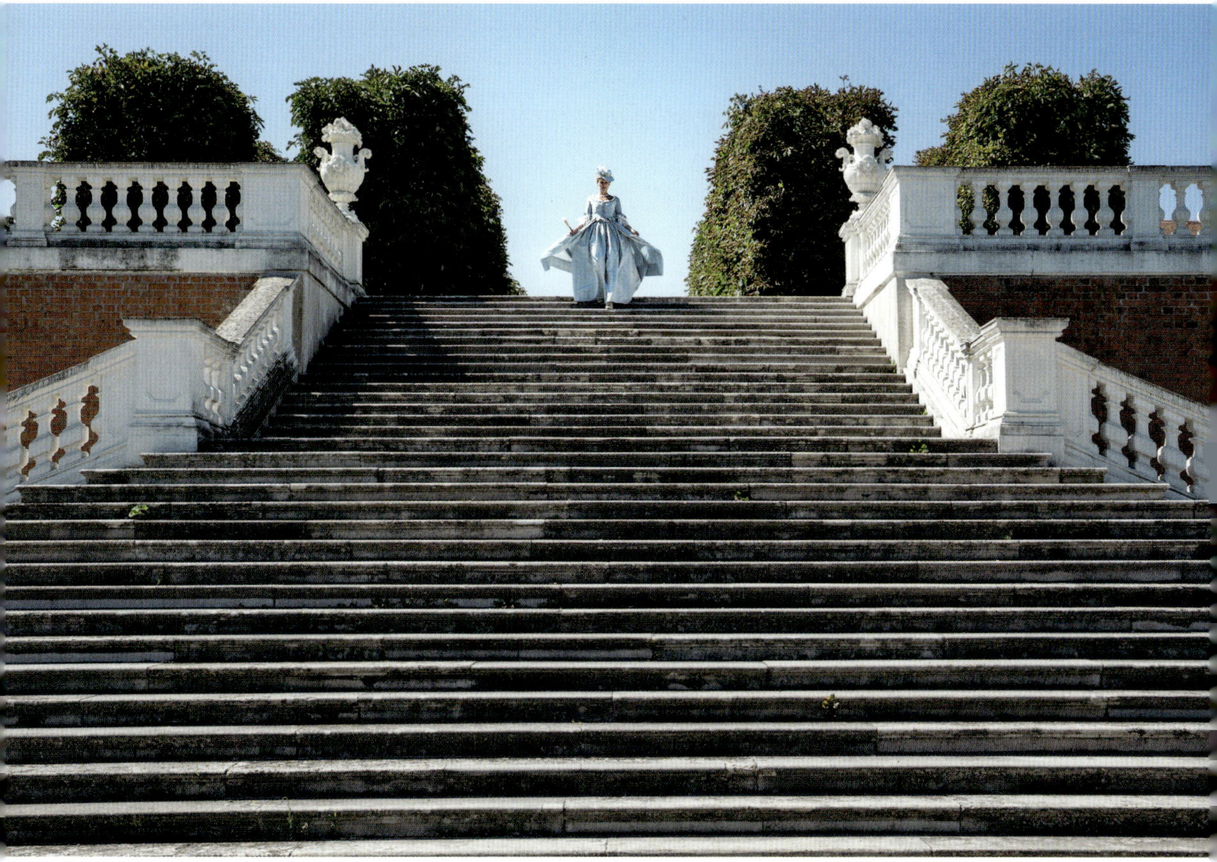

… anreisen, ankommen und willkommen sein!

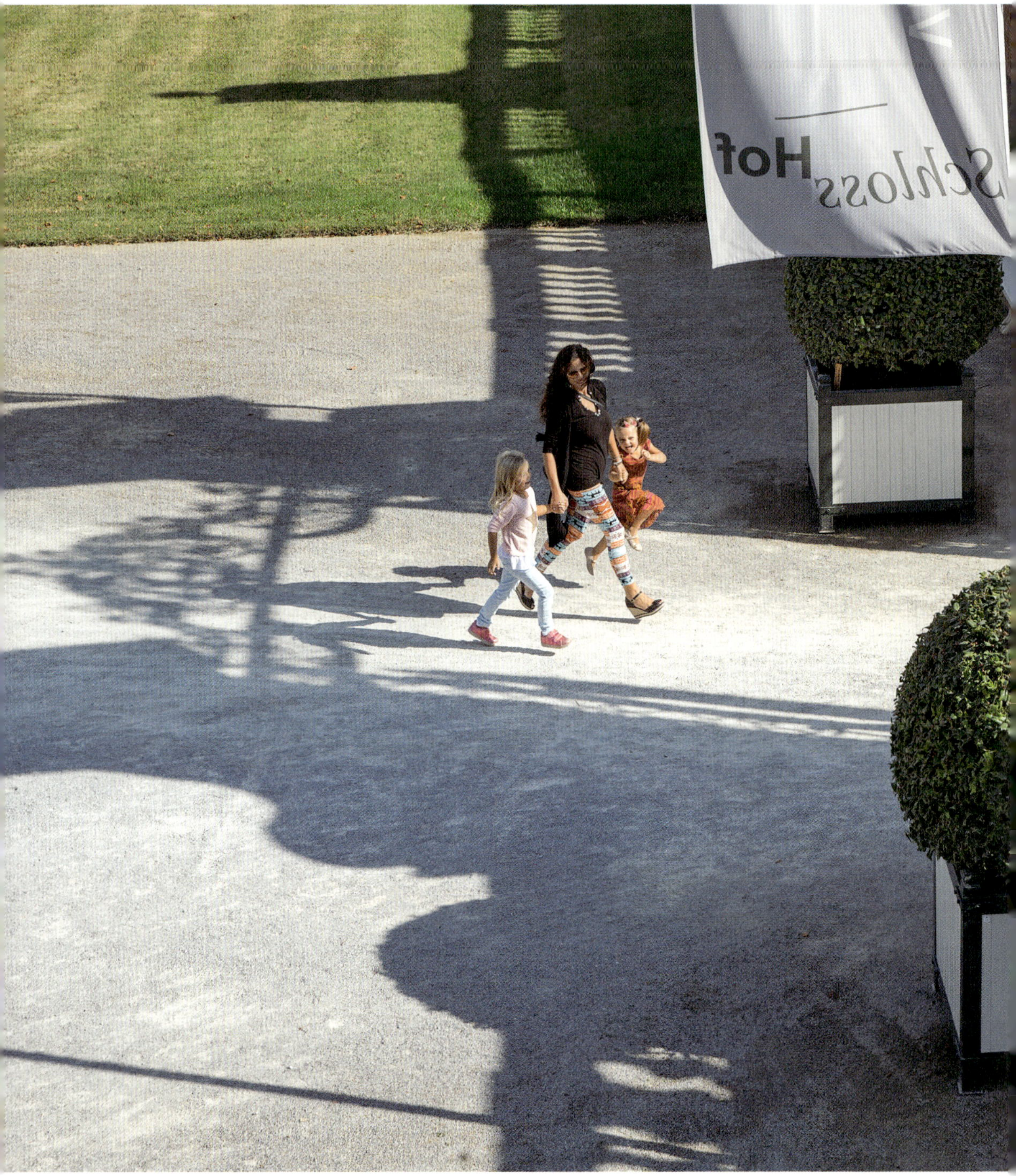
SchlossHof

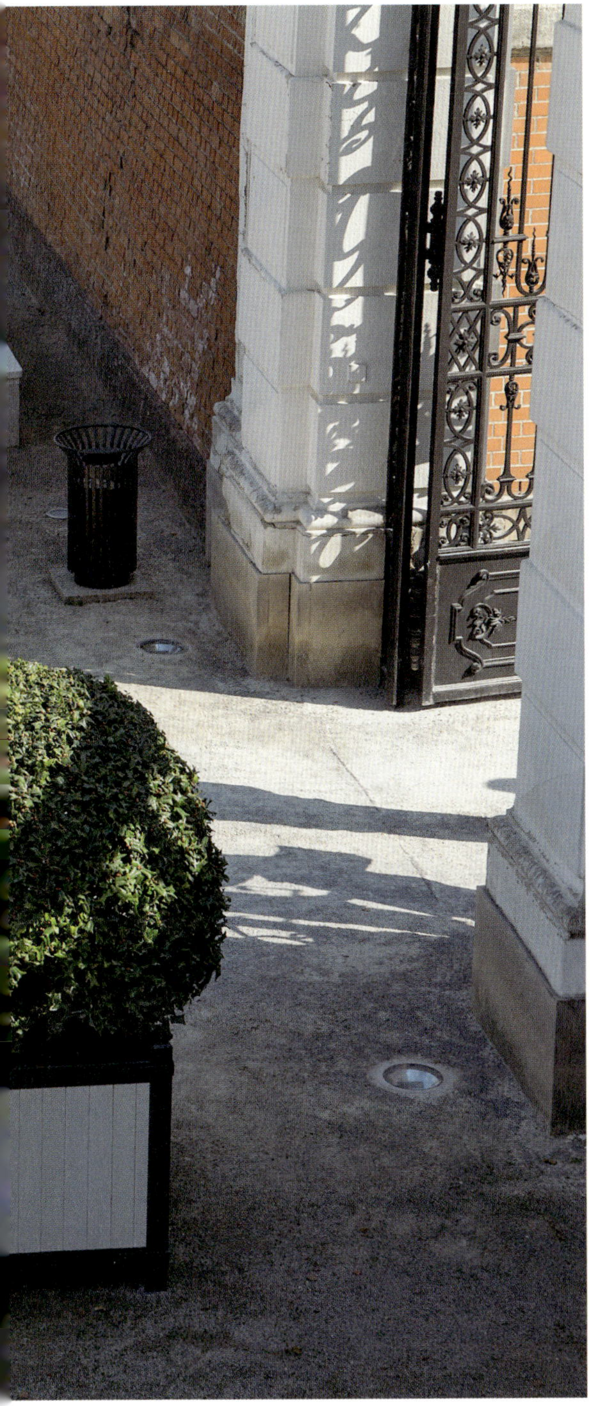

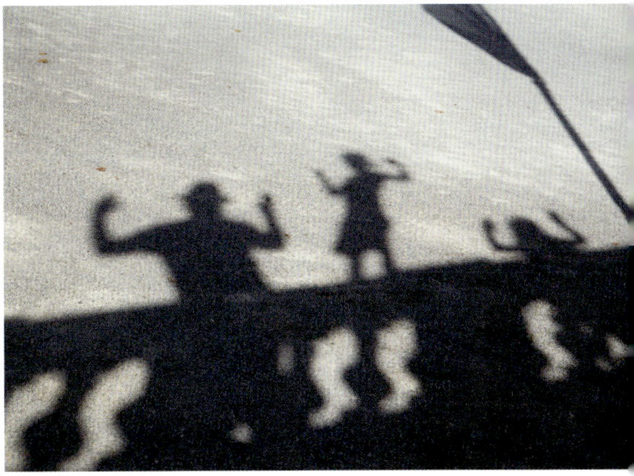

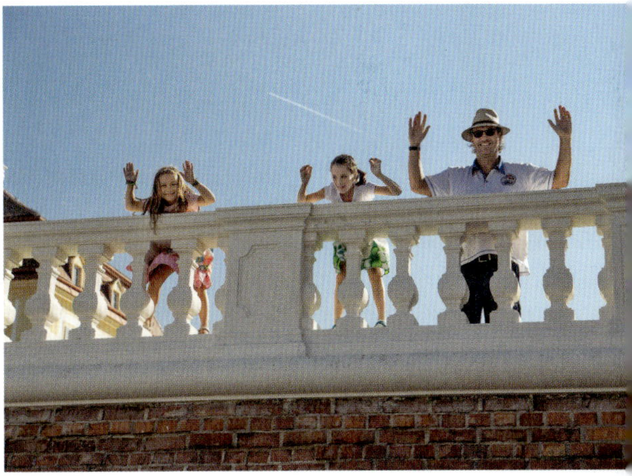

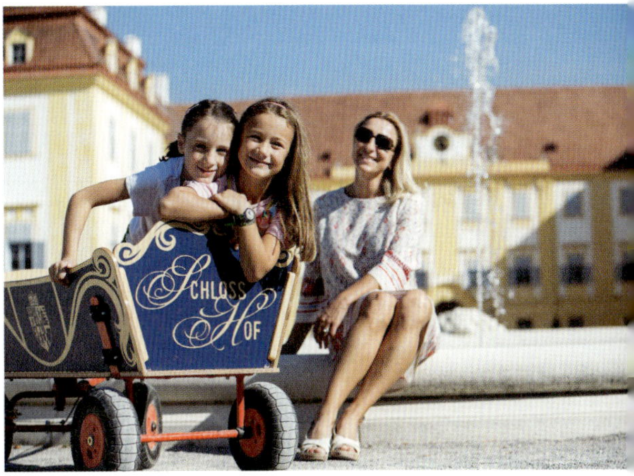
SCHLOSS HOF

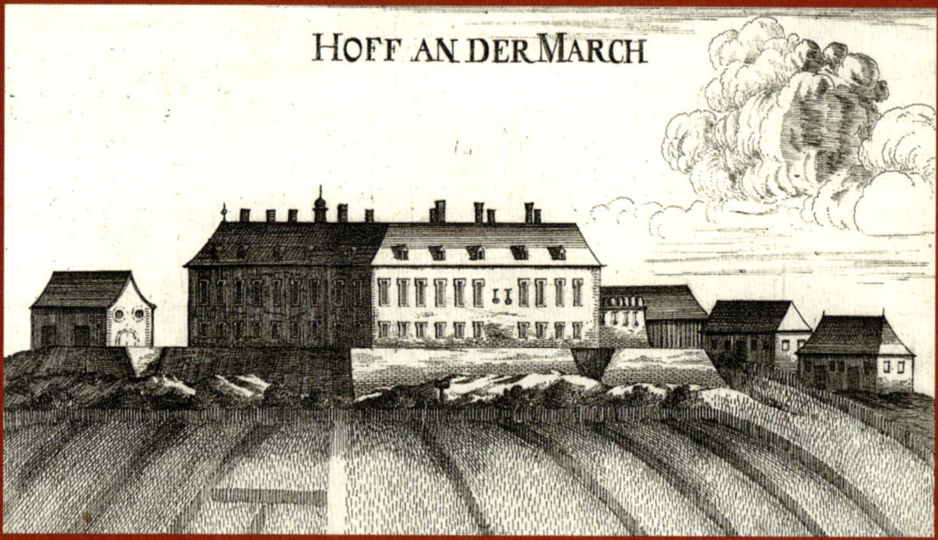
HOFF AN DER MARCH

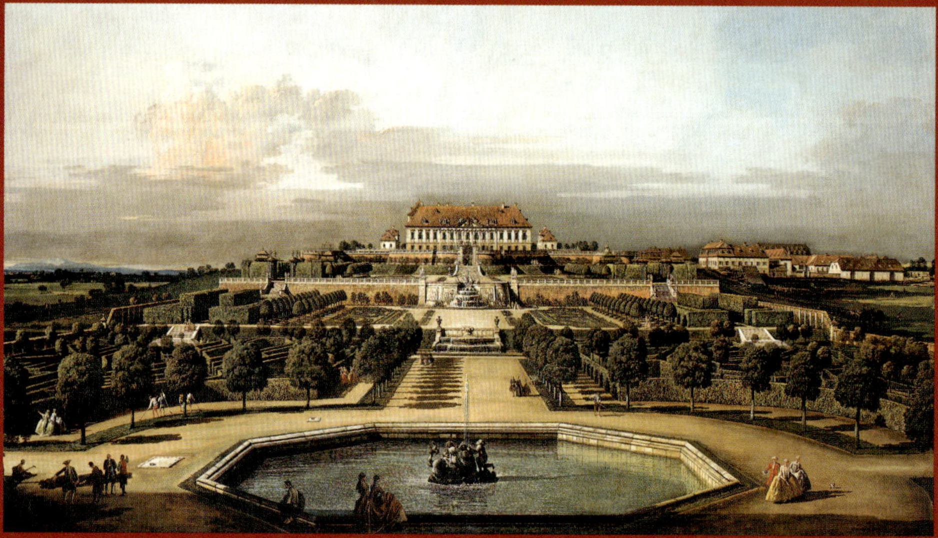

Geschichte und Porträts

Auf Schloss Hof und Schloss Niederweiden tauchen Gäste auf einer faszinierenden Reise durch die Jahrhunderte in die aufregende Epoche des Barock ein. Feste, Prunk und Zeitvertreib der einst hohen Herrschaften in Schloss und Garten sind ebenso erlebbar wie der ehemals harte Alltag der Bediensteten im Gutshof. Vom mittelalterlichen Kastell über grandiose barocke Ensembles bis zu trostlosen Ruinen reicht die Geschichte von Schloss Hof und Schloss Niederweiden. Heute überraschen die Schlösser in neuem altem Glanz. Folgen Sie der Einladung von Prinz Eugen von Savoyen und Herrscherin Maria Theresia!

Von Birgit Lindner

Wechselvoll in der Zeitenwende. Schon im Mittelalter wurde in Urkunden eine »Veste Hof, gelegen im Marichart« (eine Festung zu Hof im Marchfeld) erwähnt. Allerdings befand sich diese nicht an der heutigen Stelle, sondern in der Nähe des March-Donau-Zusammenflusses bei der kleinen Ortschaft Markthof. 1572 kam diese *Veste Hof* in den Besitz von Friedrich von Prankh, einem Freiherrn aus altem niederösterreichisch-steirischen Adelsgeschlecht. Dieser verlegte die Burg von der hochwassergefährdeten Marchsenke auf den 30 Meter höher gelegenen Schloss Hofer Berg und errichtete dort den Vorgängerbau des heutigen Schloss Hof: ein landschaftsbeherrschendes, zweigeschoßiges Kastell, dessen vier Flügel noch heute den erhaltenen Arkadenhof umschließen. Eine Anlage mit Wehrcharakter, die allen Feinden trotzen sollte, die über den Grenzfluss March eindringen wollten. Ein Wappenstein im Arkadenhof erinnert an den Gründer, der 1627 starb. In Folge wechselten die Besitzer häufig – bis Prinz Eugen von Savoyen auf den Plan trat.

Linke Seite, oben: Georg Matthäus Vischer, »Hoff an der March«, um 1672
Linke Seite, unten: Bernardo Bellotto, genannt Canaletto, Schloss Hof Gartenseite, um 1760

Prinz Eugenius, der edle Ritter … Prinz Eugen wurde am 18. Oktober 1663 in Paris geboren und wuchs im Umfeld des französischen Königs, Ludwig des XIV., auf. Da ihm der König eine militärische Laufbahn verwehrte, begab sich der Prinz in den Dienst der Habsburger, die angesichts der osmanischen Expansionsbestrebungen jeden Freiwilligen in der Armee gut gebrauchen konnten. Schon bei der Entsatzschlacht von Wien 1683, als die Osmanen bereits vor den Toren der Stadt standen, kämpfte Prinz Eugen als Volontär, und bald errang er als Feldherr des Kaisers viele militärische Erfolge. Seine kometenhafte Karriere machte ihn 30-jährig zum Feldmarschall – und das nach kaum zehnjähriger Dienstzeit. Prinz Eugen blieb Österreich und drei habsburgischen Kaisern treu: Leopold I. sowie dessen Söhnen Joseph I. und Karl VI. Ab 1703 war Eugen als Präsident des Hofkriegsrates für das gesamte Militärwesen der Monarchie zuständig und 1708 als Generalleutnant der Stellvertreter des Kaisers im militärischen Oberbefehl. Im Alter von nur 45 Jahren hatte Prinz Eugen alle militärischen Ränge durchlaufen, die Österreich, Kaiser und Reich zu vergeben hatten.
Prinz Eugen stammte zwar aus vornehmem Pariser Hause, jedoch standen ihm am Wiener Hof kein Grund und Boden zur Verfügung. Umso wichtiger war es für ihn, nachdem er durch seine militärischen Erfolge zu Geld gekommen war, Güter und Ländereien zu erwerben. Nur wer mit prächtig ausgestatteten Palästen und kunstvoll angelegten Gärten standesgemäß repräsentierte, konnte in Wien auch politisch Karriere machen. Der Prinz engagierte für seine Bauvorhaben die damals in Wien berühmtesten Architekten. Er behielt sich ein Mitspracherecht bei all seinen Bauprojekten vor und ließ sich sogar auf die entlegensten Kriegsschauplätze Baupläne übermitteln.
Zunächst erwarb er 1694 ein kleines Haus in Wien, in der *Himmelportengasse*. Für den Um- und Ausbau zu einem prachtvollen Adelspalais konnte Eugen den Architekten Johann Bernhard Fischer von Erlach gewinnen. Ab

etwa 1700 stand dann Johann Lucas von Hildebrandt in den Diensten des Prinzen. Ihn hatte Eugen vermutlich bereits bei seinen Feldzügen in Italien kennengelernt, denn Hildebrandt war zunächst Festungsbauingenieur, bevor er zu einem der begehrtesten Architekten der Zeit wurde.
Im November 1697 erwarb Eugen am Rennweg, im heutigen 3. Bezirk von Wien, Weinberge und ließ dort von Hildebrandt ein Sommerpalais mit prächtigem Garten errichten, das unter Herrscherin Maria Theresia als Belvedere bekannt wurde. Kaum ein Jahr später kaufte Prinz Eugen die Donauinsel Csepel südlich von Budapest mit dem gegenüberliegenden Vorgebirge Promontor und baute auch dort. Ein prestigeträchtiger Ort: Einst hatten hier die ungarischen Könige ihren Sommersitz. Und schließlich, nachdem die Osmanen über das ungarische Reichsgebiet hinaus zurückgedrängt werden konnten, bekam Prinz Eugen von Kaiser Leopold I. am Zusammenfluss von Drau und Donau, im heutigen Kroatien, Ländereien geschenkt. Schloss Bilje entstand. Aufgrund der großen Entfernung von Wien nutzte Prinz Eugen die letztgenannten Schlösser aber selten.

Jagen und Luftschöpfen im Marchfeld. Jetzt fehlte Eugen noch ein Jagdsitz in unmittelbarer Nähe zu Wien. Die Zeit des Hochbarock in Österreich war auch die Blütezeit der höfischen und adeligen Jagdkultur. Jagen war allerdings nicht nur Vergnügen und Körperertüchtigung, sondern auch unabdingbare Demonstration von Macht. Prinz Eugen, als erfolgreichster Feldherr und wichtigster Berater des Kaisers, musste mithalten.
1725 schenkte Kaiser Karl VI. Prinz Eugen als Entschädigung für dessen Verzicht auf die finanziell sehr einträgliche Statthalterschaft der österreichischen Niederlande die Herrschaft Obersiebenbrunn im Marchfeld. Weil Eugen dort aber keinen ausreichenden Wildbestand vorfand, entschloss er sich im selben Jahr, Schloss Hof zu kaufen. Dieses garantierte in den nahen

March- und Donauauen reichlichen Wildbestand und ermöglichte durch seine erhöhte Lage den Fernblick gegen Osten auf die ungarische Krönungsstadt Preßburg.
Vom Winterpalais in der Himmelpfortgasse und dem Gartenpalais am Rennweg über die Schlossanlagen von Schloss Hof und wenig später Niederweiden bis zu Ráckeve in Ungarn und Bilje in Kroatien spannte der Prinz eine Linie entlang der Donau in den Osten. Dahinter stand eine Botschaft Prinz Eugens: Wenn sich der oberste kaiserliche Feldherr getraut, Schritt für Schritt Richtung Osten Palais- und Schlossanlagen zu errichten, konnten die Grenzen des Habsburgerreiches als gesichert gelten. Und das war nicht zuletzt sein Verdienst.
Architekt Johann Lucas von Hildebrandt erhielt in Schloss Hof den Auftrag, das bestehende Renaissancekastell in ein barockes Ensemble umzugestalten. Es entstanden das Schloss, der berühmte Terrassengarten und der Gutshof mit seinen Orangerien. Wann immer es Prinz Eugen die Zeit erlaubte, fuhr er nun zum »Luftschöpfen« hinaus nach Schloss Hof, das ihm besonders am Herzen lag. Die drei bekannten Gemälde Bernardo Bellottos, genannt Canaletto, von Schloss Hof, sie entstanden 25 Jahre nach dem Tod des Prinzen, überliefern noch heute ein eindrucksvolles historisches Bild von diesem letzten Bauunternehmen des Savoyers und seines Architekten.
1726 erwarb Prinz Eugen auch das benachbarte Schloss Niederweiden, das Johann Bernhard Fischer von Erlach im Jahre 1693 für Ernst Rüdiger Graf von Starhemberg, den Stadtkommandanten bei der Entsatzschlacht von Wien, errichtet hatte. Damit war der einst mittellos aus Paris nach Passau geflüchtete Savoyerprinz Eugen einer der größten Grundbesitzer der Habsburger-Monarchie.
Auch wenn ihm nur wenige Jahre Zeit blieben, so genoss der Prinz doch viele Aufenthalte auf Schloss Hof und Niederweiden und lud zu standesge-

mäßen Festen sowie Jagden. Er organisierte Pflanzen aus ganz Europa für seine Orangerien und Gärten, sammelte Möbel, Gemälde und Bücher und hatte großen persönlichen Anteil an der Ausgestaltung seines Landsitzes im Marchfeld.

Die reichste Erbin Europas. Prinz Eugen, der nie verheiratet war und dadurch keine direkten Nachkommen hatte, starb 1736. Es erbte die einzige noch lebende nähere Verwandte, seine Nichte, Prinzessin Anna Victoria von Savoyen-Soisson, Tochter seines ältesten Bruders. Anna Victoria lebte mit 52 Jahren unverheiratet in einem Kloster bei Turin und sah sich beim Tode ihres Onkels plötzlich als eine der reichsten Erbinnen Europas: ein Vermögen von ungefähr zwei Millionen Gulden, darunter Schlösser, Güter, die berühmte Bibliothek und Gemäldesammlung.
Anna Victoria legte das klösterliche Leben ab und heiratete den gut aussehenden, am Wiener Hof in hoher Gunst stehenden, um 18 Jahre jüngeren Prinzen Joseph Friedrich von Sachsen-Hildburghausen. Dieser war Ritter des Ordens vom Goldenen Vlies und hatte militärisch Karriere gemacht.

Feiern in barocker Üppigkeit. Als Morgengabe überließ Victoria ihrem Gemahl Schloss Hof und Niederweiden – Schlösser, die der Prinz liebte und wo er oft und gern üppige Feste veranstaltete. Bei den Dorfbewohnern der Umgebung war der Prinz beliebt, sonst galt er aber als veritabler Verschwender. Die Ehe verlief unglücklich, das Paar trennte sich mit Erlaubnis von Maria Theresia, Victoria kehrte traurig nach Turin zurück. Der Prinz behielt Schloss Hof und Niederweiden und veranstaltete weiterhin opulente Barockfeste. Das berühmteste Fest organisierte er zu Ehren von Maria Theresia und ihrem Gemahl, Kaiser Franz I. Stephan von Lothringen, im September 1754. Es war zugleich eine Art Schwanengesang: Der aufwendige Lebensstil hatte den Prinzen in finanzielle Schwierigkeiten geführt, und mit diesem letzten großen Fest wollte er den Majestäten den Kauf der beiden Schlösser schmackhaft machen.

Bauherrin Maria Theresia. Der Aufwand hatte sich gelohnt. 1755 kaufte Maria Theresia die Schlösser Hof und Niederweiden und schenkte diese ihrem Gemahl. Wie viele ihrer Schlösser war offenbar auch Schloss Hof für Maria Theresia, ihre große Familie mit 16 Kindern und ihr zahlreiches Gefolge zu klein, sodass sie ab 1773 den Architekten Franz Anton Hillebrandt mit großzügigen Umbauten beauftragte. Schloss Hof wurde um ein Stockwerk erhöht, die Räume wurden neu eingerichtet. Maria Theresia ließ auch eine steinerne Brücke über die March errichten, um schneller in die damalige ungarische Residenz Preßburg zu gelangen, dort, wo heute Fußgänger und Radfahrer über die »Brücke der Freiheit« die Grenze passieren. Mit dem Umbau von Schloss Niederweiden beauftragte Maria Theresia den k. k. Oberhofarchitekten Nikolaus von Pacassi – das Schlösschen erhielt seine heutige Gestalt.

Heiraten im letzten Glanz. Die Schlösser wurden vom Kaiserpaar gerne genutzt. Franz I. Stephan kam jedes Jahr nach Schloss Hof zur Jagd, zu Gesellschaften oder auch nur mit der Familie. Maria Theresia nahm zur Anreise oftmals den Wasserweg: Von den Praterauen bei Wien fuhr sie mit dem Schiff bis zur March-Donaumündung und nur das letzte Stück mit der Kutsche. Und noch einmal sollte Schloss Hof glanzvolle Bühne für ein großes Familienfest werden. In der bis heute original erhaltenen Barockkapelle fand am 8. April 1766 die Vermählung von Maria Theresias Lieblingstochter, Erzherzogin Maria Christina, mit Prinz Albert von Sachsen-Teschen statt. Die beiden wurden als die Begründer der Wiener Albertina bekannt.

Verbrachte Maria Theresia noch gerne Zeit in Schloss Hof, so wurde es nach ihrem Ableben zunehmend ruhiger. Kaiser Joseph II. wollte Schloss Hof sinnvoll genutzt wissen und ließ 1788 in den großzügig angelegten Stallungen das Beschäl-Department von Niederösterreich einrichten, das in Folge 69 Jahre existieren sollte. Bis 1857 war Schloss Hof Heimstätte für Hunderte von Zuchthengsten.

Die dunklen Jahre: Reitinstitut, Marine-Akademie, Ruinen. 1898 übergab Kaiser Franz Joseph beide Schlösser an die Heeresverwaltung als Reit- und Fahrlehrinstitut. Schloss Hof wurde für das Militär adaptiert, unter anderem wurden die beiden Reithallen beim Westeingang der Anlage errichtet – damals die größten dieser Art in der Monarchie. Für den neuen Verwendungszweck räumte man zuvor das gesamte Schloss leer. 200 Zugwaggons fuhren von Marchegg nach Wien ab. Viele Ausstattungsgegenstände und Gartenelemente wurden in andere Schlösser gebracht – nach Schloss Eckartsau und nach Schönbrunn, und was nicht gebraucht wurde, gelangte ins Hofmobiliendepot, ins »Möbellager« der Habsburger.

Während des Ersten Weltkrieges übersiedelte für kurze Zeit die Marine-Akademie von Fiume nach Schloss Hof, eine militärisch-maritime Bildungsanstalt, deren Aufgabe es war, Zöglinge auf die Offizierslaufbahn vorzubereiten. Für die maritimen Übungen wurden zwei Kutter an die March gebracht. Die Zöglinge litten allerdings sehr unter der rauen Witterung im Marchfeld, waren sie doch das sanftere Klima der Adria gewohnt. Ihre Adjustierung wurde um graue Wollstutzen und schwarze Schals erweitert.

Das Ende der Monarchie brachte auch für Schloss Hof eine turbulente und unstete Zeit. Die verbliebenen Personen waren geografisch isoliert und schlecht versorgt. In der Zwischenkriegszeit war Schloss Hof – mit einigen Unterbrechungen – wieder Ausbildungsstätte des Militärs. Sogar eine

Champignonzucht wurde zeitweise in den Kellern eingerichtet. Zeichen des Niedergangs.
1938 übernahm die deutsche Wehrmacht die in Schloss Hof organisierten Reit- und Fahrausbildungskurse des österreichischen Bundesheeres. Die Kriegszeit und die folgende Zeit der Besatzung führten dazu, dass Schloss Hof und Niederweiden 1955 Ruinen glichen. Schäden aus dem Zweiten Weltkrieg und der Besatzungszeit wurden in den Nachkriegsjahren nur notdürftig behoben.

Die neue Ära: Wiedererwachen und Renovierung. Mit der Niederösterreichischen Landesausstellung *Prinz Eugen und das barocke Österreich* 1986 begann für Schloss Hof und Schloss Niederweiden eine neue Ära mit der dringend notwendigen Renovierung. Damals besuchten insgesamt 375 000 Menschen die Marchfeldschlösser. Im darauffolgenden Jahr konstituierte sich der Marchfelder Schlösserverein, ein gemeinnütziger Verein, der von 1987 bis 2002 wechselnde Ausstellungen organisierte und damit die beiden Schlösser auf Dauer öffentlich zugänglich machte.
Das Ziel der 2002 gegründeten Marchfeldschlösser Revitalisierungs- und Betriebsgesellschaft war es, Schloss Hof in all seinen Bereichen nach Möglichkeit mit historischen Materialien zu revitalisieren und wieder mit originalen Ausstattungselementen einzurichten. Schloss, Garten und Gutshof erstrahlten nach und nach im neuen alten Glanz. 2015 wurde die Gesellschaft in die Schloß Schönbrunn Kultur- und Betriebsgesellschaft integriert. Heute können Kinder und Erwachsene ganzjährig die faszinierende Welt des Barock in allen Facetten kennenlernen: die beiden prachtvollen Landsitze von Prinz Eugen im Marchfeld, Schloss Hof und Schloss Niederweiden, entdecken, die einzigartigen Barockgärten durchwandern, den idyllischen Gutshof mit seiner Tier- und Pflanzenwelt erkunden.

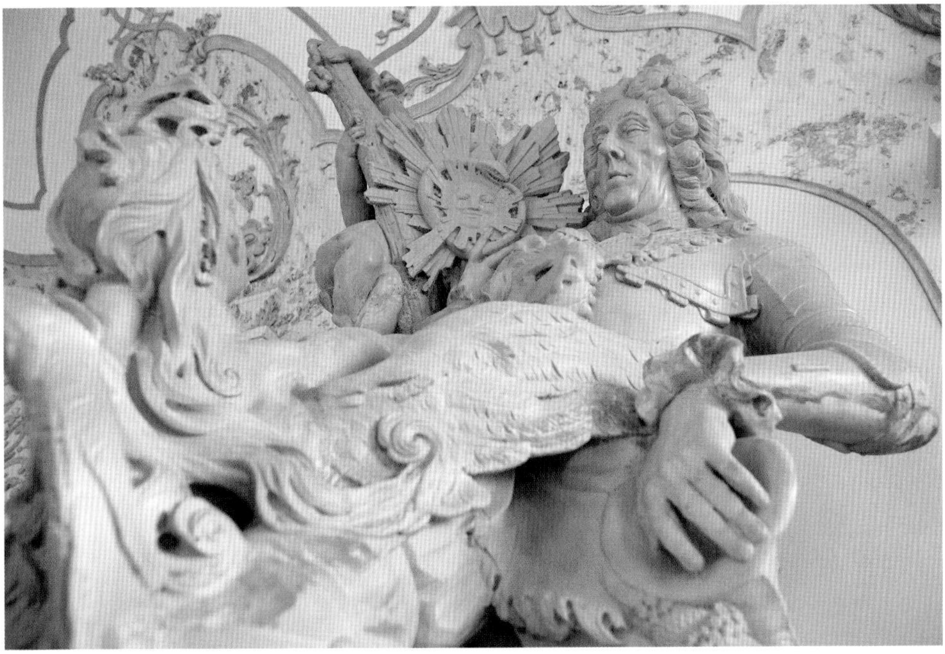

Balthasar Permoser, Apotheose von Prinz Eugen (Reproduktion) in der Sala Terrena

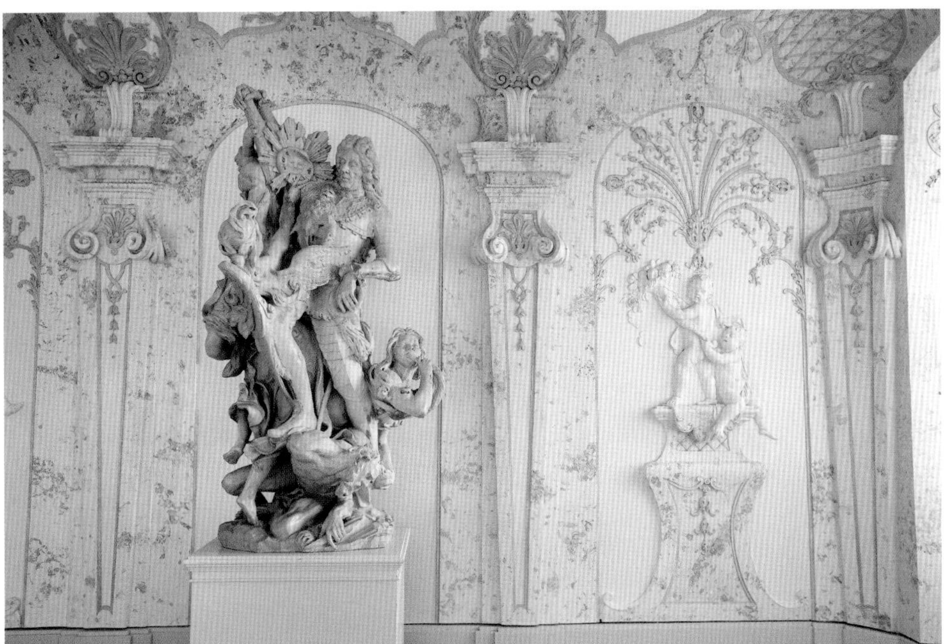

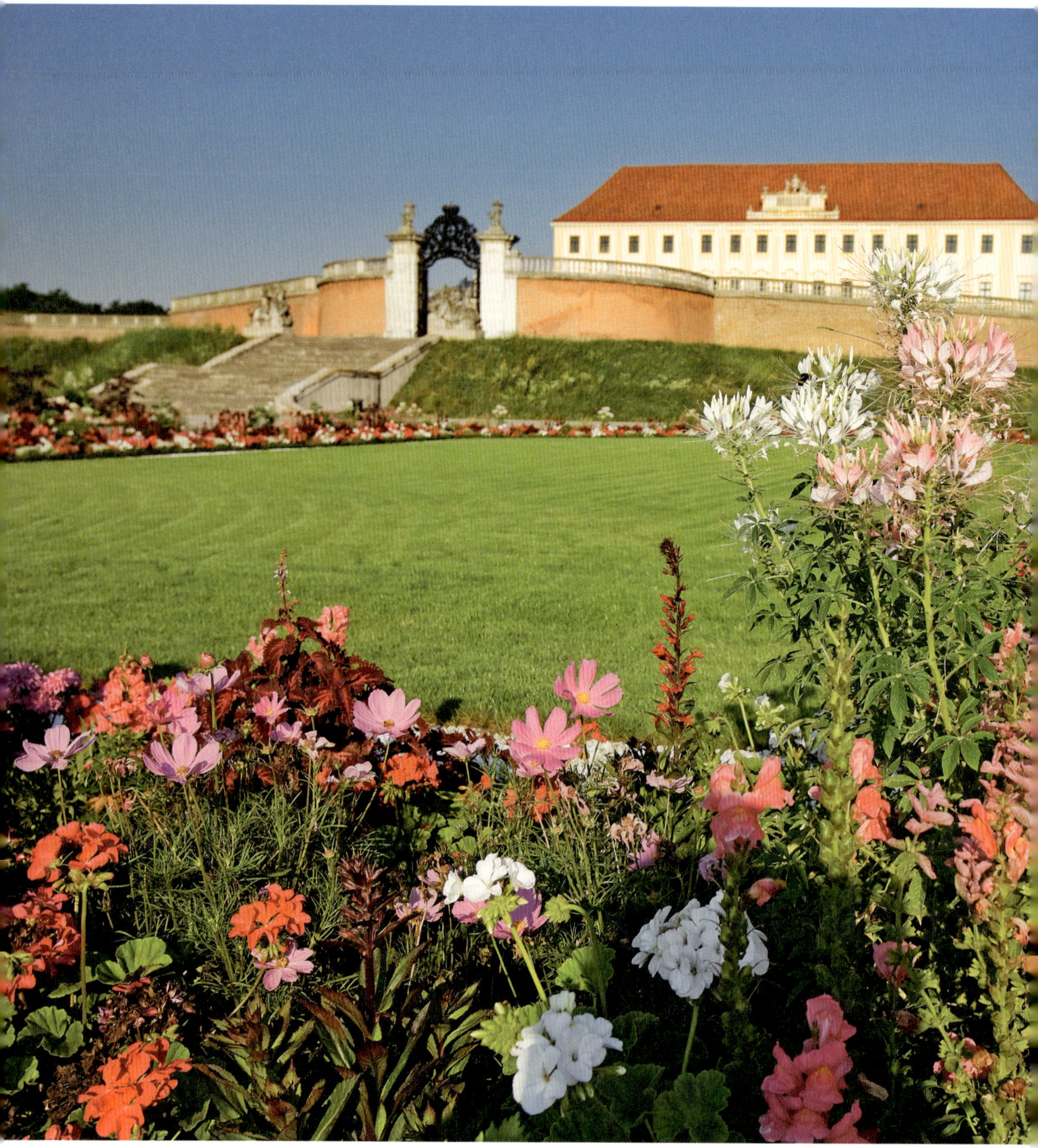

Vom Kastell zum Barockschloss:
Blumen statt Basteien und der freie Blick nach Osten

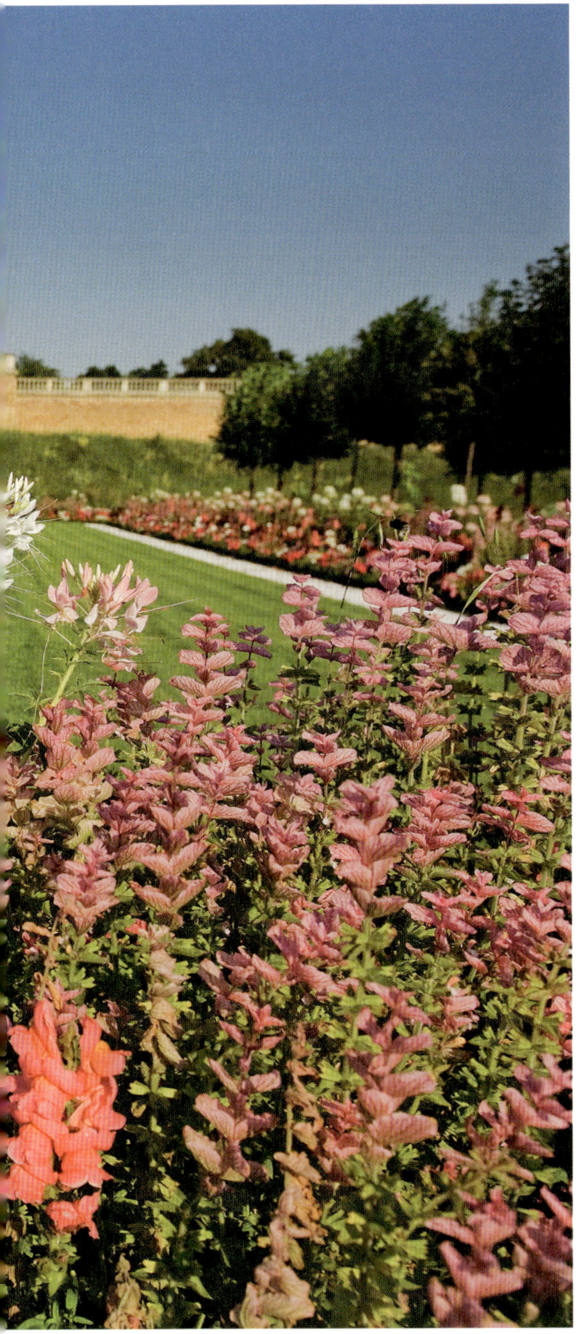

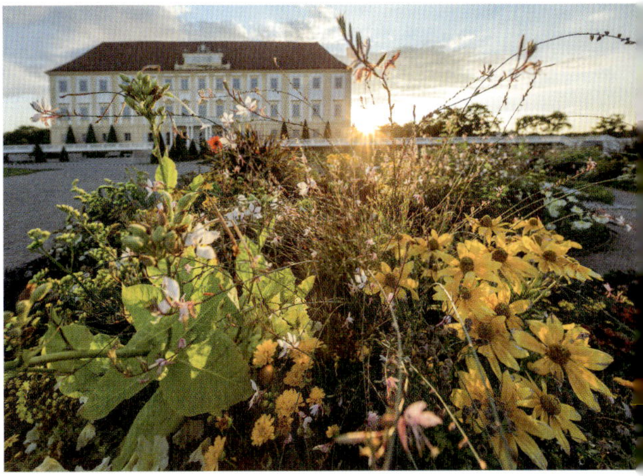

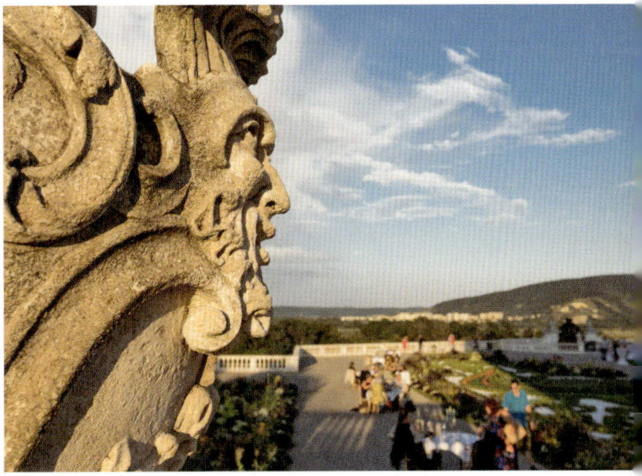

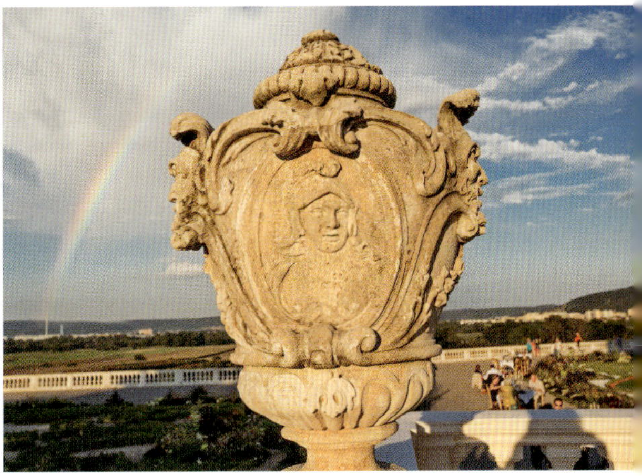

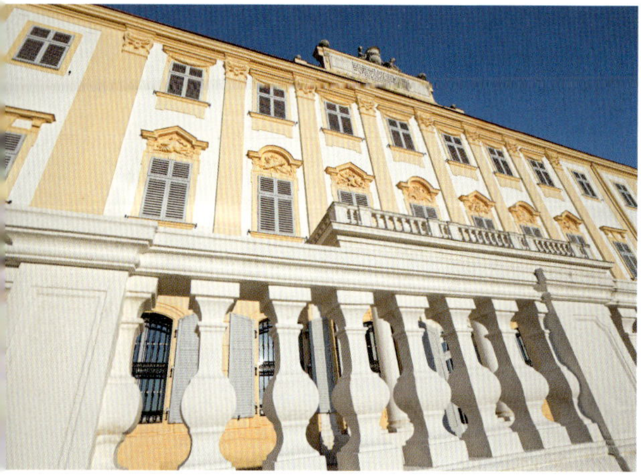

Ausbau unter Maria Theresia:
Fassade Ost- und Westansicht

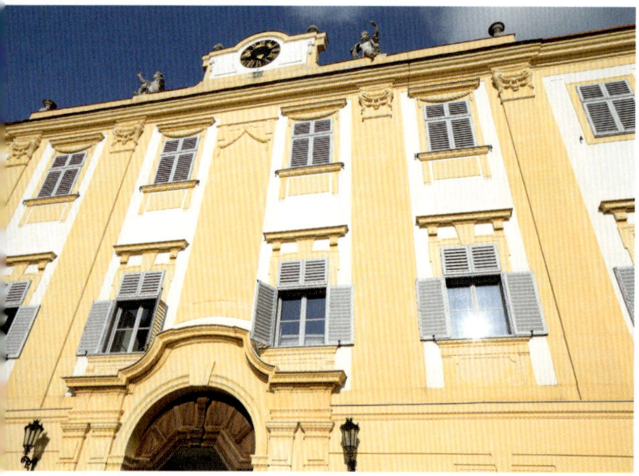

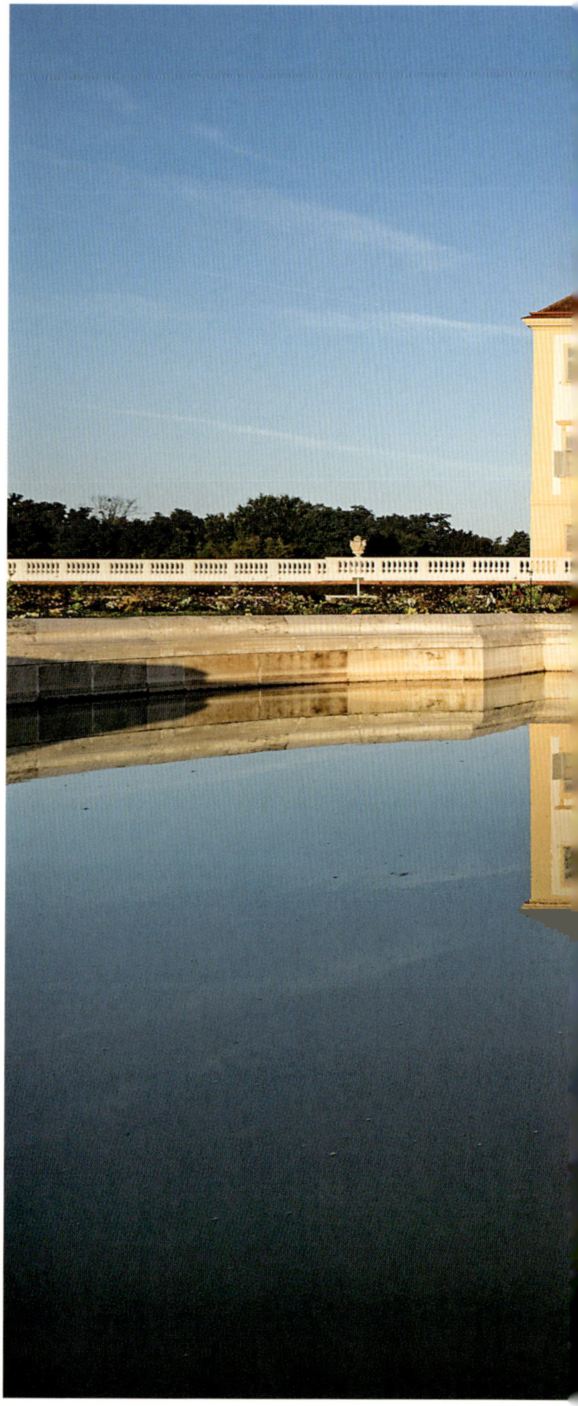

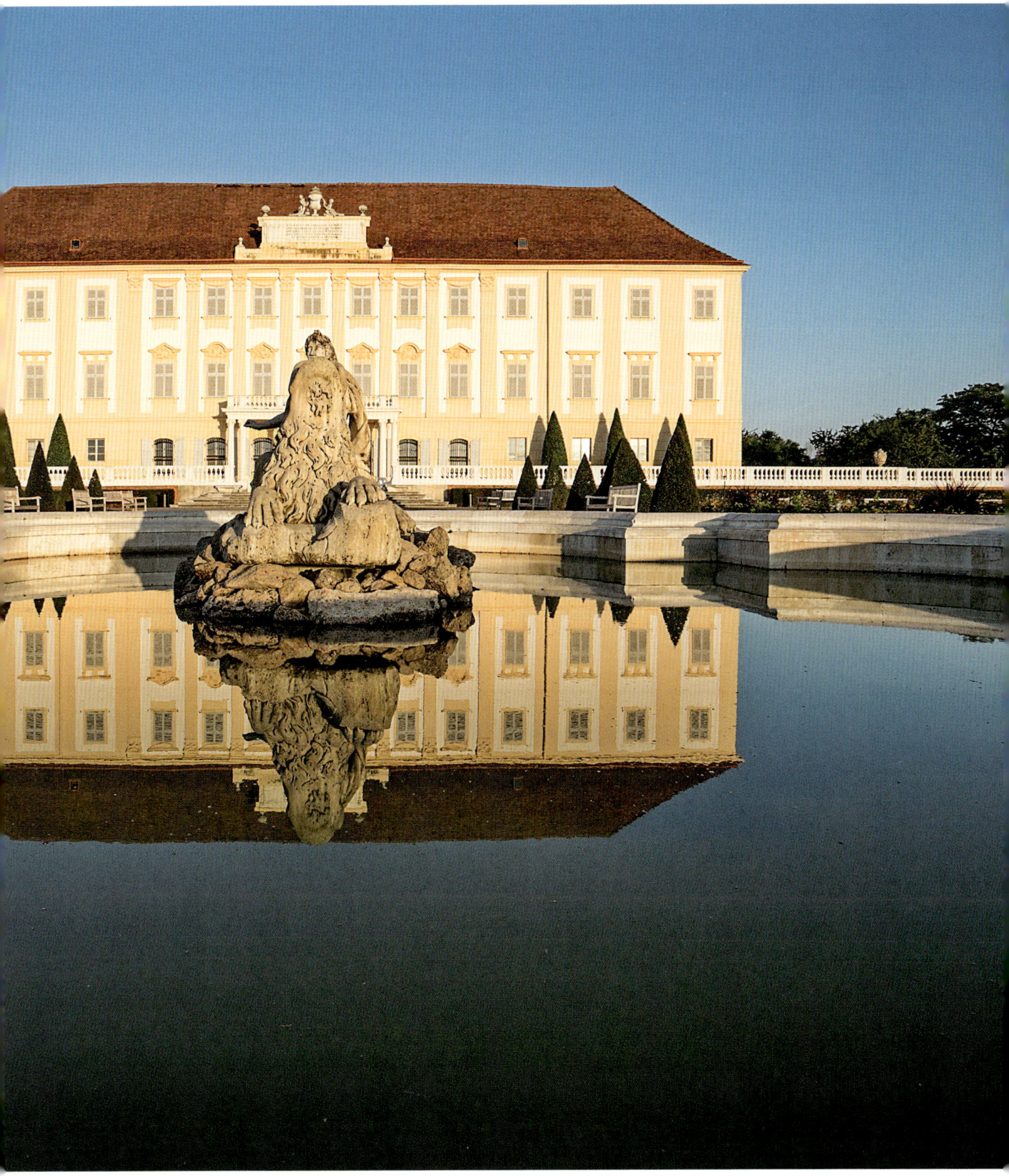

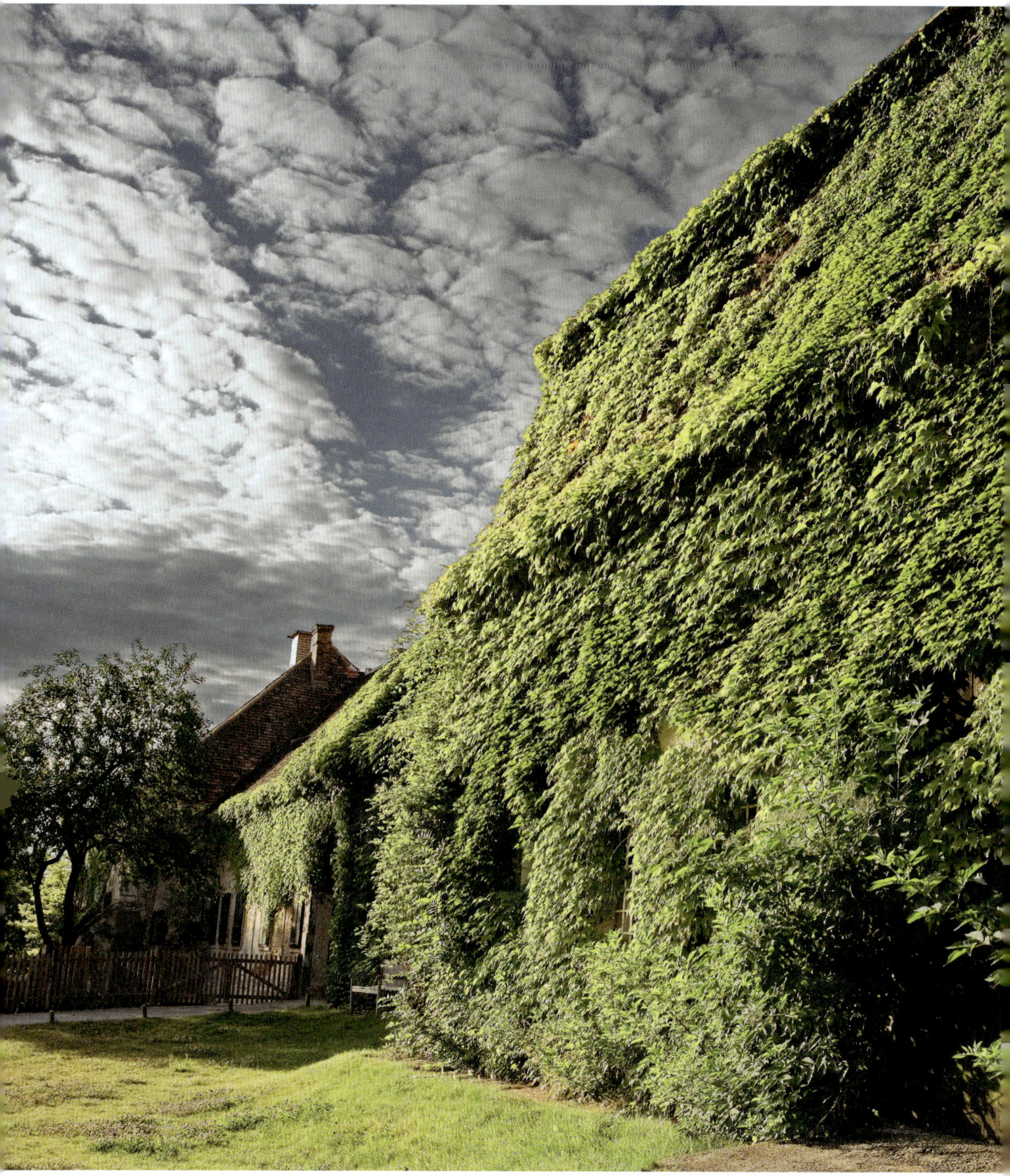

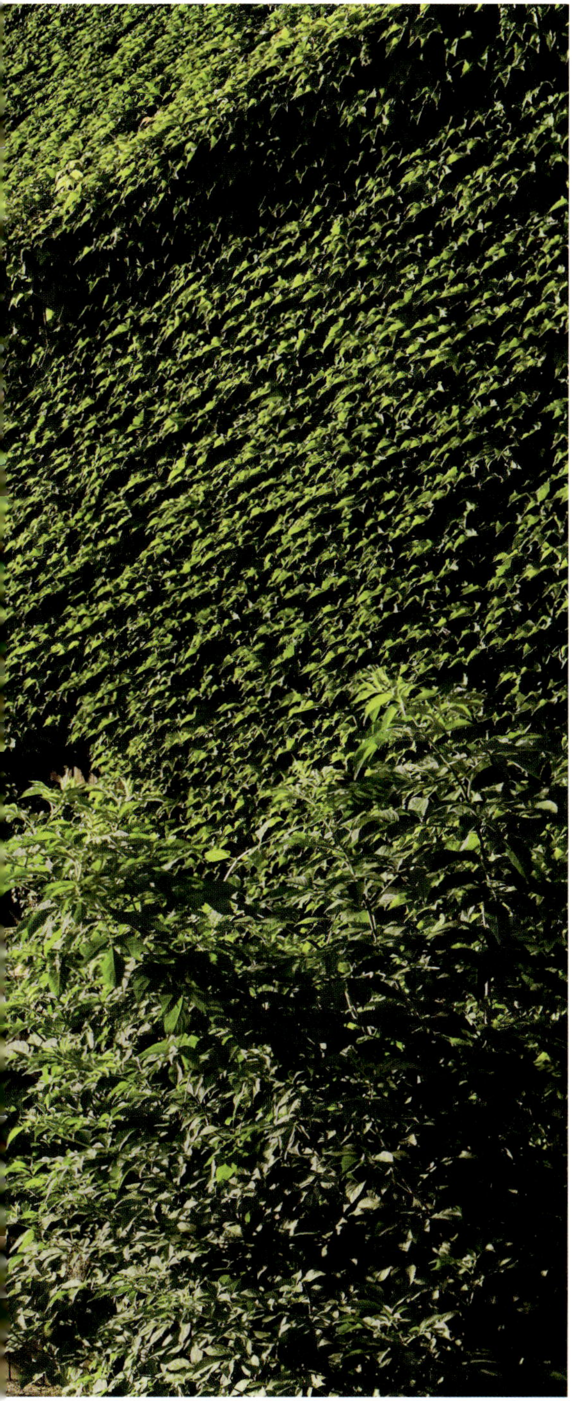

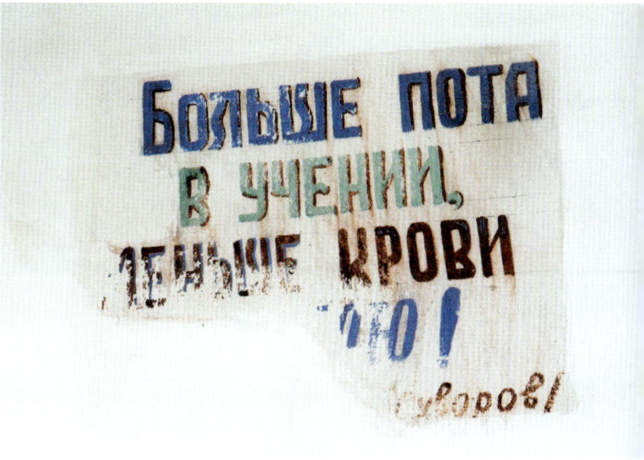

Die dunklen Jahre im
19. und 20. Jahrhundert:
Kriegsspuren und Dornröschenschlaf.
»Mehr Schweiß im Lernen, weniger Blut
im Feld!« Inschrift von sowjetischen
Soldaten aus den 1950er-Jahren

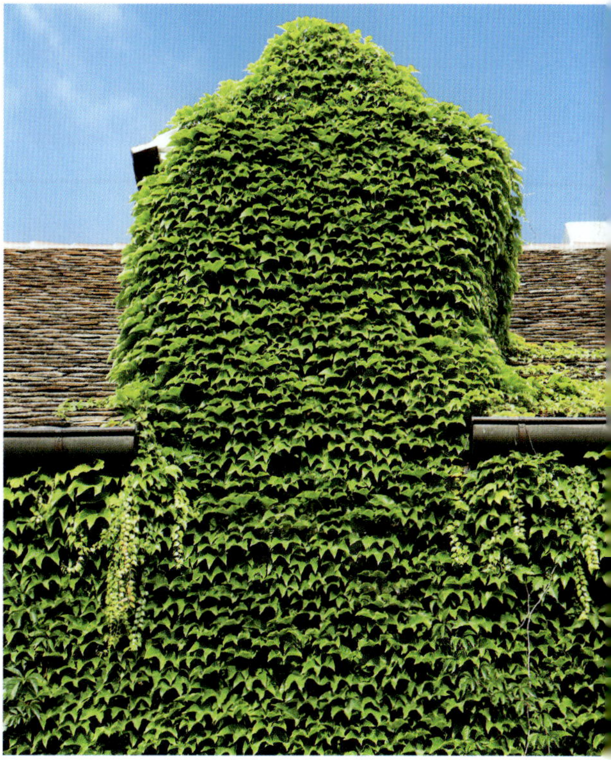

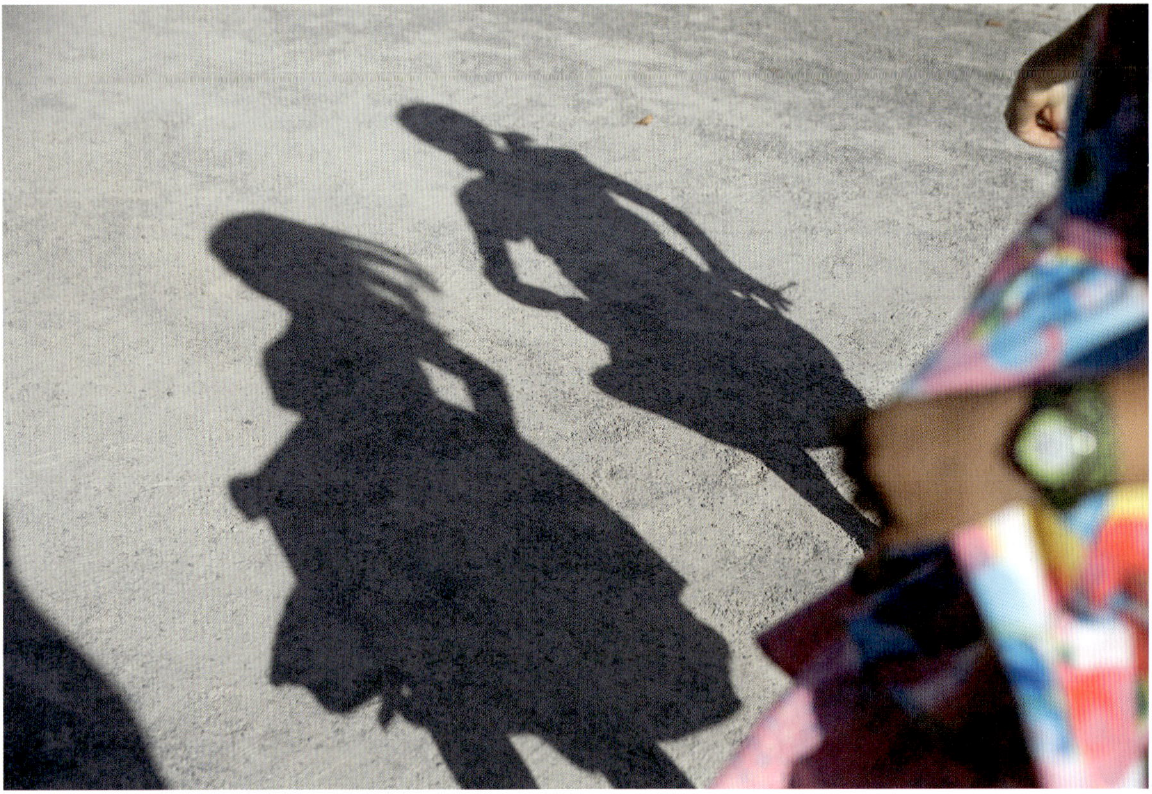

Schloss Hof heute: für alle Gäste geöffnet

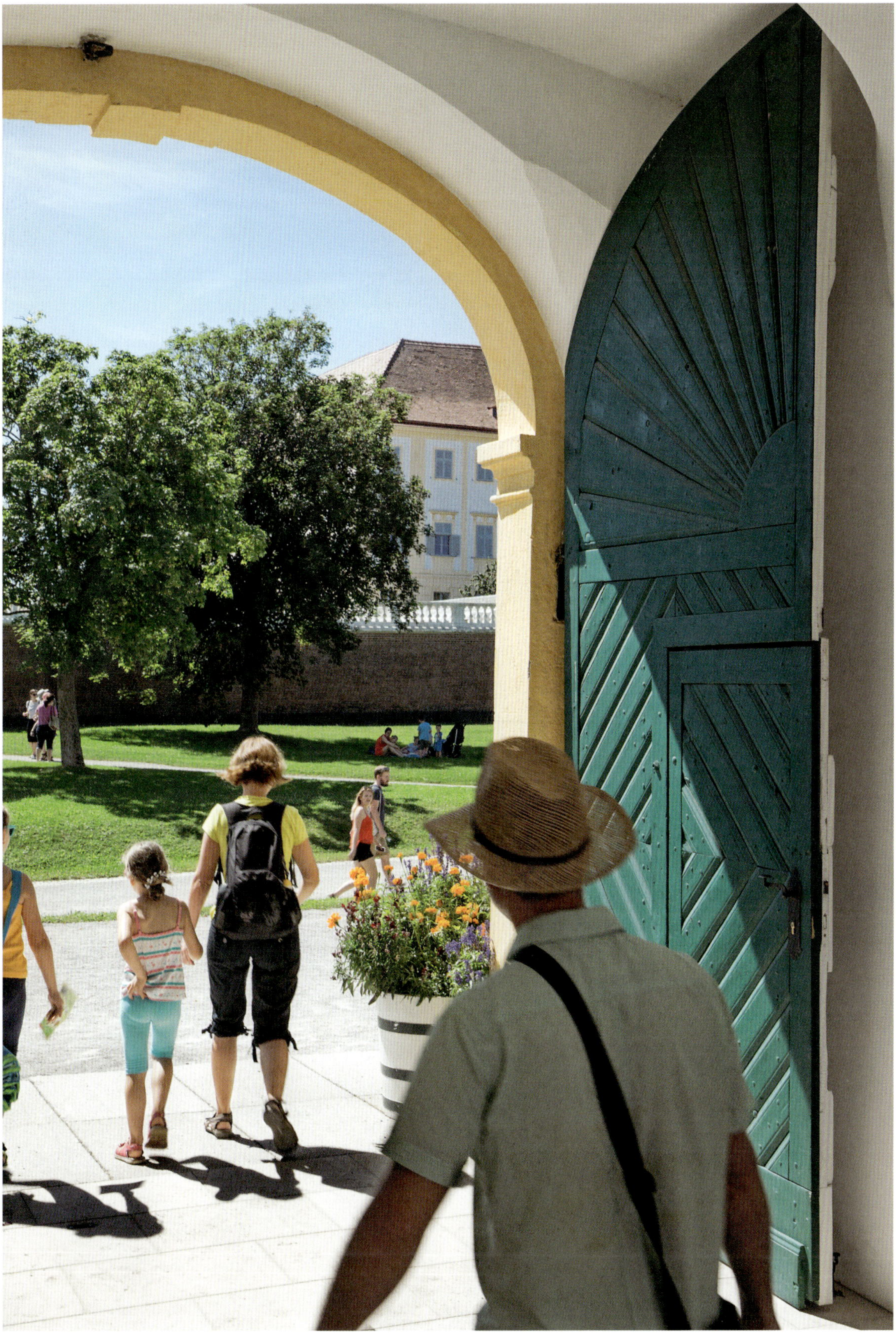

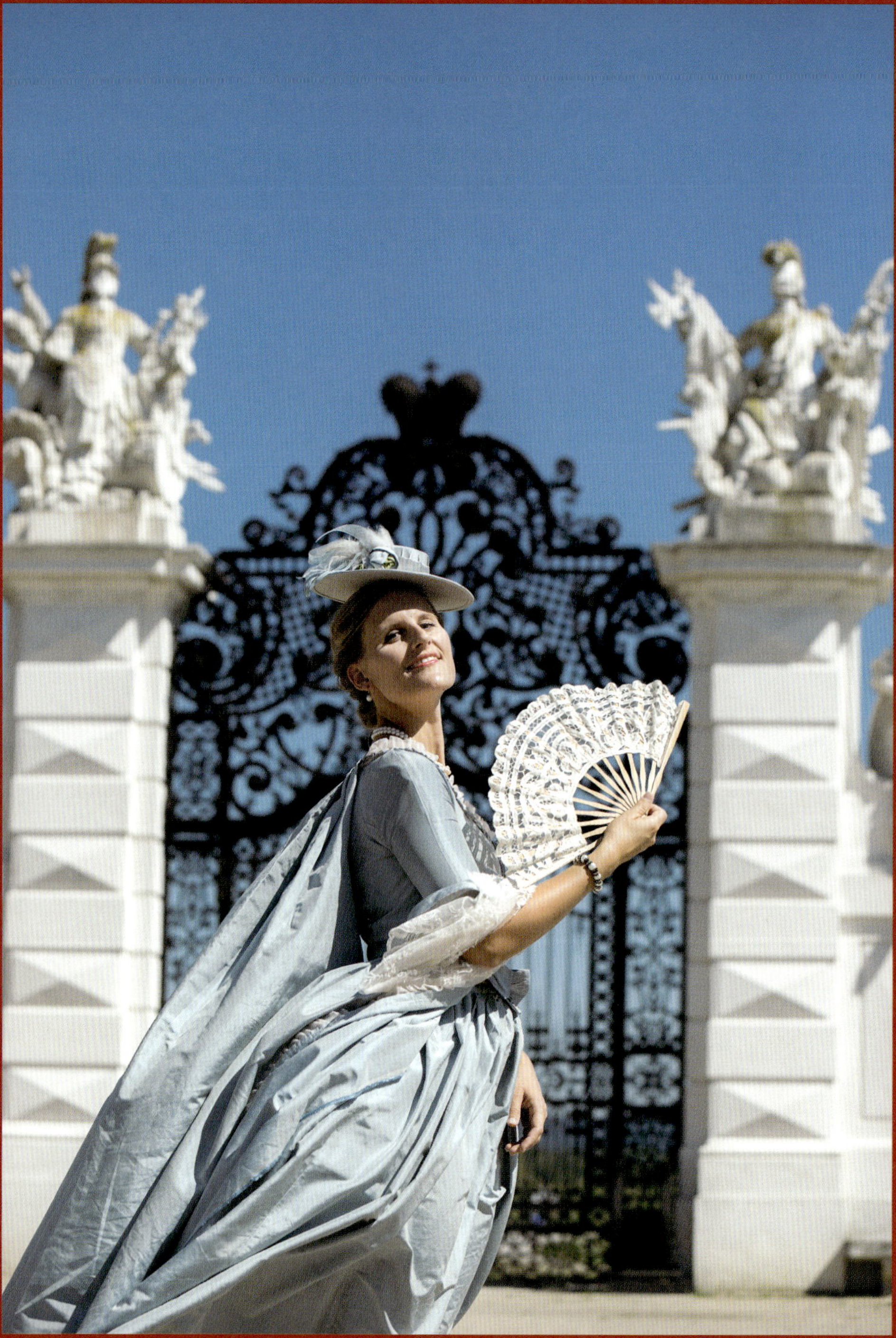

Bauhistorie und Revitalisierung

Verwaist, unsachgemäß genutzt, nur notdürftig und mit teils falschen Materialien instand gehalten: So fristeten Schloss Hof und Schloss Niederweiden an die 90 Jahre ein entwürdigendes Dasein. Nach einem zwischenzeitlichen Ausstellungsbetrieb ab Mitte der 1980er-Jahre folgte 2003 die endgültige Wende. Auf Basis modernster wissenschaftlicher Untersuchungen wurde mit der nachhaltigen Sanierung der Gesamtanlagen begonnen. In einem heute beispielgebenden Vorzeigeprojekt mit alten Techniken und Materialien, wo immer es möglich war und ist. Erforschen Sie die Chronologie des Wiedererwachens!

Von Günther Kvapil

Nachhaltiges Sanierungskonzept. Ein erstes Konzept sah lediglich die Teilsanierung von Schloss Hof und seiner Gartenanlagen vor. Bald schon wurde jedoch klar, dass die barocke Meierhofanlage, der heutige Gutshof, einen wesentlichen Teil des Gesamt-Ensembles darstellt. Daher wurde auch dieses Areal dem Projekt angeschlossen.

Die Gebäude hatten aufgrund des zeitweise langen Leerstandes, der Nutzung als Militär-, Reit- und Fahrlehrinstitut sowie durch teils falsche Wahl der Materialien aus früheren Sanierungsbemühungen einige gravierende bauphysikalische und -technische Mängel. Im Jahr 2003 wurde mit umfangreichen Untersuchungen begonnen: Feuchtigkeitsgehalt, Durchfeuchtungsgrad und Salzbelastung des Mauerwerks aller Gebäude; die Kanalsysteme wurden mittels Kamera befahren. Dabei stellte sich heraus, dass fast alle Feuchtigkeitsprobleme hausgemacht waren: Stallnutzung (Salzbelastung), Fliesen an der Innenseite und Zementputz an der Außenseite, schadhafte Regen- und Kanalrohre.

In das Sanierungskonzept floss, entgegen ursprünglicher Vorschläge, die Verwendung von reinem Kalkmörtel, von Kalkputzen und Kalkfarben ein. Das Schloss und der Gutshof wurden so, mit einer Gesamtfläche von etwa 17 300 Quadratmetern in Kalkputztechnik, ein Vorzeigeprojekt für althergebrachte Methoden und Materialien.

Das Schloss – Fassade händisch wiederhergestellt. Die Fassade wies starke Rissbildungen und einen stark zementhaltigen Putz auf. Sie wurde komplett abgeschlagen und in Kalktechnik als händischer Putz wiederhergestellt. Bei Voruntersuchungen kamen an schwer zugänglichen Stellen noch Farbreste zutage. Nach Analysen im Labor konnte so die originale Farbgebung rekonstruiert werden. Im Zuge der Fassadenarbeiten wurden die nicht mehr originalen Fenster gegen Rahmenstockfenster mit Isolierverglasung getauscht und die nicht mehr vorhandenen Fensterläden rekonstruiert. Der ostseitige Balkon musste statisch saniert werden, die Attika inklusive Skulpturenschmuck und Inschrift wurde restauriert. Die beiden Uhrenblätter wurden ebenso einer Restaurierung und teilweisen Vergoldung unterzogen; die Uhrwerke repariert und neue Glocken in die noch vorhandenen barocken Glockenstühle im Dachboden eingebaut. Um die Dachlandschaft zu beleben, wurden die bei einer früheren Dachsanierung abgetragenen Kaminköpfe wieder aufgemauert.
In zwei Räumen des heutigen Cafés kamen an der Gewölbedecke unter zahllosen Malschichten die Reste einer feingliedrigen Stuckdekoration zum Vorschein; diese wurde lediglich gefestigt und mit einem lasierenden Anstrich übermalt. So blieb sie sichtbar.

Witwen- und Kaiserappartement – Originalparkett als Vorlage. Bei der Restaurierung des »Witwenappartements« von Herrscherin Maria Theresia wurde in einem Teilbereich noch der originale Tafelparkettboden gefunden. Er diente als Vorlage für die Rekonstruktion der Räume in der Belétage. Die originale Bleiweißfassung an den hölzernen Wandverkleidungen und Türen konnte freigelegt und aufbereitet werden; die Vergoldungen wurden gereinigt und mussten lediglich partiell ergänzt werden. Beim heutigen Erscheinungsbild wurde darauf geachtet, dass dieses nicht »neu«

wirkt. Dies wurde durch Zurücknahme der Ergänzungen erreicht und dadurch an den Bestand angepasst.
Bei der Restaurierung des Kaiserappartements war die Herangehensweise nahezu identisch. Hier wurden allerdings später aufgebrachte Anstriche an den Wandvertäfelungen sowie an den Türen entfernt und diese holzsichtig belassen, die Stuckdecken wurden weitestgehend nur gereinigt und mit einem lasierenden Kalkanstrich versehen. Um ein möglichst konstantes Raumklima über das ganze Jahr zu gewährleisten, wurden eine Raumtemperierung mittels Fußbodenheizung sowie eine Lüftungsanlage in bestehenden Kaminen eingebaut.

Sakristei und Kapelle – barockes Aussehen. An der Stuckdecke der Sakristei waren die Darstellungen aufgrund der vielen Malschichten kaum noch zu erkennen. Die Decke wurde bis auf den erbauungszeitlichen Zustand freigelegt, restauriert und hat nun wieder ein geschärftes Erscheinungsbild. Die Kapelle wurde von den Nachbesitzern von Prinz Eugen von Savoyen nie überformt und besitzt noch heute ihr barockes Aussehen. Die für eine Restaurierung notwendigen Befunde des Kunstmarmors, der Vergoldung, der Stuckdecken in den beiden Emporen und des Deckengemäldes in der Kuppel wurden durchgeführt. Ebenso wurden Musterarbeiten, die Grundlage für die Herangehensweise an die Restaurierung sind, ausgeführt. Restaurierung: 2018 und 2019.

Die Brauchwasserversorgung und Zierbrunnen. Die Brauchwasserversorgung erfolgt zum Teil noch immer über die historische Trasse aus Groißenbrunn: Wasser aus heute drei Quellen wird in einem Reservoir bei den drei Teichen gesammelt und fließt im freien Gefälle in die Ortschaft Schloßhof in ein weiteres Reservoir, in das auch Wasser aus zwei Brunnen von Schloßhof gefördert wird. Dieses Wasser wird für das Bespielen der insgesamt acht Zierbrunnenanlagen von Schloss Hof, für die gesamte Gartenbewässerung, die Tierhaltung und für die Wärmepumpen genutzt.

Neptunbrunnen – Mauerwerk und Ziegelbodenbelag entdeckt.

Die Wiederherstellung des Neptunbrunnens im Übergang von der ersten zur zweiten Terrasse war das erste Projekt zur Revitalisierung der Zierbrunnenanlagen im Barockgarten.

Grundlage für die Arbeiten waren die Ergebnisse der archäologischen Grabungen ab 2002, bei denen Reste des aufgehenden Mauerwerks ebenso wie der historische Ziegelbodenbelag der Brunnenbecken und der darunterliegende Lehmschlag gefunden wurden. Die erbauungszeitlichen Kollektorgänge, in denen sich die Holzwasserleitungen befanden, sind zum Teil noch im gesamten Garten zu finden. Für die Wiederherstellung wurde Kunststein gewählt. Dies geschah aus zwei Beweggründen: Zum einen gibt es die Menge an Kalknaturstein mit gleicher Farbe und Qualität aus einem österreichischen Steinbruch nicht mehr. Zum anderen wurde eine Reihe von Prüfkörpern im Labor getestet, um so zu einer Rezeptur zu gelangen, die eine hervorragende Frost-/Taubeständigkeit sowie eine hohe Druck- und Zugfestigkeit aufweist.

Die beiden Steinlöwen der Brunnenanlage waren in Schloss Hof vorhanden und wurden restauriert, die beiden Herkulesskulpturen standen zu diesem Zeitpunkt noch im Belvedere in Wien, eine Rückführung nach Schloss Hof war damals nicht möglich. Daher wurden diese mittels 3D-Laserscan vermessen und Repliken hergestellt. Mittlerweile stehen die beiden Originale im Lapidarium von Schloss Hof im Stallgebäude Süd. Die drei Maskarone (Fratzenköpfe) und Muschelkaskaden wurden aus Vorlagen nachgebildet. Die zentrale Hauptfigur war ehemals Neptun, mit einem Seeungeheuer kämpfend. Sie wurde bis dato noch nicht gefunden. Das Fassungsvermögen des Brunnens beträgt 250 000 Liter.

Najadenbrunnen und Brunnengrotte – im Bestand erhalten. Der Najadenbrunnen auf der dritten Terrasse war erhalten, so musste lediglich das Brunnenbecken saniert und die Skulptur der Najade restauriert werden. Die Brunnengrotte auf der vierten Terrasse mit den Darstellungen der Donau und March sowie einem zentralen Maskaron mit Muschelkaskade ist weitestgehend erhalten. Restaurierung nach Steinuntersuchung und Schadenskartierung: 2017.

Große Kaskade – Überreste als Basis. Die größte Zierbrunnenanlage stellt die »Große Kaskade« dar. Diese überwindet die Geländestufe von der fünften auf die sechste Terrasse und wurde, nachdem sie baufällig geworden war, um 1860 demontiert. Ein erheblicher Teil der baulichen Überreste wurde in einer Stütz-Mauer an Ort und Stelle wieder verbaut. Diese Mauer wurde 2014 abgetragen, die darin befindlichen Spolien (Überreste) waren Grundlage für die Planung zur Wiedererrichtung. Entgegen der bisherigen Vorgangsweise fiel die Entscheidung, die »Große Kaskade« unter Wiederverwendung der gefundenen Spolien in Naturstein zu ergänzen. Fertigstellung: Ende 2017. Fassungsvermögen des Brunnens: 500 000 Liter.

Kleine Kaskade – archäologisch befundet. Die »Kleine Kaskade« befindet sich auf der Geländestufe von der sechsten auf die siebente Terrasse und konnte ebenfalls auf Basis der archäologischen Grabungen und Befundung in Kunststein wiederaufgebaut werden. Der heute mittig sitzende Maskaron ist ein Abguss eines Fragments des Originals, das im Lapidarium ausgestellt ist. Das Fassungsvermögen des Brunnens beträgt 185 000 Liter.

Großes Becken – eine Senke im Gelände. Im Mittelpunkt der siebenten Terrasse befindet sich das »Große Becken«. Dieses war lediglich durch eine Senke im Gelände erkennbar. Auch hier konnte nach Grabungsfunden die Wiederherstellung in Kunststein realisiert werden. Die zentrale Brunnenfigur, bestehend aus drei Putti und einem Delfin, konnte in Privatbesitz gefunden und in 3D gescannt werden. In Folge wurde eine Replik angefertigt. Das Fassungsvermögen des Brunnens beträgt 372 000 Liter.

Der Gutshof – Kalkputz bewahrt. Im Gutshof wurden ein Restaurant, WC-Anlagen, ein Shop sowie Bereiche des »Alten Handwerks« eingebaut. In den Innenräumen konnte der noch vorhandene Kalkputz weitgehend bewahrt werden. Die Stuckdecke im heutigen Restaurant, unter Prinz Eugen der Kuhstall, wurde restauriert. Die Dachstühle mussten umfangreich statisch saniert werden, und die Dächer wurden mit alten Dachziegeln neu eingedeckt. Die Räume des »Alten Handwerks« umfassen eine Topfgärtnerei, eine Töpferei, eine Drechslerei, eine Korbflechterei und eine Schnapsbrennerei. In den Räumen der ehemaligen Schule wurde die »Marmeladenküche« mit Holzherd und Kachelofen eingerichtet.

Glashäuser – Herausforderung besonderer Art. Die Wiederherstellung der Orangerie Ost war eine Herausforderung der besonderen Art: Nachdem bei Voruntersuchungen ein Teil des oberen Rähmbalkens (waagrechter Abschluss) der südlichen Holz-/Glasfassade gefunden worden war, konnte die Holzkonstruktion im Detail rekonstruiert werden; es galt aber die dafür notwendigen Baumriesen in Österreich zu finden. Die gesamte Holzkonstruktion inklusive herausnehmbarer Fensterflügel wurde mit einem Ölanstrich versehen. Bei Aushubarbeiten wurden noch Scherben der Verglasung gefunden, sodass die neuen, mundgeblasenen Fensterscheiben

im ursprünglichen Farbton erzeugt werden konnten. Große Teile der Warmluftheizung (Heizkammern und Warmluftkanäle im Fußboden) waren noch vorhanden und wurden ergänzt. Die Beheizung erfolgt heute wieder so wie zur Erbauungszeit.
Die um die Mittelachse gespiegelte Orangerie West wurde bereits im 18. Jahrhundert zu einem Wohnhaus umgebaut. Da das Gesamtensemble mit zwei Orangerien in Europa einzigartig ist, wurde auch diese rückgebaut und in gleicher Art und Weise wie die Orangerie Ost saniert. Lediglich das Heizsystem unterscheidet sich mit einer zeitgemäßen Fußbodenheizung, da diese Orangerie für Veranstaltungen genutzt wird.

Touristische Einrichtungen. Nicht zuletzt wurden in Schloss Hof die für einen Tourismusbetrieb erforderlichen Einbauten wie Café, Shop, Wechselausstellungsräume, Sanitäranlagen, Büro- und Aufenthaltsräume geschaffen. Durch den Einbau eines Personenaufzuges sind auch die Räume der Belétage barrierefrei erschlossen. Die gesamte Elektroinstallation, Sicherheitstechnik, Brandmeldetechnik, Gebäudeleittechnik, Trinkwasser- und Brauchwasserleitung sowie die Sanitärleitungen wurden erneuert. Die Beheizung beziehungsweise Temperierung in den Räumen der Belétage erfolgt über eine Fußboden- und Bauteilheizung, gespeist von einer ökologischen Wasser-/Wasser-Wärmepumpe, die über das schlosseigene Brauchwassersystem versorgt wird.

Schloss Niederweiden. In Schloss Niederweiden wurden die Räume für Wechselausstellungen saniert, ein Café sowie ein Kassabereich geschaffen. 2003 wurde ein Teilbereich des Gartens als Musterflächen für die Wiederherstellung des Schloss Hofer Barockgartens angelegt. Das Holzschindeldach war bei einer früheren Sanierung mit kurzlebigem Fichtenholz gedeckt worden und wurde aufgrund des fortschreitenden Zerfalls in Lärche neu gemacht. Die »Wildküche« im nördlichen Nebengebäude war im Großen und Ganzen im erbauungszeitlichen Zustand erhalten. Die Feuerstellen, Holz- und Grillöfen wurden saniert, sodass auch heute noch darauf gekocht werden kann. Die Räume wurden authentisch eingerichtet und werden für Veranstaltungen vermietet.

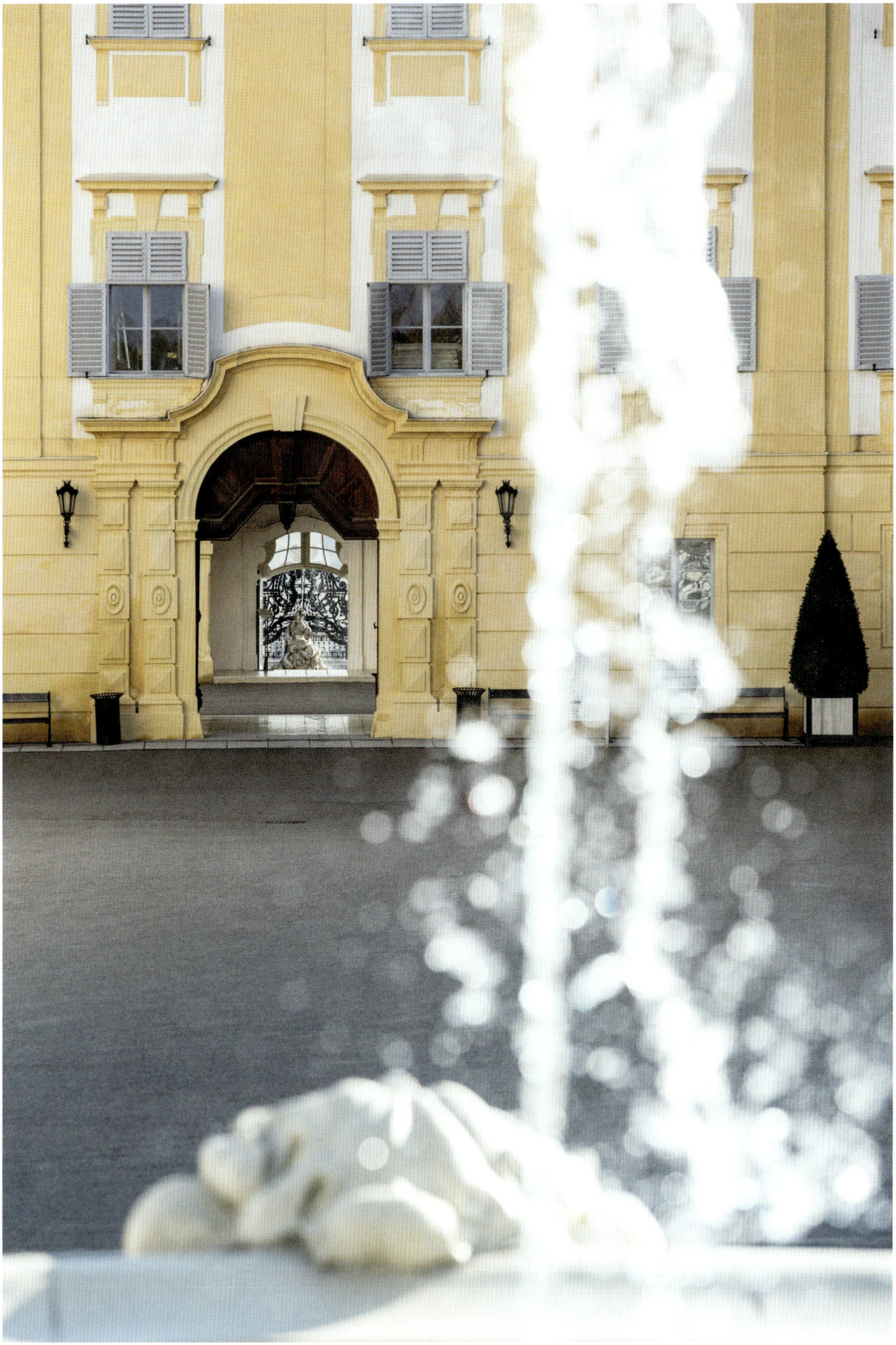

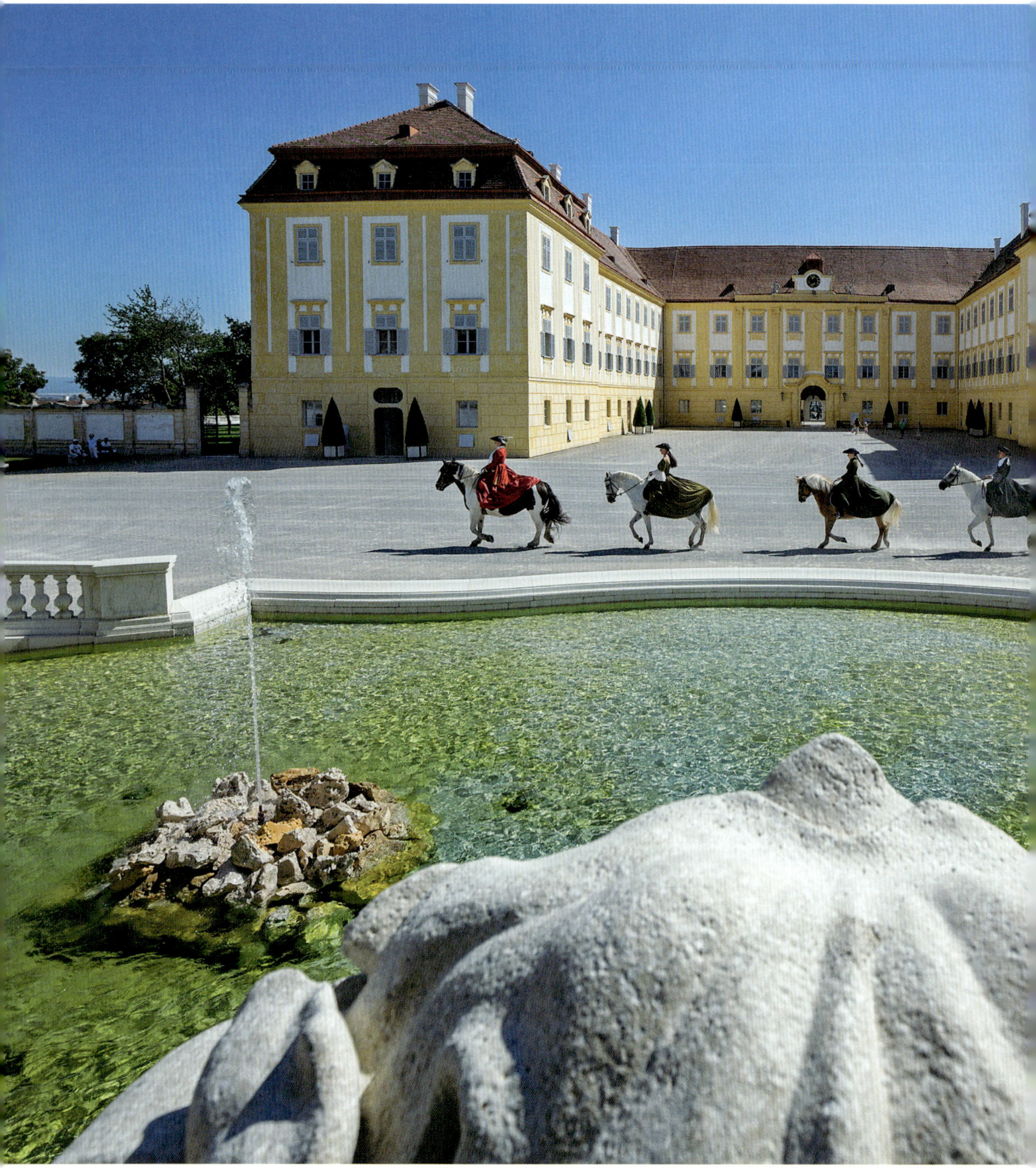

Würdiger Empfang: Ehrenhof und Neptunbrunnen

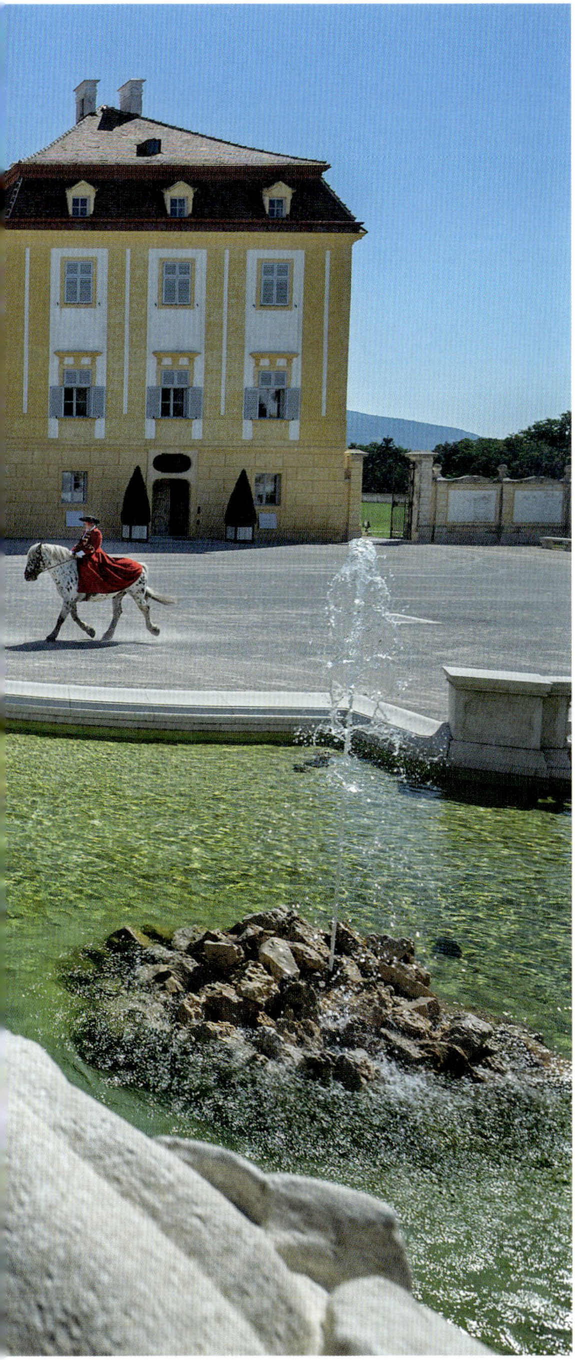
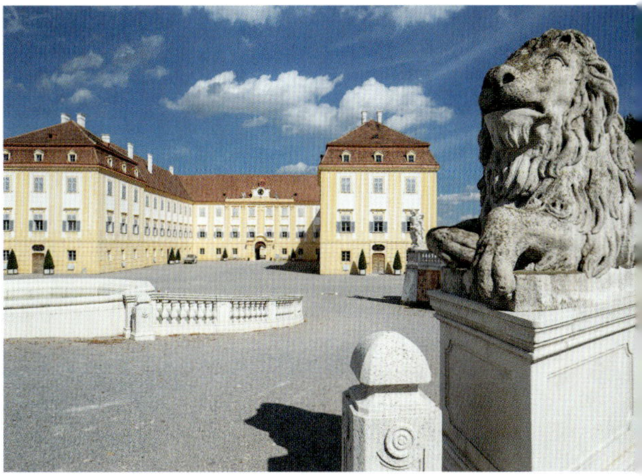
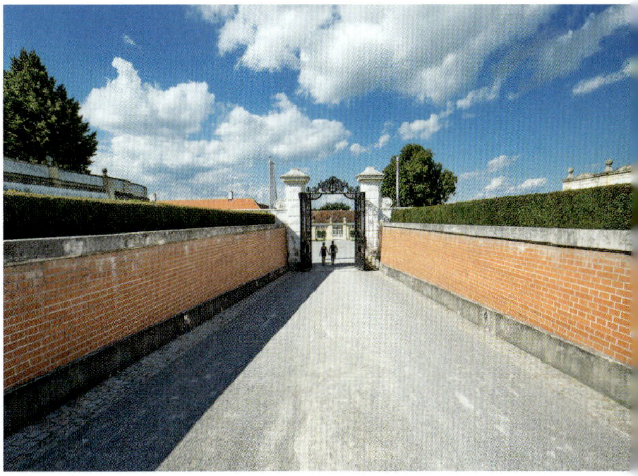
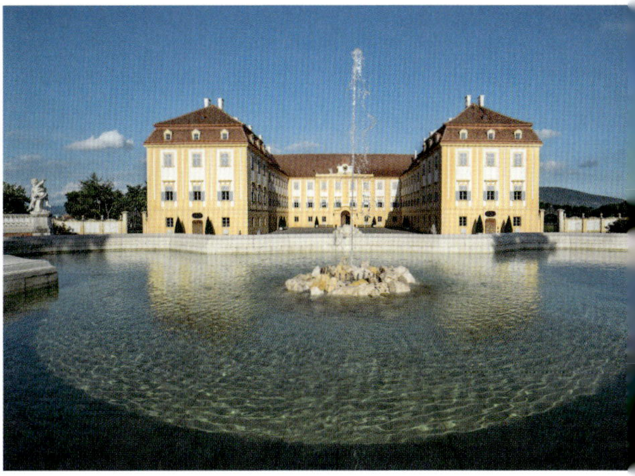

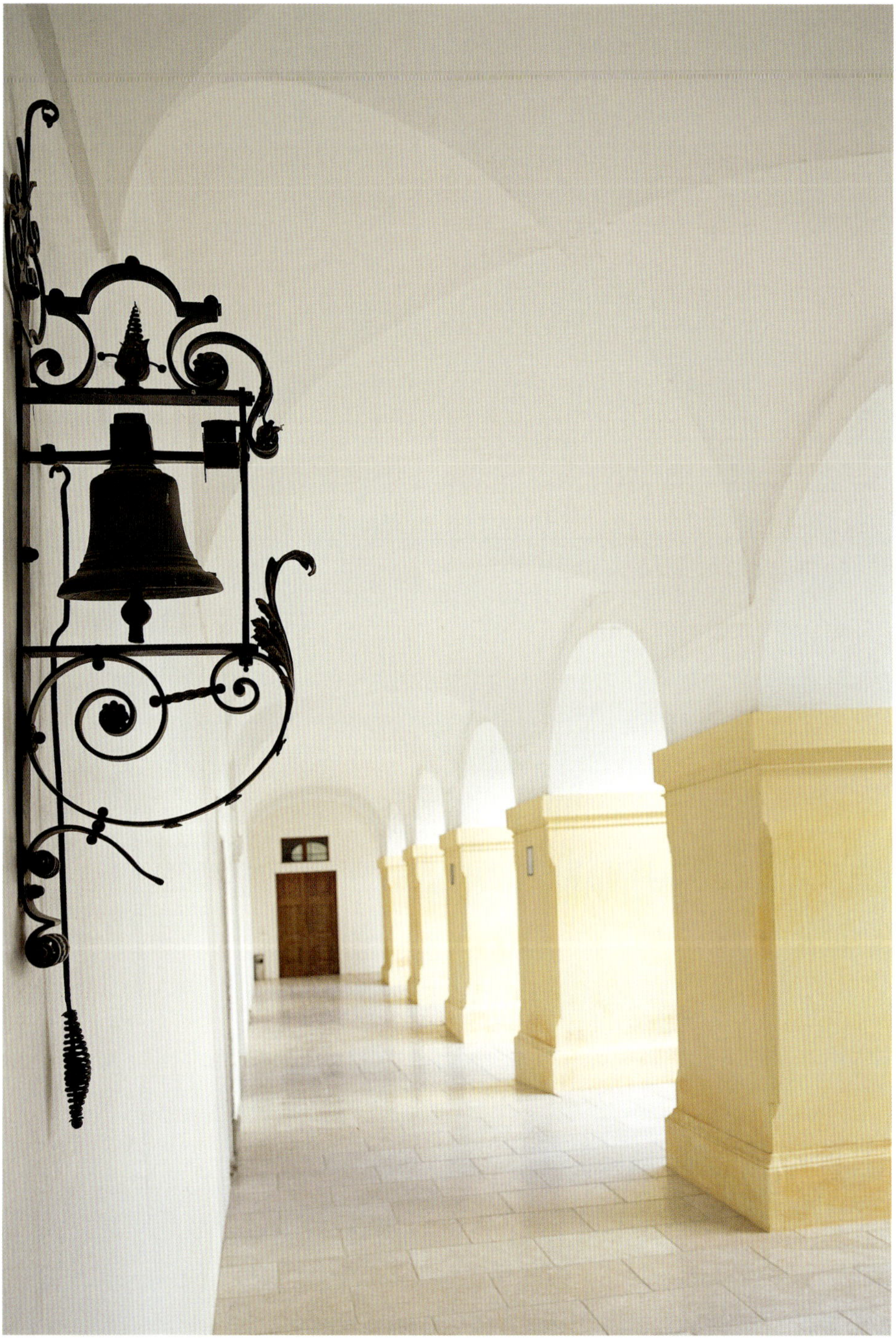

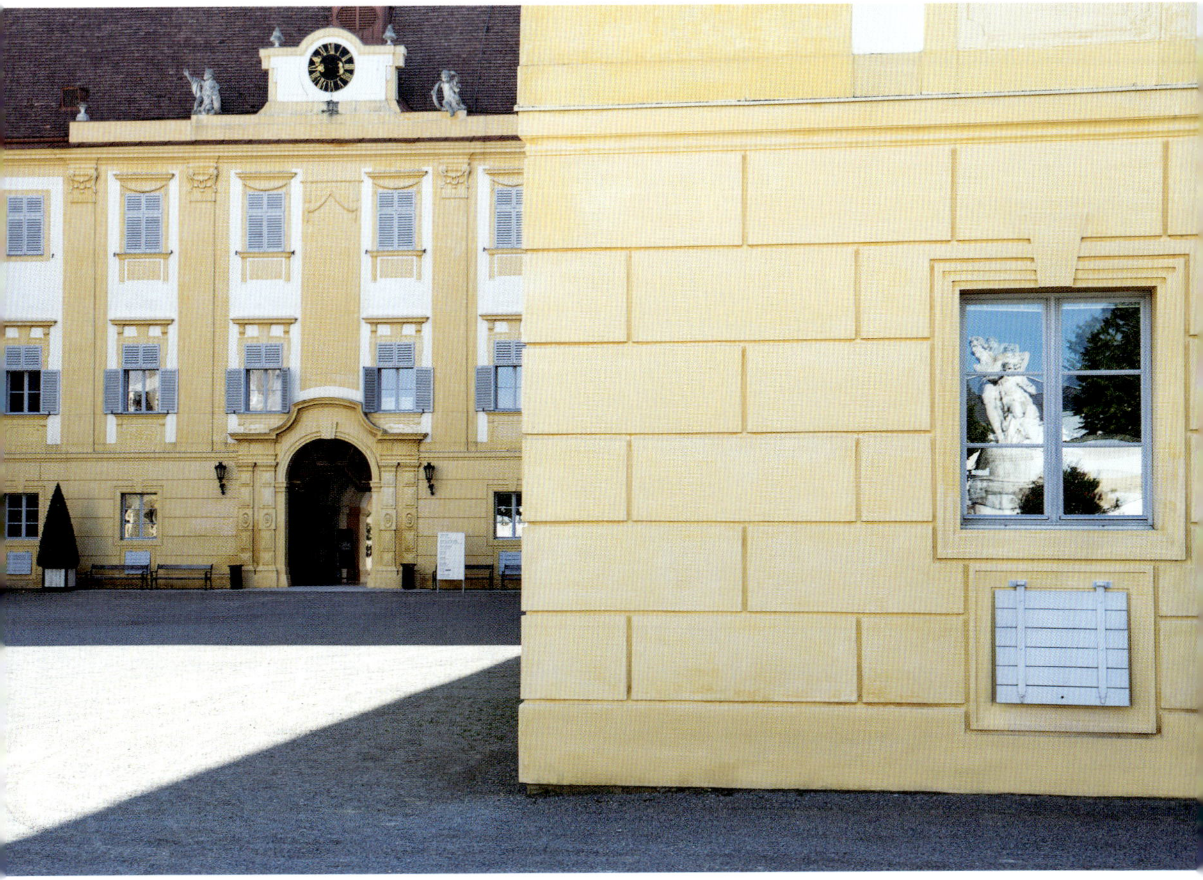

Einblicke: Arkadenhof (links), Ehrenhof im Detail (oben)
und Sala Terrena (folgende Doppelseite)

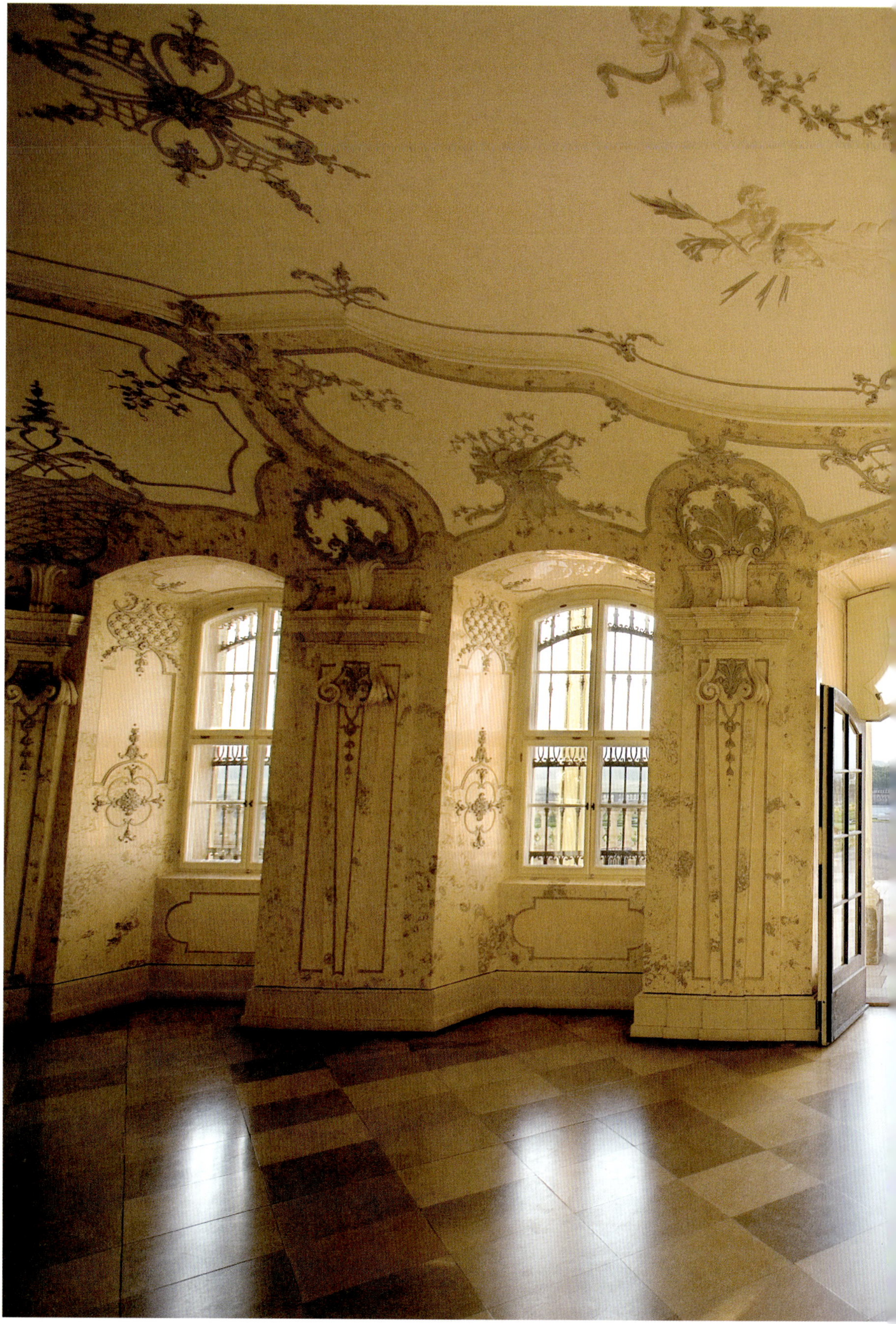

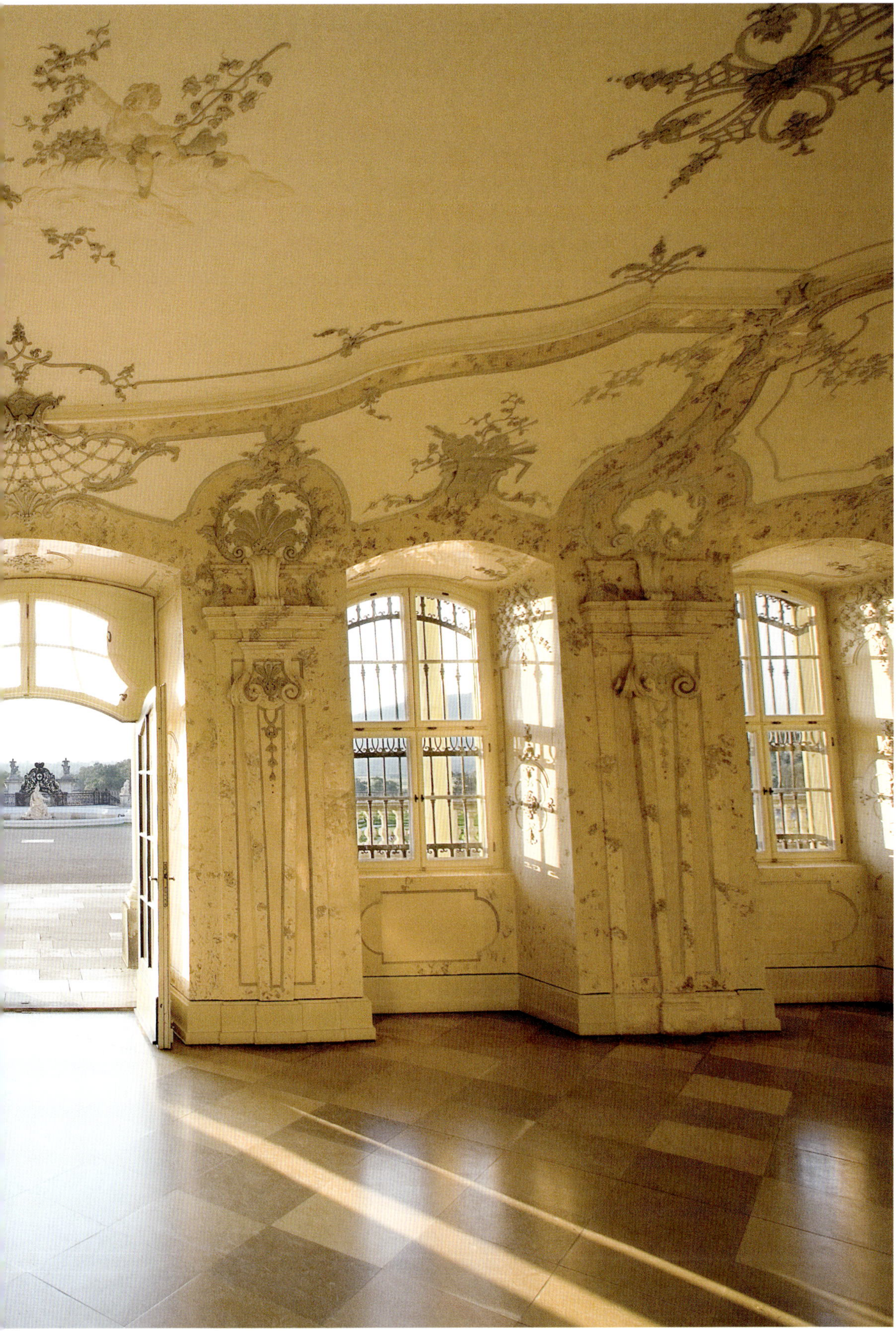

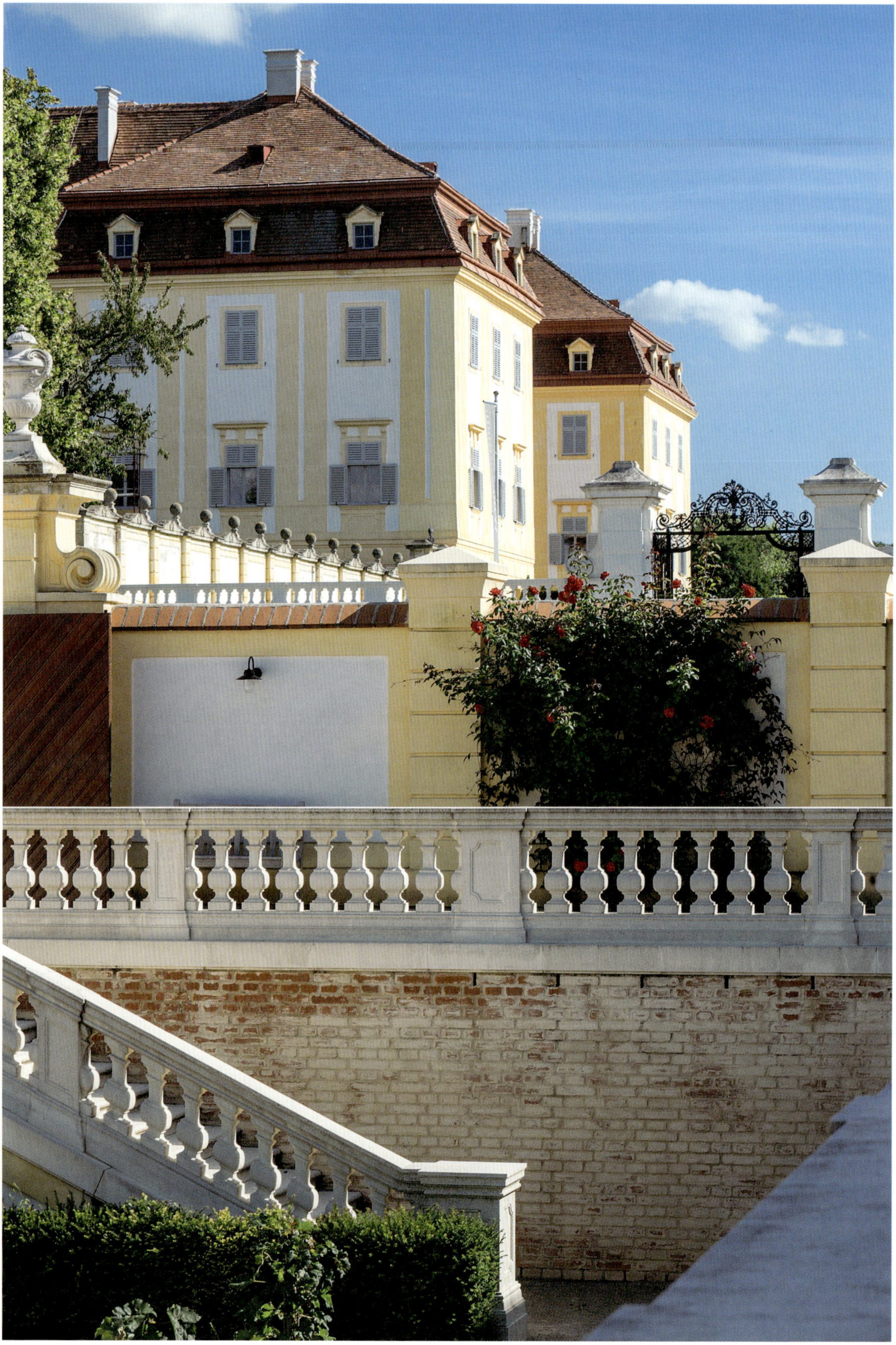

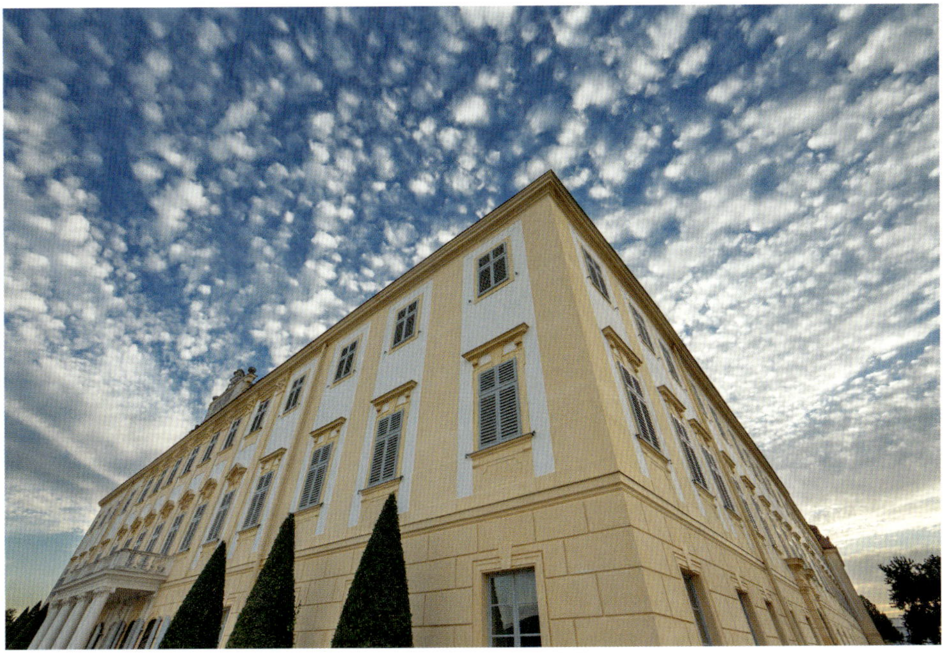

Vielfalt an Details:
Strukturen und Formen

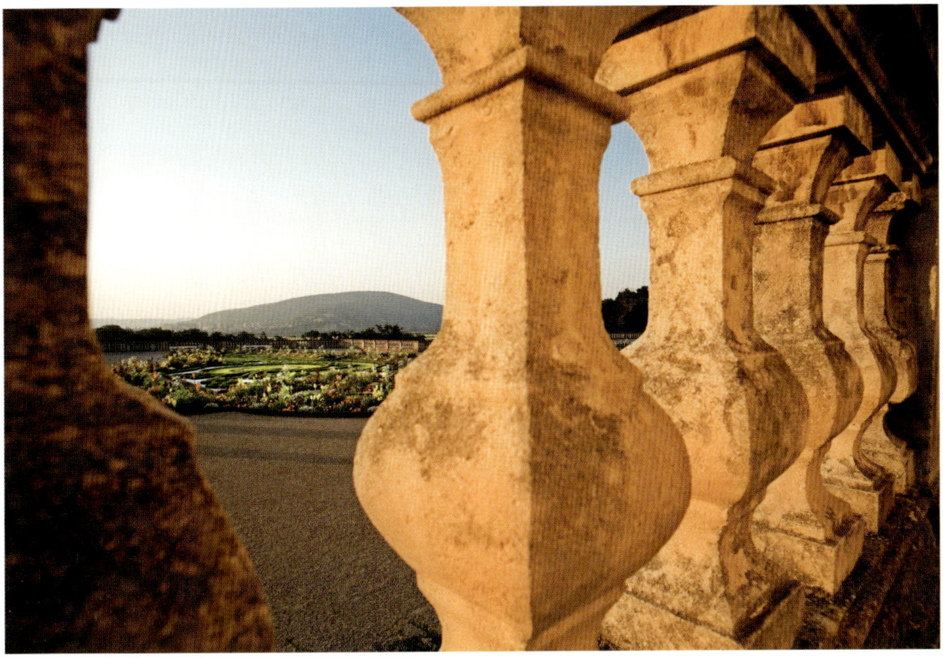

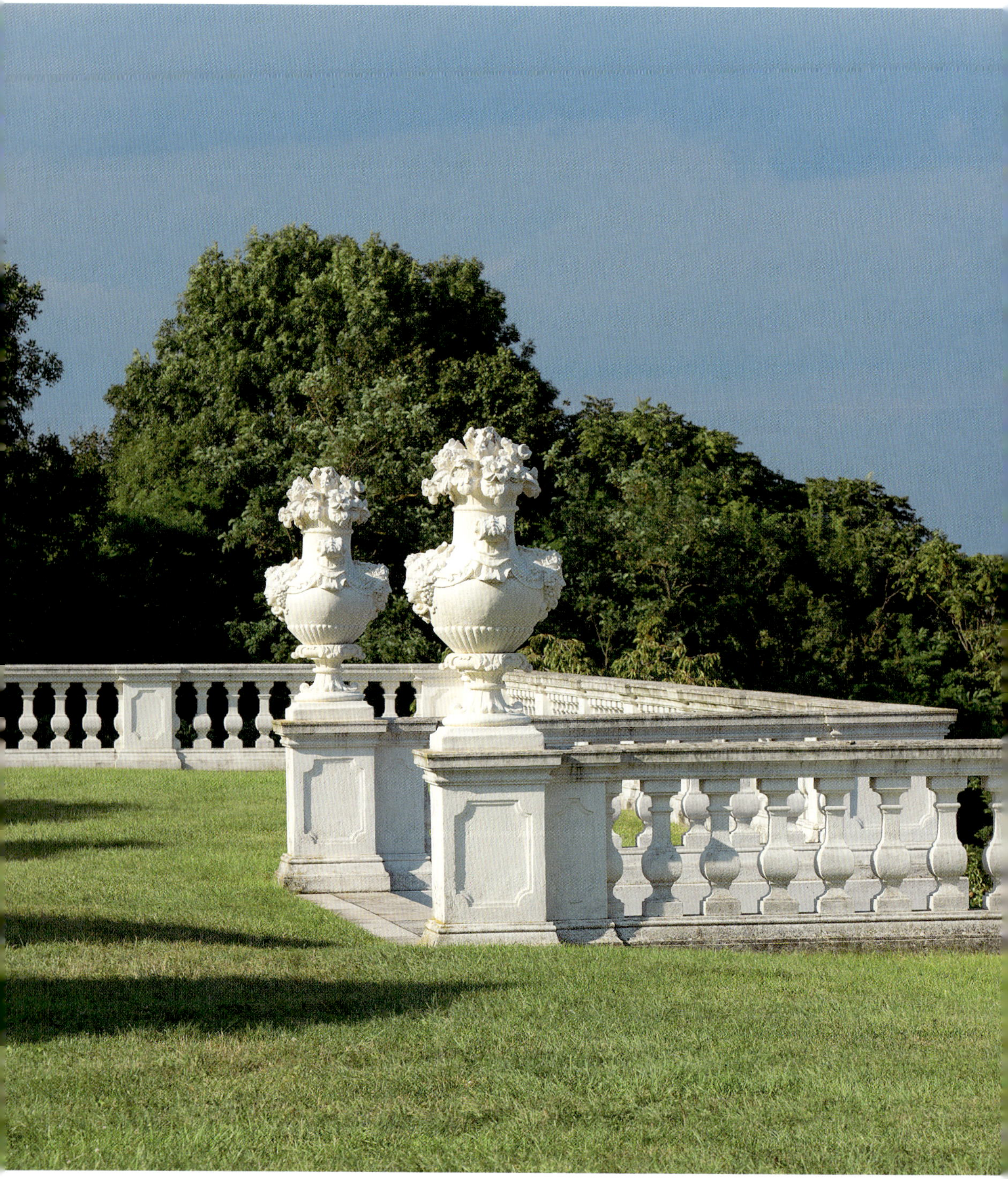

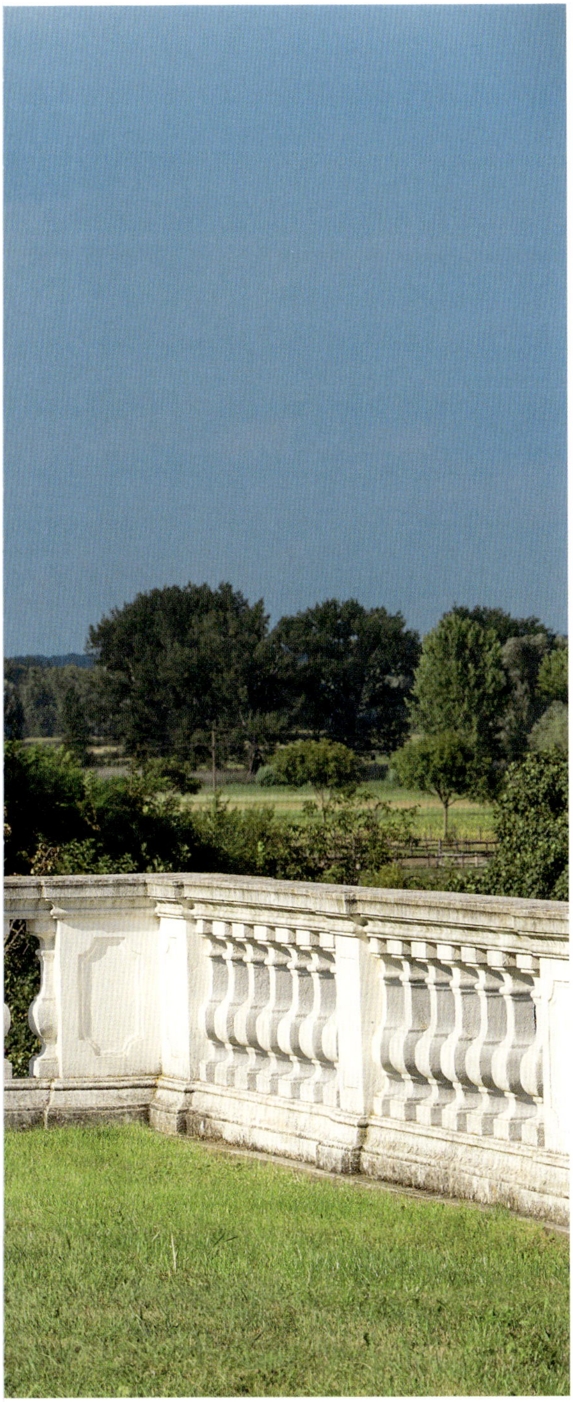

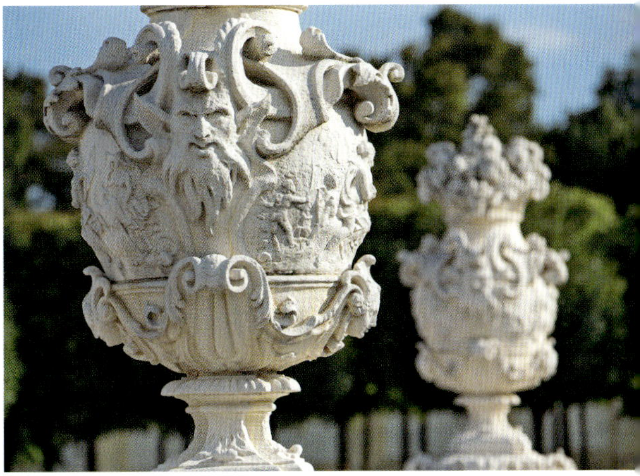

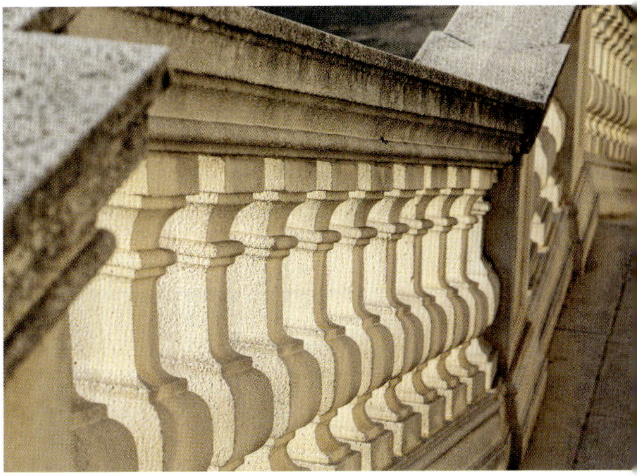

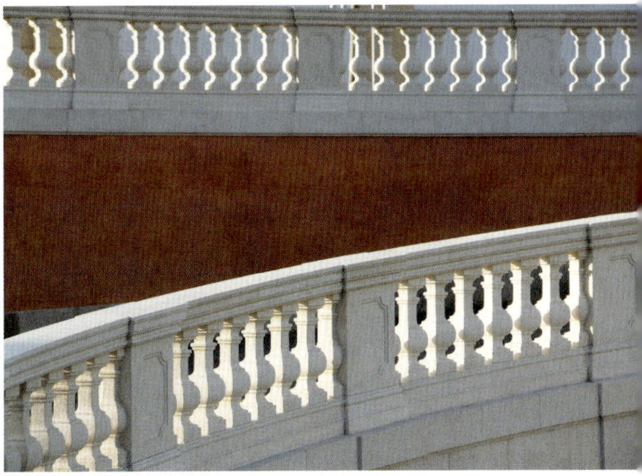

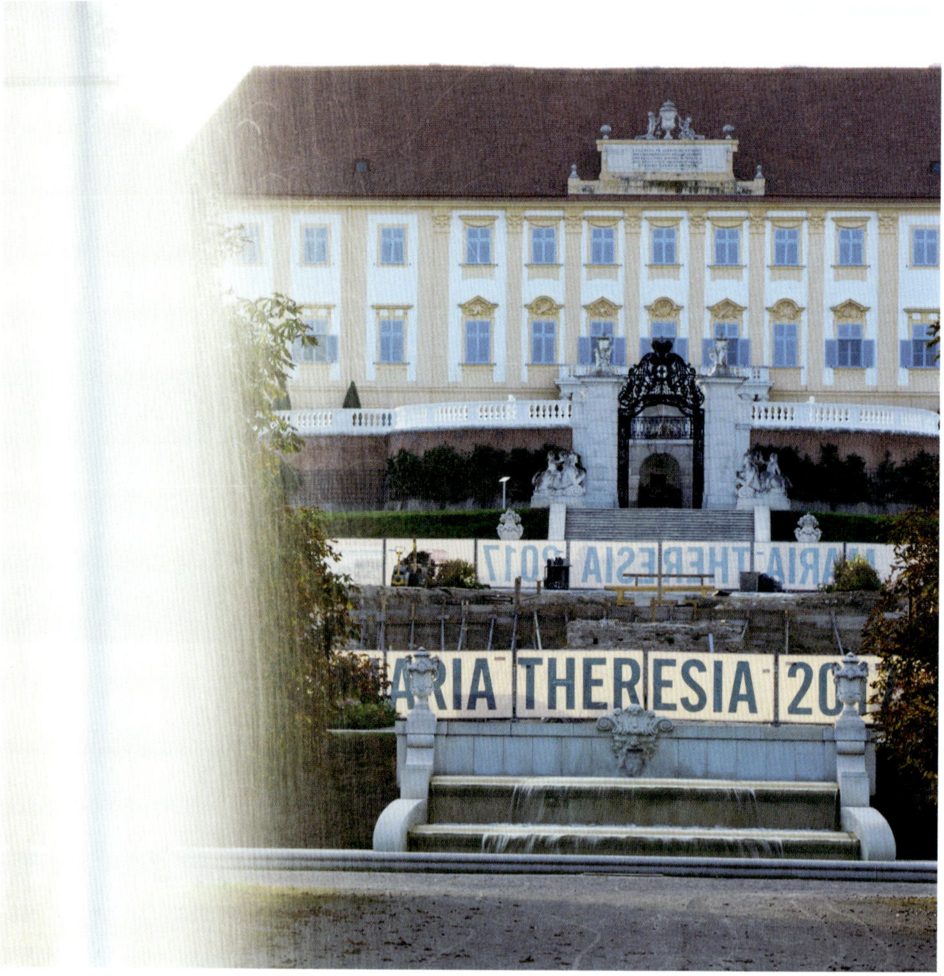

Große und Kleine Kaskade:
Meisterwerke der Baukunst und der Restaurierung

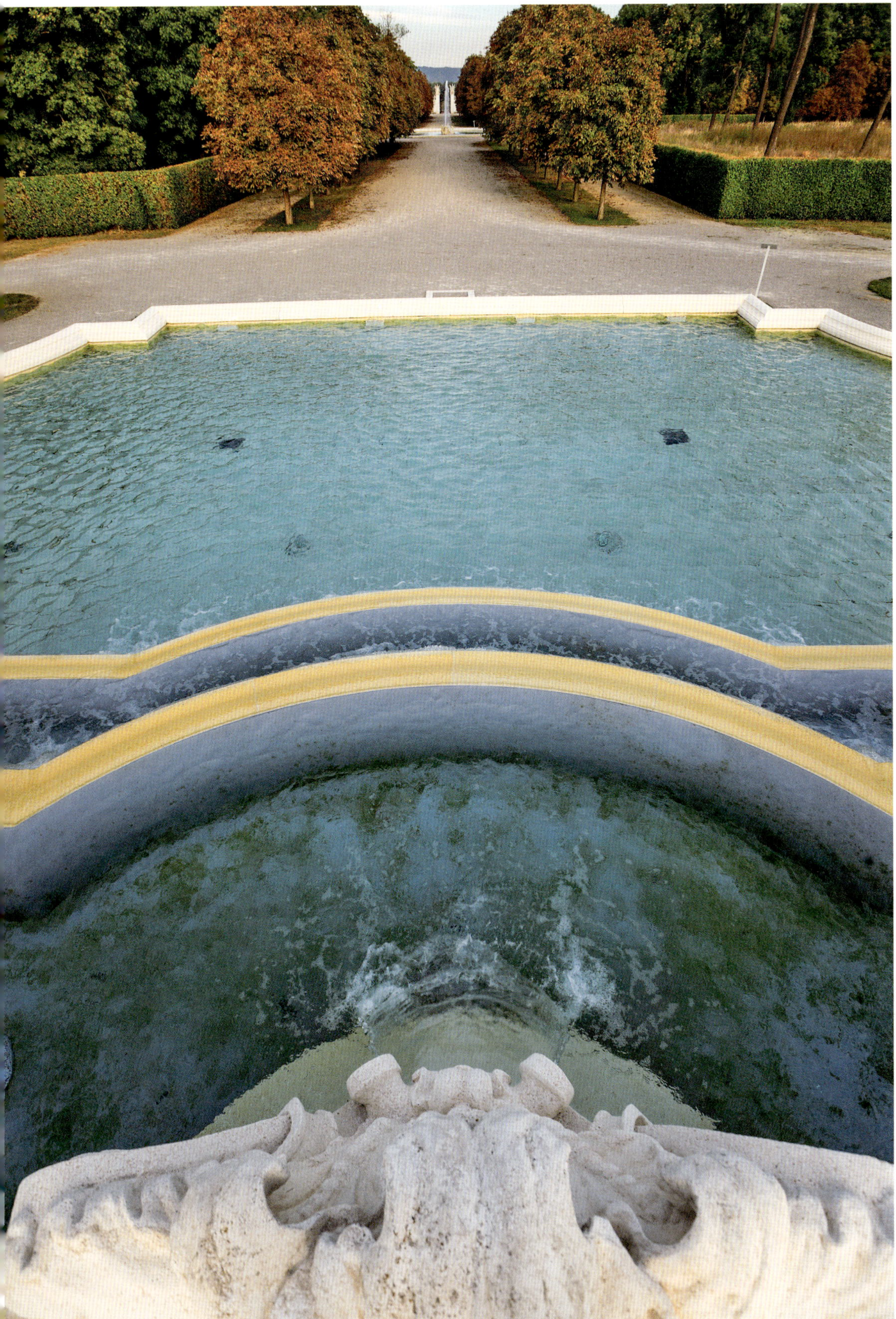

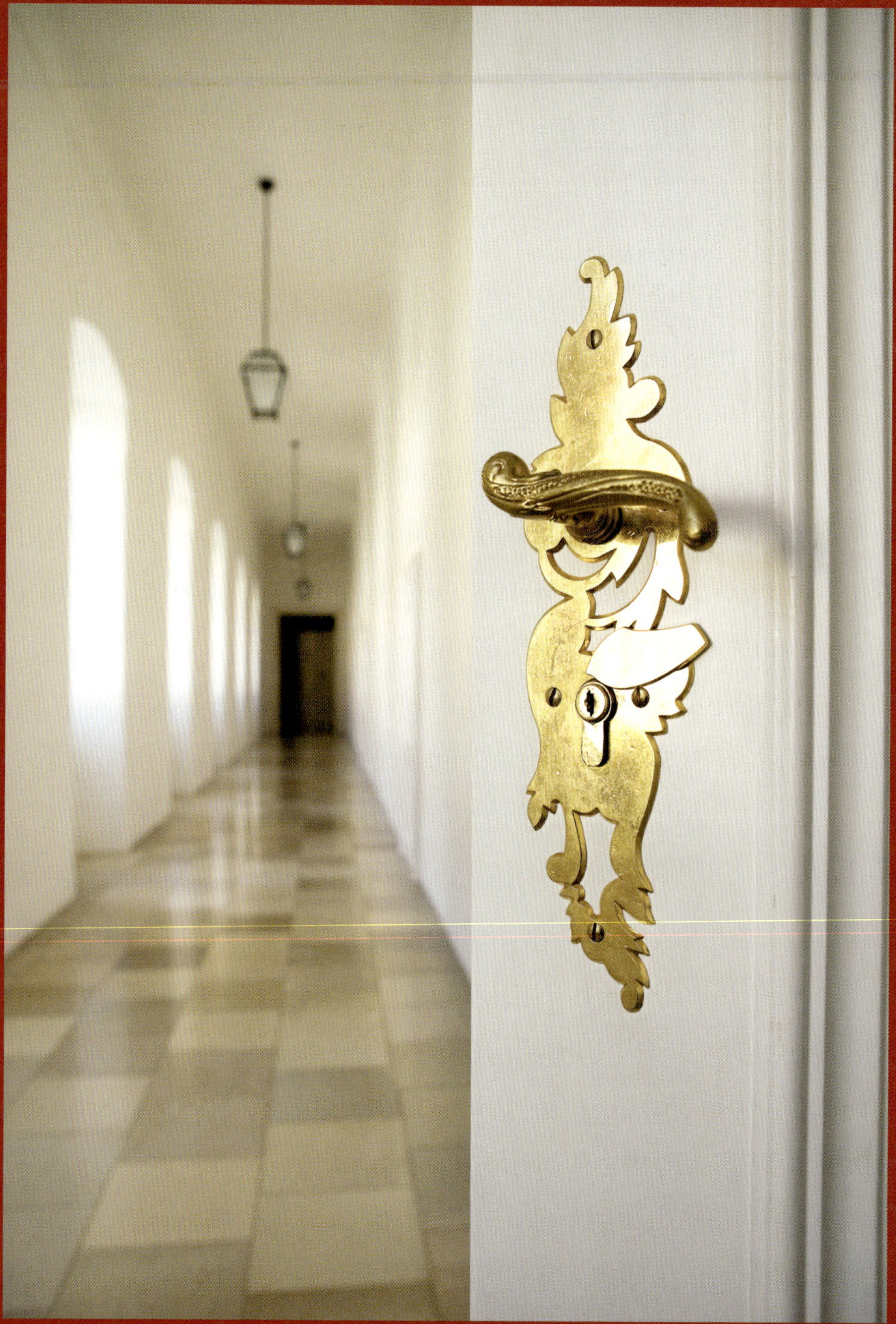

Architektur und Interieur

Schloss Hof präsentiert sich heute als ein in wesentlichen Teilen authentisch wieder eingerichtetes Schloss. Die Räume zeigen nicht bloß passendes Mobiliar aus der Zeit, sondern tatsächlich genau jene Stücke, die im 18. Jahrhundert in den Räumen gestanden sind und dort auch benutzt wurden. Ein aufwendig zusammengesetztes Puzzle aus historischen Quellen, weiterführenden Forschungen und »zufällig« entdeckten Informationen machte dies möglich. Erleben Sie jene Atmosphäre, die schon Prinz Eugen von Savoyen und Monarchin Maria Theresia geatmet haben!

Von Lieselotte Hanzl-Wachter

Am Anfang war die Leere. August 2003: der erste Rundgang durch die Belétage von Schloss Hof. Weiße Stuckdecken, Parkettböden, in manchen Räumen stehen barocke Kamine, darüber Stuckrelieffelder mit mythologischen Szenen, in vielen Zimmern gibt es Lambrien (Wandverkleidungen) in Braun-Gold oder Weiß-Gold gefasst, die meisten Räume sind weiß ausgemalt, in drei Räumen befinden sich Wandbespannungen aus Stoff, zwei davon mit gedruckten Mustern, Blumen und Vögel in ornamentaler Rahmung, fernöstlich anmutend, ein Raum ist mit *Ananasdamast* versehen, dem am Wiener Hof ab der Mitte des 19. Jahrhunderts häufig verwendeten, repräsentativen Stoff, in Schloss Hof ein Überbleibsel einer vergangenen Ausstellung.
Die Räume sind leer. Sie könnten sofort als Ausstellungsfläche benützt werden – wie in den vergangenen Jahren seit 1986. Damals hat man die beiden benachbarten Schlösser Hof und Niederweiden wieder ins Bewusstsein gerufen, den 250. Todestag von Prinz Eugen von Savoyen zum Anlass genommen, seine Landschlösser einer Grundsanierung und partiellen Restaurierung zu unterziehen, um sie vor dem schleichenden Verfall zu retten. Von da an gab es jährlich Ausstellungen.

Göttlicher Blick über zwei Etagen. Herausragend, am Ende des Schlossrundganges: Kapelle und Festsaal. Erstere erstreckt sich über zwei Etagen.

Von der Belétage blickt man aus den Oratorien – wie einstmals die herrschaftlichen Besitzerinnen und Besitzer – hinunter in den Kapellenraum. Die Kapelle ist ein barockes Juwel: Das Deckenfresko mit Gottvater und dem Heiligen Geist von Carlo Innocenzo Carlone bildet gemeinsam mit dem Altargemälde mit der Kreuzabnahme Christi – ursprünglich von Francesco Solimena gemalt, um 1775 für die kaiserlichen Sammlungen in Wien angekauft und durch eine Kopie von Johann Carl Auerbach ersetzt – ikonographisch die Dreieinigkeit Gottes. Die hochwertigen Stuckverzierungen schufen Alberto Camesina und Santino Bussi. Allesamt erste Riege der Künstler zur Zeit Prinz Eugens, die nach Schloss Hof gerufen wurden, um das Tusculum rurale, das neue »Landhaus« des damals 62-jährigen Prinzen, entsprechend zu gestalten. Möbliert wurde die Kapelle 2003 mit Kirchenbänken, die die Pfarre Markthof in den 1980er-Jahren neu anfertigen ließ, und einem Luster aus den 1970er-Jahren, finden hier doch seit den 1960er-Jahren regelmäßig Messen statt.

Der Festsaal ist eine Raumschöpfung des späten 18. Jahrhunderts, wenngleich das Deckenrelief mit der Göttin Diana als Luna, Apoll, Mars und Venus noch aus der Zeit Prinz Eugens stammt. Auch dieser Raum ist leer.

Visionäres Pionierprojekt. Im Anschluss an den Festsaal reihen sich Räume in baufälligem Zustand, das ehemalige Appartement der Monarchin Maria Theresia. Diese fünf Räume wurden von Besucherinnen und Besuchern des Schlosses bisher nicht betreten. Nun sollen sie restauriert und – wenn dies möglich ist – möbliert werden. Das erste große Restaurierungsprojekt im Schlossinneren soll das »Witwenappartement« Maria Theresias wiedererstehen lassen. Ein solches ist einzigartig in Schloss Hof erhalten, während sie in allen anderen Residenzen durch spätere Umbauten verloren gegangen sind. Es ist der erste Schritt auf dem Weg, »Schloss Hof seine

Geschichte zurückzugeben« – dem von Kurt Farasin, Geschäftsführer der 2002 gegründeten Marchfeldschlösser Revitalisierungs- und Betriebsgesellschaft, geprägten Leitgedanken.

Ein Schloss ohne Möbel – warum? Schloss Hof zu demöblieren war keine Folge von Kriegsereignissen des 20. Jahrhunderts, sondern eine Entscheidung von Kaiser Franz Joseph. Er übergab 1898 die Schlossanlage der Militärverwaltung. An die 200 Wagenladungen mit allem, was materiellen Wert hatte, wurden nach Wien transportiert. Die Kunstwerke und Gebrauchsgegenstände aus Schloss Hof sollten in anderen Schlössern weiterverwendet oder deponiert werden. Gerade dadurch hat sich vieles erhalten, was möglicherweise an Ort und Stelle vernichtet worden wäre.

Dass es noch Möbel aus Schloss Hof gibt, wurde im Rahmen der Prinz-Eugen-Ausstellung von 1986 publik gemacht. Zu sehen waren Möbelgruppen aus der Zeit Prinz Eugens – aus Nussbaumholz geschnitzt mit Bezügen aus indischem Baumwolldruck –, aber auch Möbel aus dem späten 18. Jahrhundert, der Zeit, als unter Maria Theresia und Kaiser Joseph II. eine umfassende Neugestaltung von Schloss Hof unternommen wurde – Letztere inspiriert von der Antike, geradlinig, meist weiß-gold gefasst, mit Rohrgeflecht, elegante Stücke, das Beste, was sich aus der frühen Zeit des Klassizismus an Höfischem erhalten hat.

»Besser mobliert als das Gartengebäu zu Wien [Belvedere]« hat der bambergische Architekt Johann Jakob Michael Küchel 1737, ein Jahr nach dem Tod Prinz Eugens, in seiner knappen Beschreibung von Schloss Hof und Schloss Niederweiden festgehalten.

Juwele der Barockarchitektur. 1725 erwarb Prinz Eugen die Herrschaft Hof an der March und beauftragte Architekt Johann Lucas von Hilde-

brandt, das bestehende Renaissancekastell zeitgemäß umzubauen und zu erweitern. Durch zwei Richtung Westen errichtete Flügel wurde ein Ehrenhof geschaffen. Ein ausgedehntes Areal an neu erbauten Wirtschaftsanlagen garantierte die optimale Versorgung des herrschaftlichen Haushalts. Zwei großzügige Orangeriegebäude, Warmlufthäuser in völlig neuer Form mit nach Süden gerichteter, geneigter, durchlichteter Fassade, dienten der Unterbringung der umfangreichen Sammlung exotischer Gewächse des Prinzen, analog zur Menagerie rund um das Belvedere in Wien, die fremdländische Tiere beherbergte.
1726 kaufte Prinz Eugen das wenige Kilometer von Schloss Hof entfernte Schloss Niederweiden mit der Herrschaft Engelhartstetten. Gemeinsam mit dem auf sieben Terrassen zur March abfallenden Garten von Schloss Hof – ein von Anton Zinner geschaffenes Kunstwerk an Gartenarchitektur mit Treillagebauten (Laubengängen), Brunnenanlagen, zahlreichen Skulpturen und abwechslungsreicher Bepflanzung – bildete das neuartige Lustwäldchen in Niederweiden Raum für die unterschiedlichen Vergnügungen, die das »Outdoor«-Landleben dem barocken Fürsten bot.
Fast 50 Jahre genügte die geschaffene Anlage den Bedürfnissen der nachfolgenden Besitzerinnen und Besitzer: der Nichte und Universalerbin des Prinzen Eugen, Prinzessin Anna Victoria von Savoyen-Soisson, die in der Schloss Hofer Kapelle den um 18 Jahre jüngeren k. k. Feldmarschall Joseph Friedrich von Sachsen-Hildburghausen heiratete. Dem in kaiserlicher Gunst stehenden, bald von ihr geschiedenen Prinzen, dem infolge eines ausführlich in den Medien der damaligen Zeit in allen Einzelheiten beschriebenen, spektakulären Festes der Verkauf der Schlösser Hof und Niederweiden an Kaiser Franz I. Stephan von Lothringen und Maria Theresia gelang. Und schließlich auch dem Kaiserpaar, das im Anschluss an den Kauf nur wenige Adaptionen im Inneren durchführen ließ.

Doch in den frühen 1770er-Jahren änderten sich der Geschmack und auch die Bedürfnisse. Schloss Hof wurde durch Oberhofarchitekt Franz Anton Hillebrandt aufgestockt und im Inneren neu dekoriert. Warum, ist bis heute nicht eindeutig geklärt. Zwar besagt eine Inschrift an der damals neu errichteten Attika der Gartenfassade, dass Maria Theresia das Schloss »dem Sohn Maximilian übergeben« habe, doch waren es wohl eher Erzherzogin Maria Christina und Prinz Albert von Sachsen-Teschen, die generelle und vor allem künstlerische Impulse für den Umbau gaben.
Danach vergingen wiederum 60 Jahre, bis Kaiser Ferdinand I. das ehemalige Appartement Maria Theresias zu seinem im Geschmack des Biedermeier eingerichteten Appartement umgestalten ließ. Und dann passierte offensichtlich nicht mehr viel, wie die ersten fotografischen Aufnahmen von Schloss Hof und Schloss Niederweiden aus den 1880er-Jahren nahelegen und Skizzen von Joseph Engelhart von 1893/94 festhalten.

Einrichtung mit Inventarnummer. Auf der Suche nach der Originalmöblierung der Schlösser Hof und Niederweiden war die Bundesmobilienverwaltung – die Nachfolge-Institution der kaiserlichen Hofmobiliendirektion – die erste Adresse. Eine Datenabfrage ergab mehr als 1000 Einrichtungsgegenstände mit Schloss Hofer Inventarnummer. Möbel aus verschiedenen Zeiträumen: Barock, Rokoko, Klassizismus sowie 19. Jahrhundert. Aber das war bei Weitem nicht alles. Im Zuge von Museumsreorganisationen kamen im 20. Jahrhundert hunderte Einrichtungsgegenstände ans MAK – Österreichisches Museum für angewandte Kunst/Gegenwartskunst. Darunter auch Möbel, Luster, Öfen und vor allem Stoffe aus Schloss Hof.
Und auch den Österreichischen Bundesforsten waren Einrichtungsgegenstände aus Schloss Hof überantwortet. Deshalb, weil Erzherzog Franz Fer-

dinand 1896 aus Schloss Hof vieles auswählen durfte, um sein nahe gelegenes Schloss Eckartsau einzurichten. An die 400 Einrichtungsgegenstände – Möbel, aber auch wandfeste Raumausstattungen wie etwa eine Kaminfassade samt Feuerhunden – wurden transferiert, vor allem Möbel der Zeit Prinz Eugens gefielen dem Thronfolger. Schloss Eckartsau dient heute den Österreichischen Bundesforsten nicht nur als Verwaltungssitz, sondern bietet darüber hinaus einen ambitionierten Schaubetrieb.
Die Gemälde aus Schloss Hof befinden sich heute vor allem in den Sammlungen des Kunsthistorischen Museums, der Nachfolge-Institution der kaiserlichen Gemäldegalerie. Kunsthistorikerin Ilsebill Barta identifizierte viele Gemälde aus Schloss Hof, vor allem Familienbilder, die das Appartement Maria Theresias einstmals geziert hatten.
Diese Vielzahl der Gegenstände aus Schloss Hof wirft natürlich die Frage auf: Wo sind all die Stücke gestanden beziehungsweise gehangen?

Appartements zum Repräsentieren und Wohnen. Johann Lucas von Hildebrandt und Dekorateur Claude Le Fort du Plessy gestalteten in Schloss Hof zwei herrschaftliche Appartements für den Besitzer Prinz Eugen: ein Paradeappartement im Südwesttrakt – dieses ist heute aufgrund des Umbaus für Maria Theresia verloren – und ein Wohnappartement. Von diesem sind einzelne Elemente der Ausstattung noch erhalten. Zusätzlich wurden 13 Gästezimmer im Nordwesttrakt, im Osttrakt, im Nord- und im Südpavillon angelegt. Diese Gästeappartements boten jeweils einen Hauptraum und mehrere Nebenräume. Die Nebenräume, in denen auch Dienstboten Unterkunft fanden, waren teilweise durch Zwischenwände und Zwischendecken vertikal wie horizontal unterteilt und entsprechend winzig. Kurioses Detail: Durch die eingezogenen Zwischendecken hatten manche Zimmer nur »halbe« Fenster als Lichtquelle.

Wohn- und Paradeappartement des Prinzen bestanden je aus der *Antecamer* – dem zeremoniell genutzten Vorzimmer –, dem Empfangszimmer und dem Schlafzimmer (im Paradeappartement lediglich für repräsentative Zwecke, das Bett blieb unbenutzt). Das Wohnappartement umfasste noch Schreibkabinett, Garderobe und Gewehrzimmer. Angrenzend an das Wohnappartement lagen die Gesellschaftsräume: Tafelzimmer und *Caffee Zimmer*. Die beiden Hauptappartements von Schloss Hof blieben auch unter den späteren Besitzerinnen und Besitzern die übergeordneten Einheiten, doch änderten sich Raumfunktionen je nach Bedarf.

Was ist modern? Gestalterisch war fast alles einem stetigen Wandel unterworfen. Waren unter Prinz Eugen ungefasste, holzsichtige Möbel (Vollholz ohne Lack) und kräftige Farbtöne – Grün, Rot, Gelb und Blau im Wohnappartement, Rot, Weiß und Gold im Paradeappartement – für Wandbespannungen, Vorhänge und Möbelbezüge prägend, so dominierte nach der Neugestaltung in den 1770er-Jahren vor allem Weiß. Im »Witwenappartement« Maria Theresias ergänzt durch Grau und Gold – entsprechend der Trauer, die die Monarchin nach dem Tod ihres Ehemannes stets zeigte und die sich nicht nur auf ihr eigenes Erscheinungsbild, sondern auch auf die von ihr genutzte Umgebung erstreckte. Das Kaiserappartement, das anstelle des Wohnappartements Prinz Eugens eingerichtet worden war, zierten farbenprächtige indische und europäische Stoffe.

Rekonstruktion als aufwendiges Puzzle. Alles steht und fällt mit den historischen Quellen. Im Fall von Schloss Hof bildeten die zunächst von Archivarin Irmgard Pangerl recherchierten Quellen die Basis für weitere Forschungen. Der Rekonstruktion des »Witwenappartements« Maria Theresias mitsamt seinen Gemälden, Möbeln, Öfen, Lustern im Jahr 2005 folgten: 2007 die Sakristei, die als einziger Raum authentisch den Zustand unter Prinz Eugen konserviert, 2008 die Möbel des Festsaales, 2011 das aus fünf Räumen bestehende Kaiserappartement, dessen wandfeste und mobile Ausstattung wieder auf den Zustand von 1775 gebracht wurde, und schließlich 2015 die barocken Kirchenbänke Prinz Eugens in der Kapelle, die dort nun wieder – neben anderem Gebrauchsmobiliar – in Verwendung sind.

Die weitgehend authentische Rekonstruktion der Möblierung von Schloss Hof war allein aufgrund der außerordentlichen Quellenlage möglich. Weder für das Stadtpalais des Prinzen noch für das *Gartengebäu*, das Belvedere, hat man Kenntnis von der mobilen Einrichtung, und auch für die Residenzen des Wiener Hofes war bisher eine Rekonstruktion von Wohneinheiten des 18. Jahrhunderts nicht wie in Schloss Hof möglich.

Das älteste bekannte Inventar von Schloss Hof wurde 1736 unmittelbar nach dem Tod des Prinzen erstellt, weitere 1755, 1793 und mehrere im 19. Jahrhundert. Dazu gibt es Pläne der Schlossanlage, gezeichnete Interieurskizzen und eine Serie von Fotografien aus den 1880er-Jahren.

Und dennoch war darüber hinaus oft das »zufällige« Zusammentreffen von Informationen notwendig, um Einzelnes zu identifizieren. Etwa bei der Serie der Neapel-Ansichten von Antonio Joli. Eine im Zuge eines Forschungsprojektes zum Garten gefundene Schriftquelle und eine im Rahmen der Interieurforschung vor Jahren notierte Aktennotiz zu einem Handwerkerauftrag in Laxenburg führten gemeinsam zur Identifizierung der Provenienz von zehn erhaltenen Gemälden.

Schauräume mit authentischem Flair. Heute ist Schloss Hof ein in wesentlichen Teilen weitgehend wieder eingerichtetes Schloss: authentisch eingerichtet! Denn die Räume zeigen nicht nur stilistisch und funktional »passendes« Mobiliar, sondern jene Stücke, die tatsächlich im 18. Jahrhundert in den Räumen gestanden sind und ihren Bewohnern gedient haben. An die 300 Ausstattungs- und Einrichtungsgegenstände konnten in Form von langfristigen Leihgaben von Museen und Institutionen zurückgebracht werden. Und so ist es möglich, dass man sich auf eine Zeitreise begibt und sieht, was etwa Maria Theresia im Sommer 1777 in ihrem »Wohnzimmer« gesehen hat, als sie einen Brief an ihre Schwiegertochter Maria Beatrix von Mailand d'Este verfasste: »Ich schreibe Ihnen unter dem Gemälde Ihrer teuren Familie [...] Wir halten uns immer in diesem Zimmer auf, das meine teuren italienischen Kolonien enthält, alle vier, meine Schätze, meine Tröstungen, meine Unterstützung.« Somit ist dem Schloss zumindest zum Teil »seine Geschichte zurückgegeben worden«.

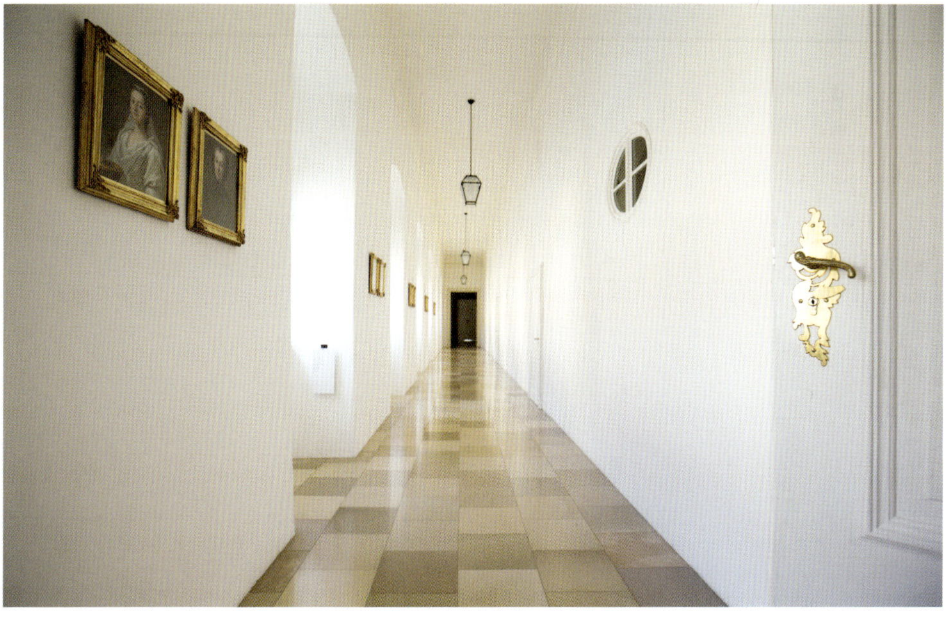

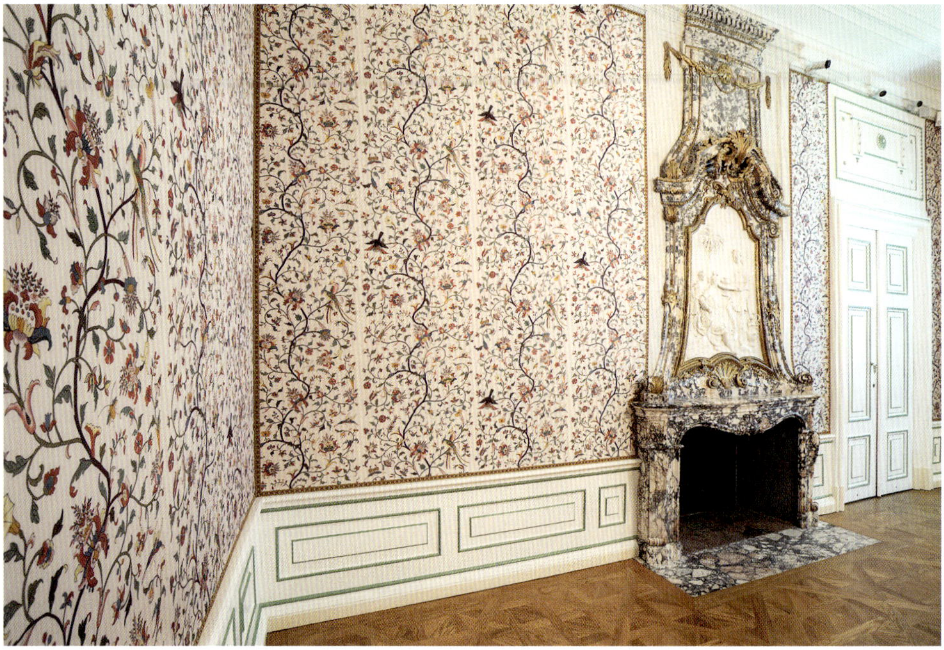

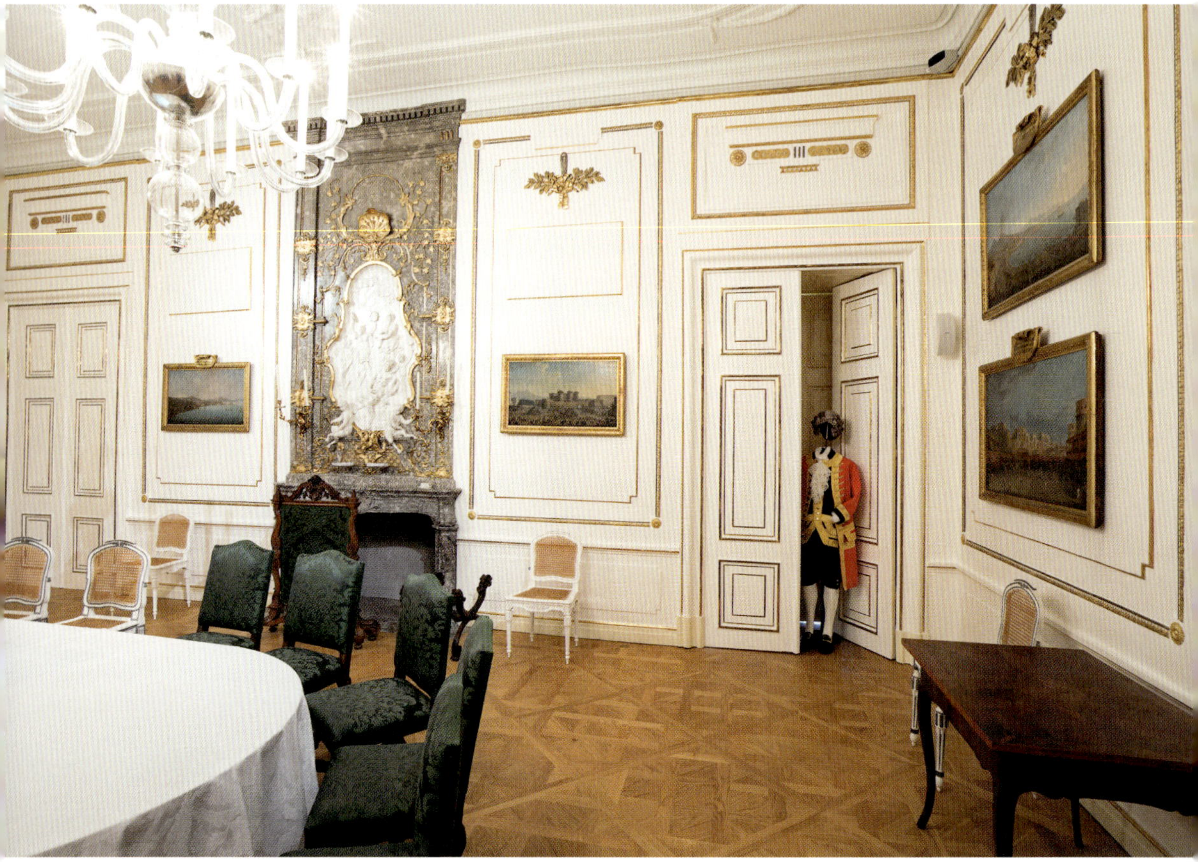

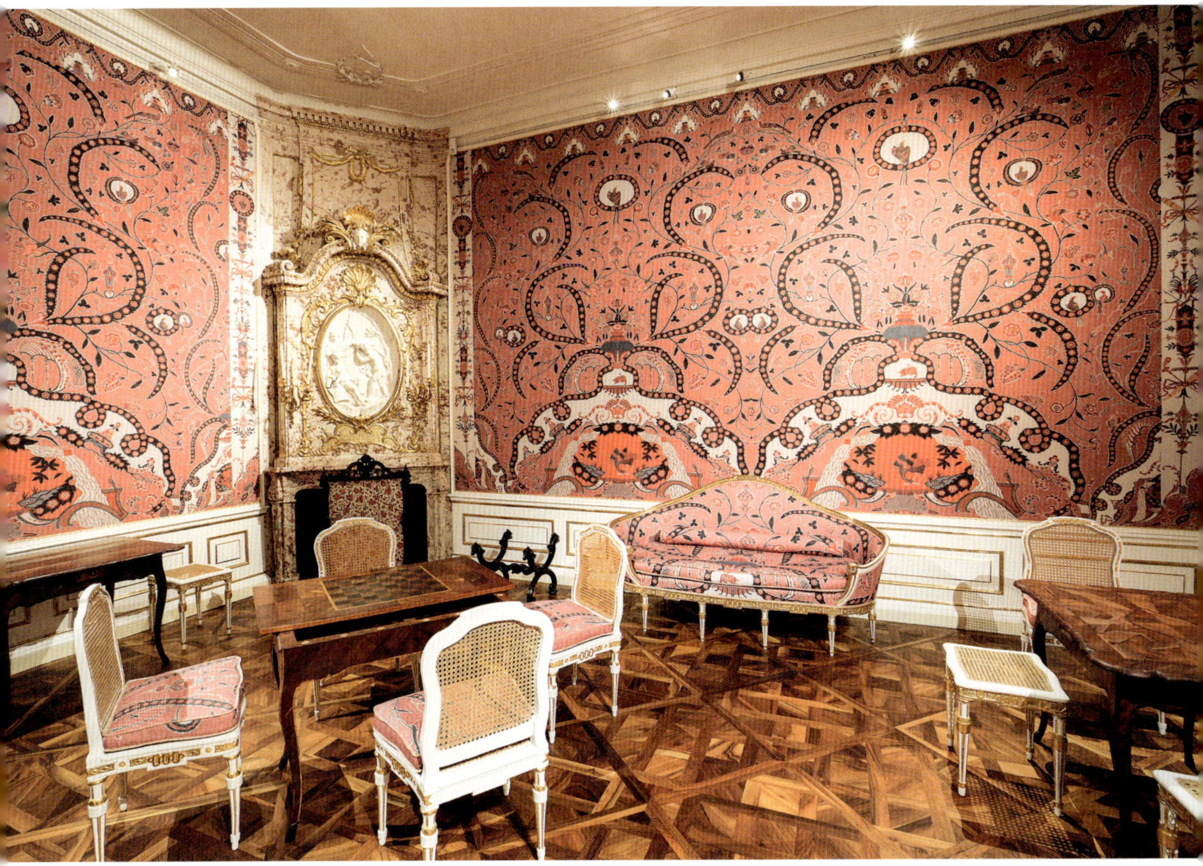

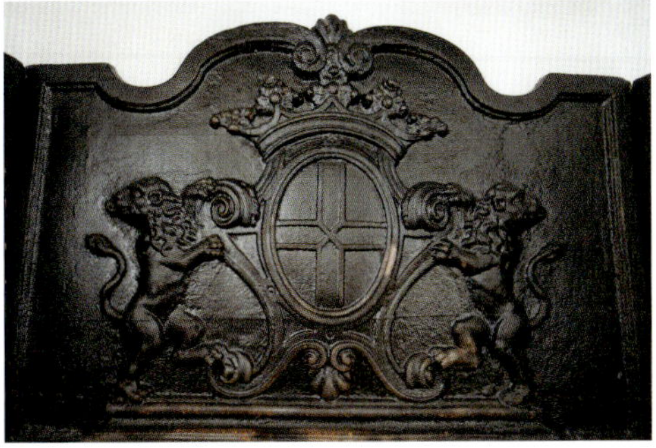

Die Belétage:
das Kaiserappartement von Joseph II.
(hier und folgende Doppelseite)

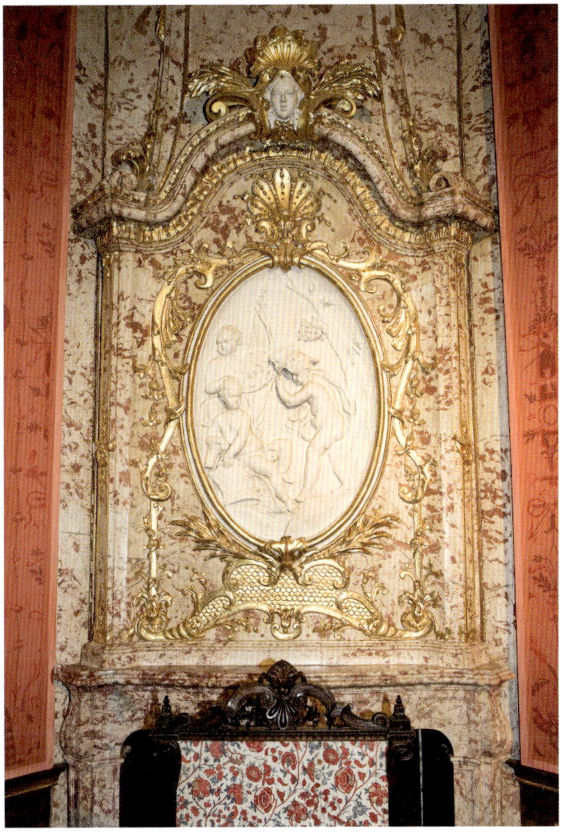

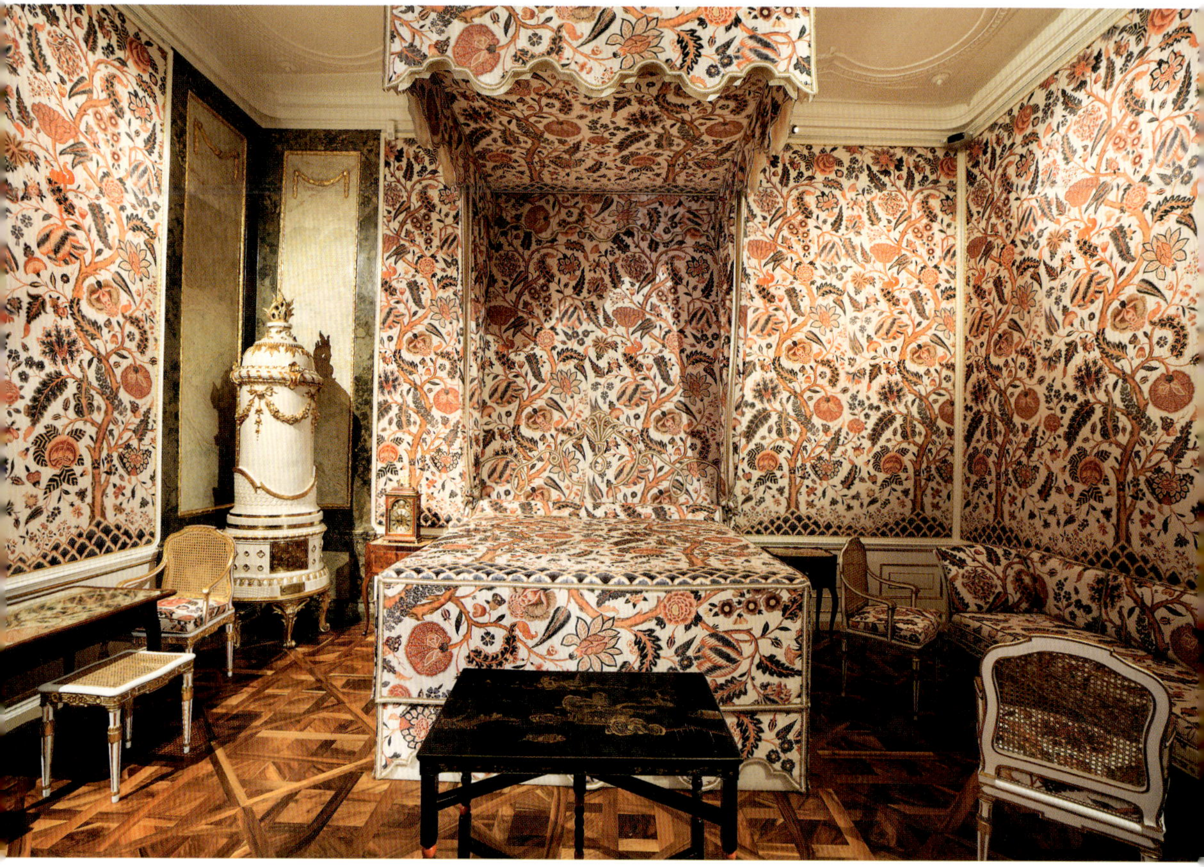

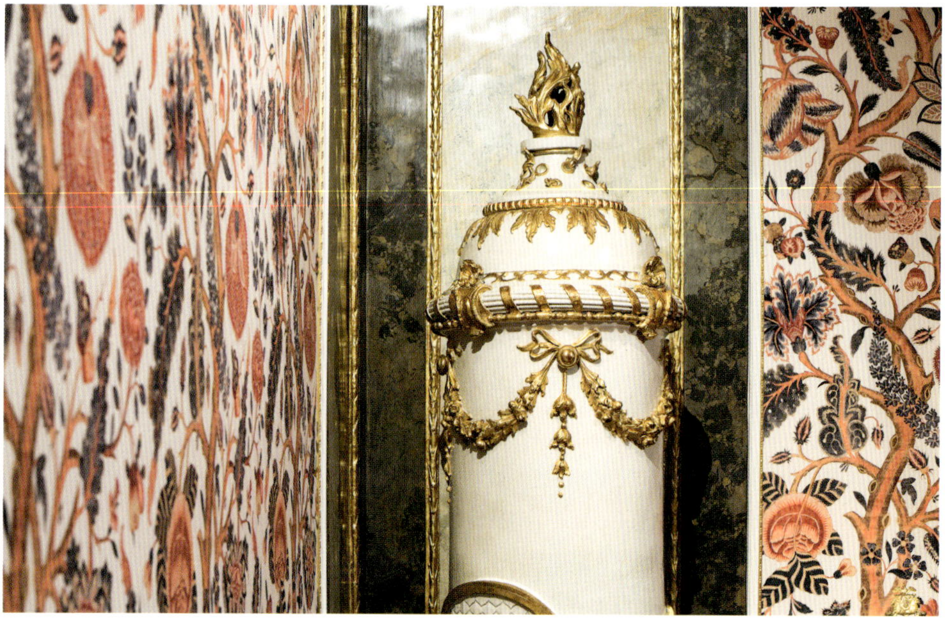

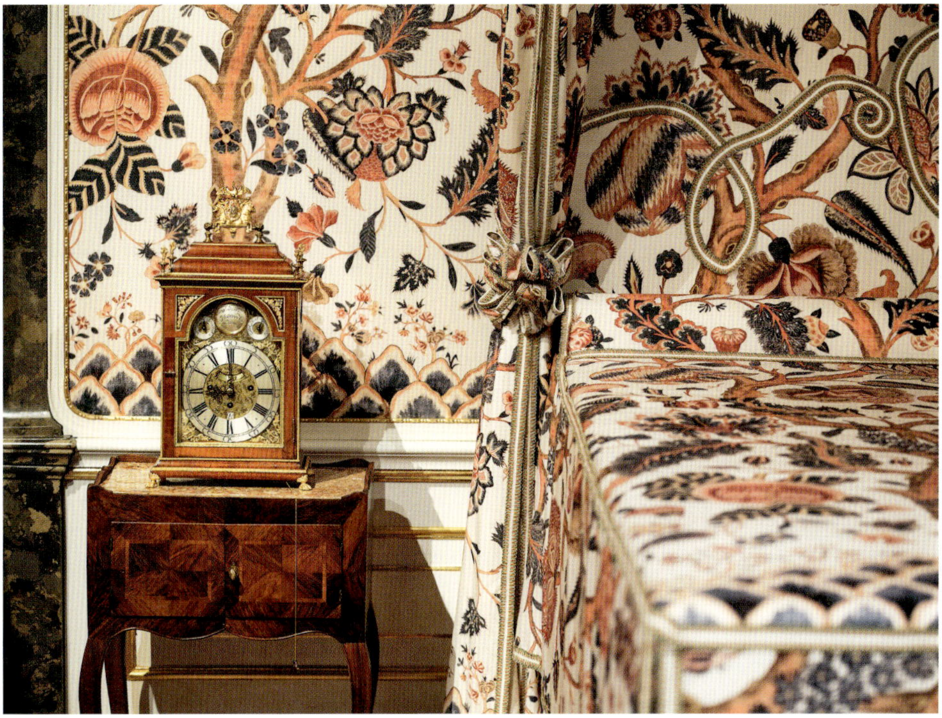

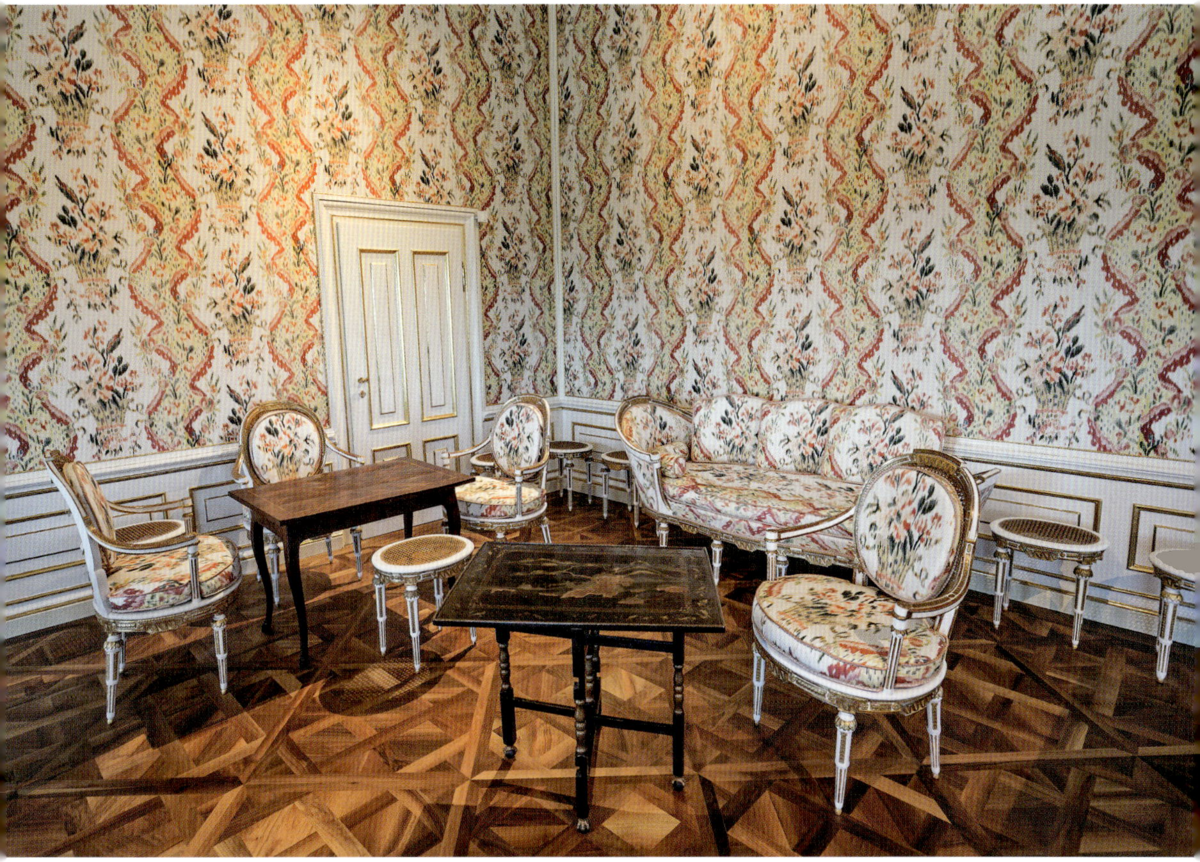

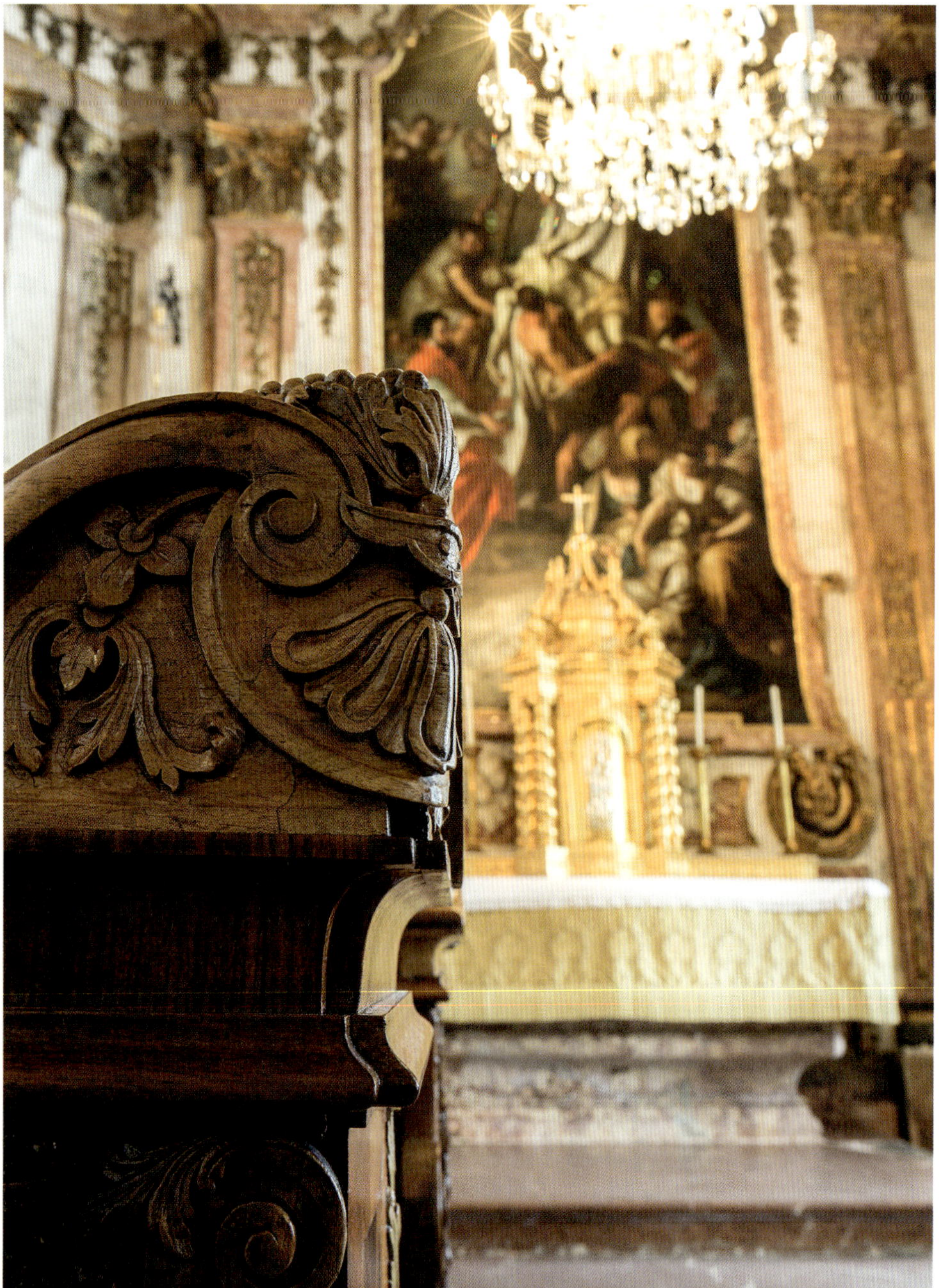

Schlosskapelle und Sakristei:
Originalausstattung aus der Zeit Prinz Eugens
(hier und folgende Doppelseite)

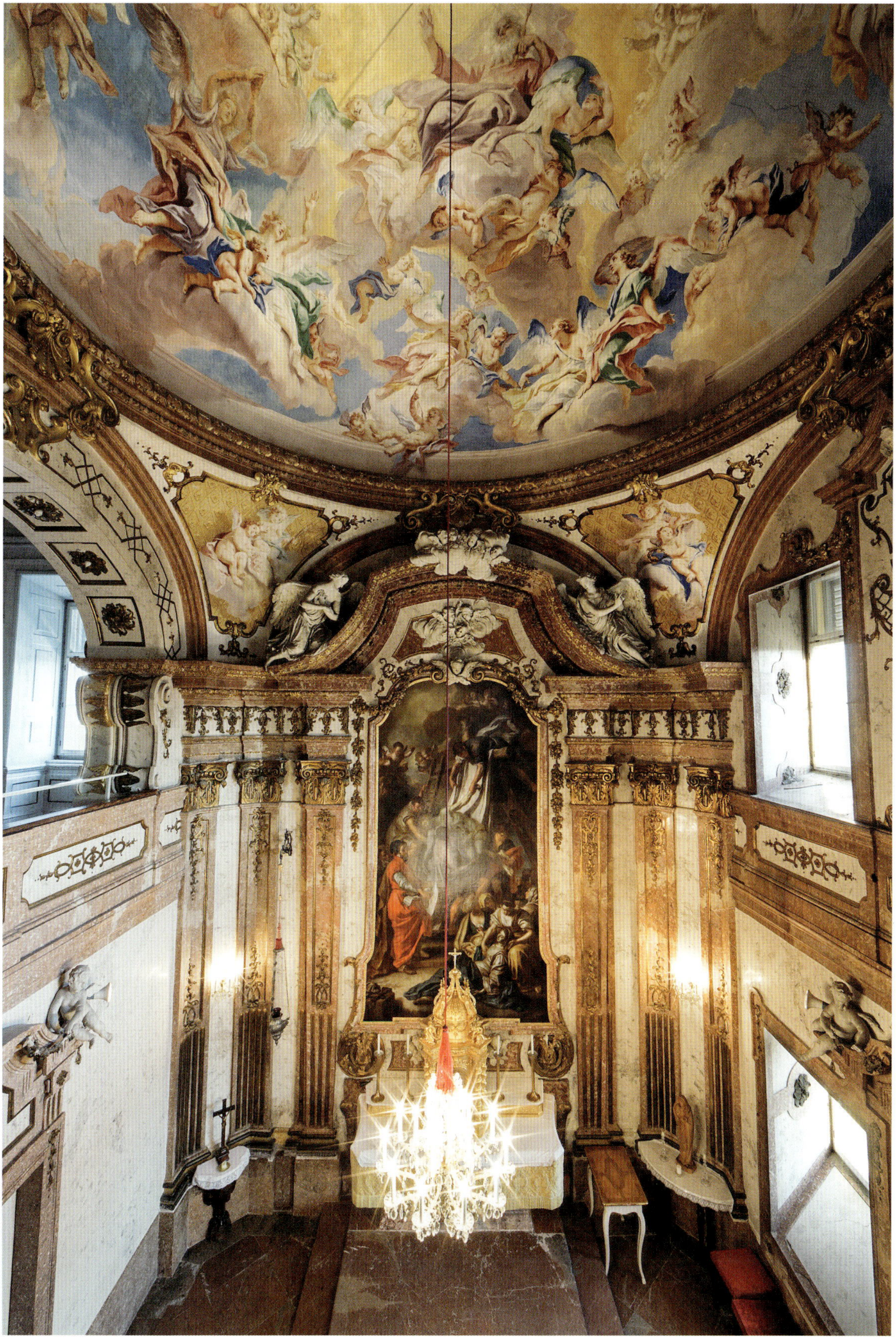

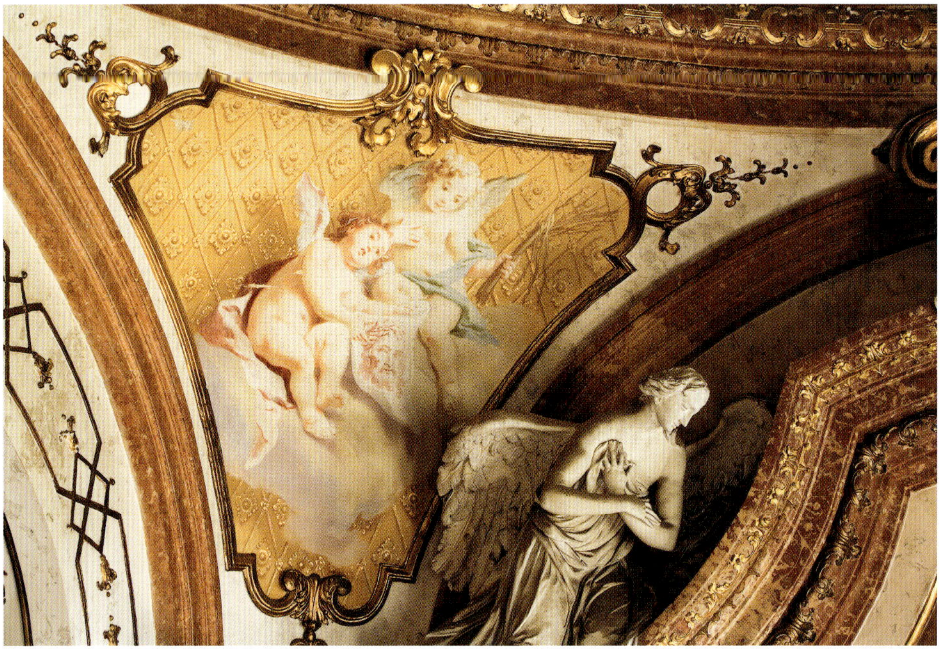

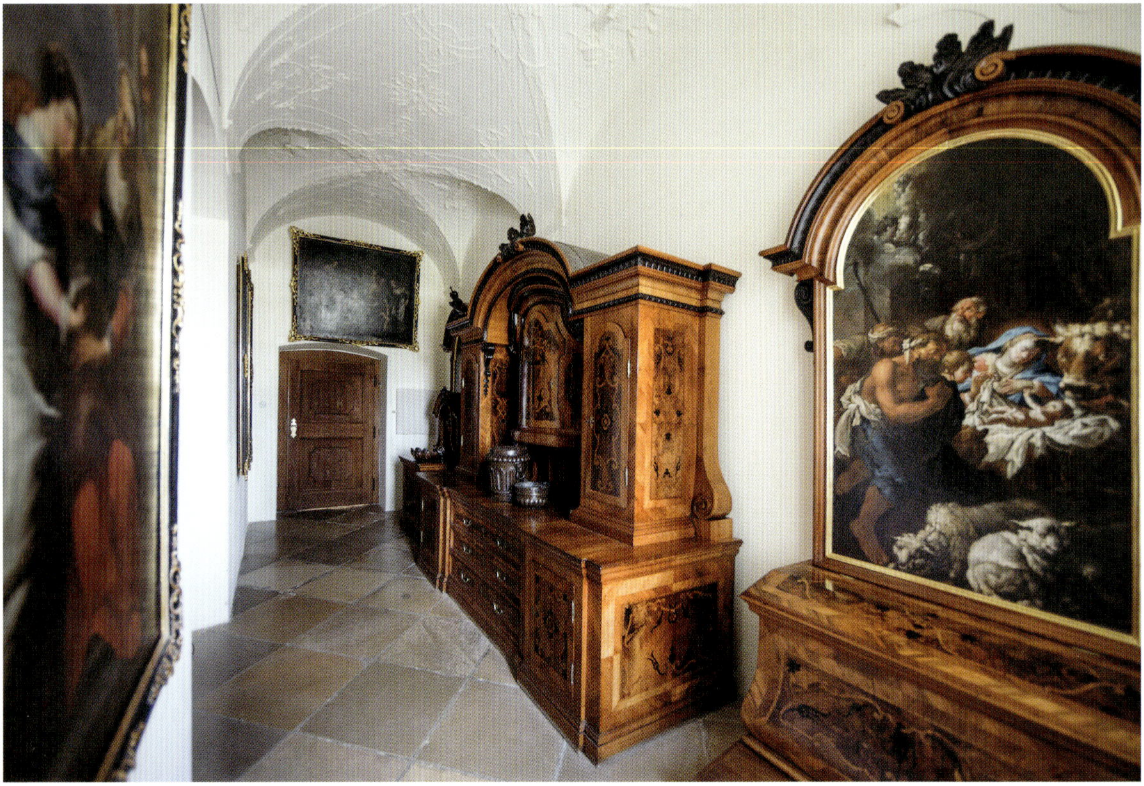

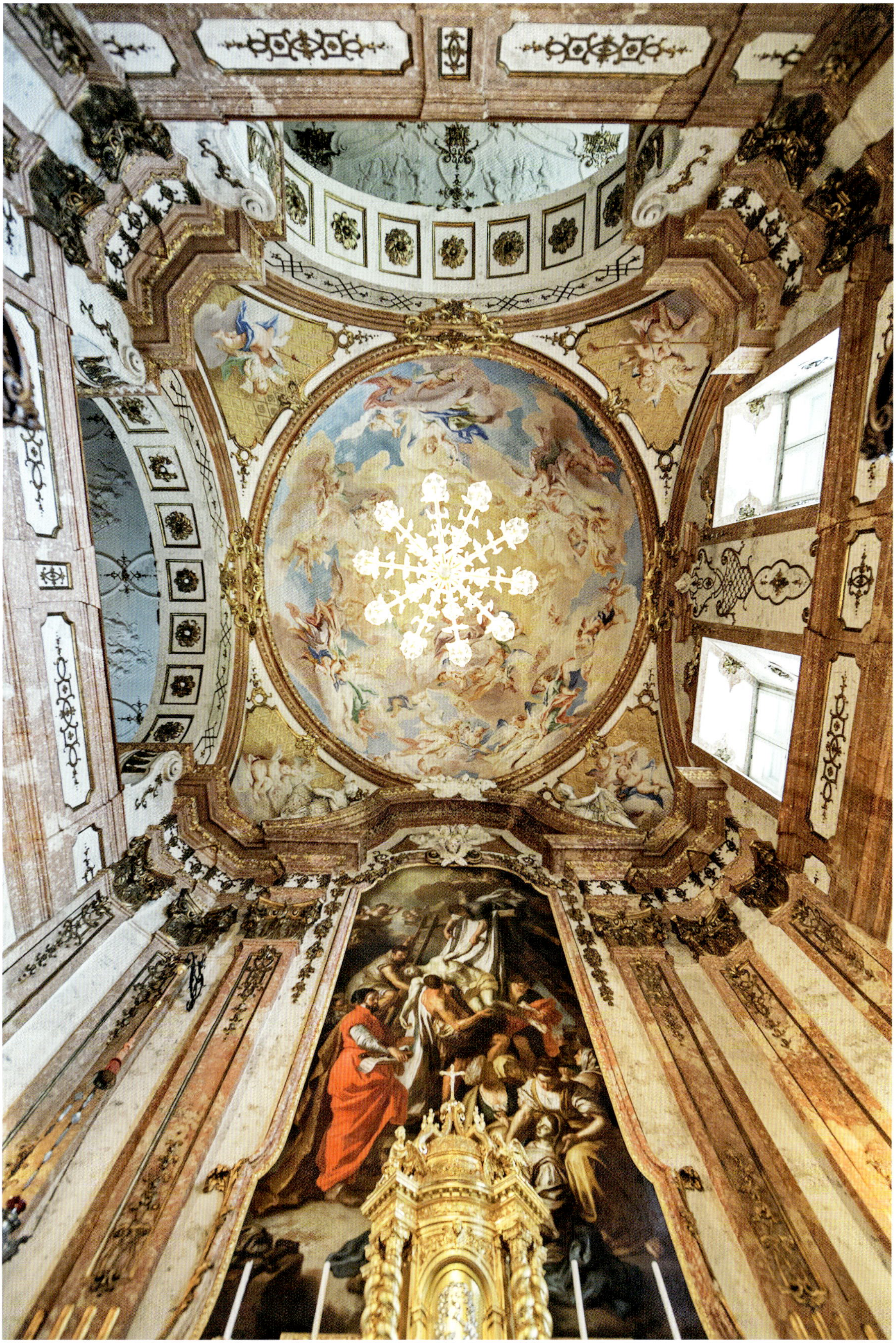

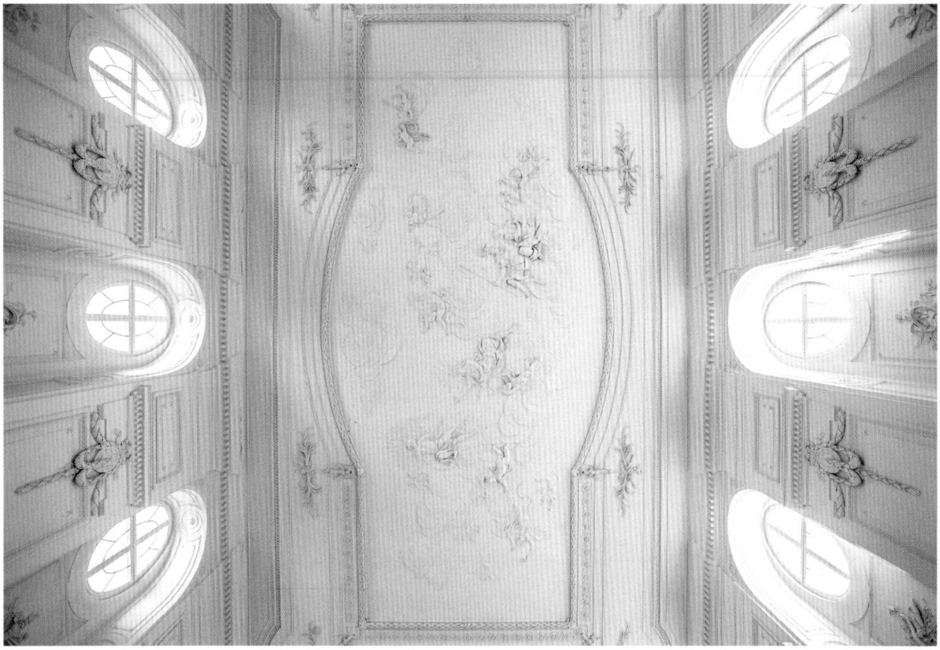

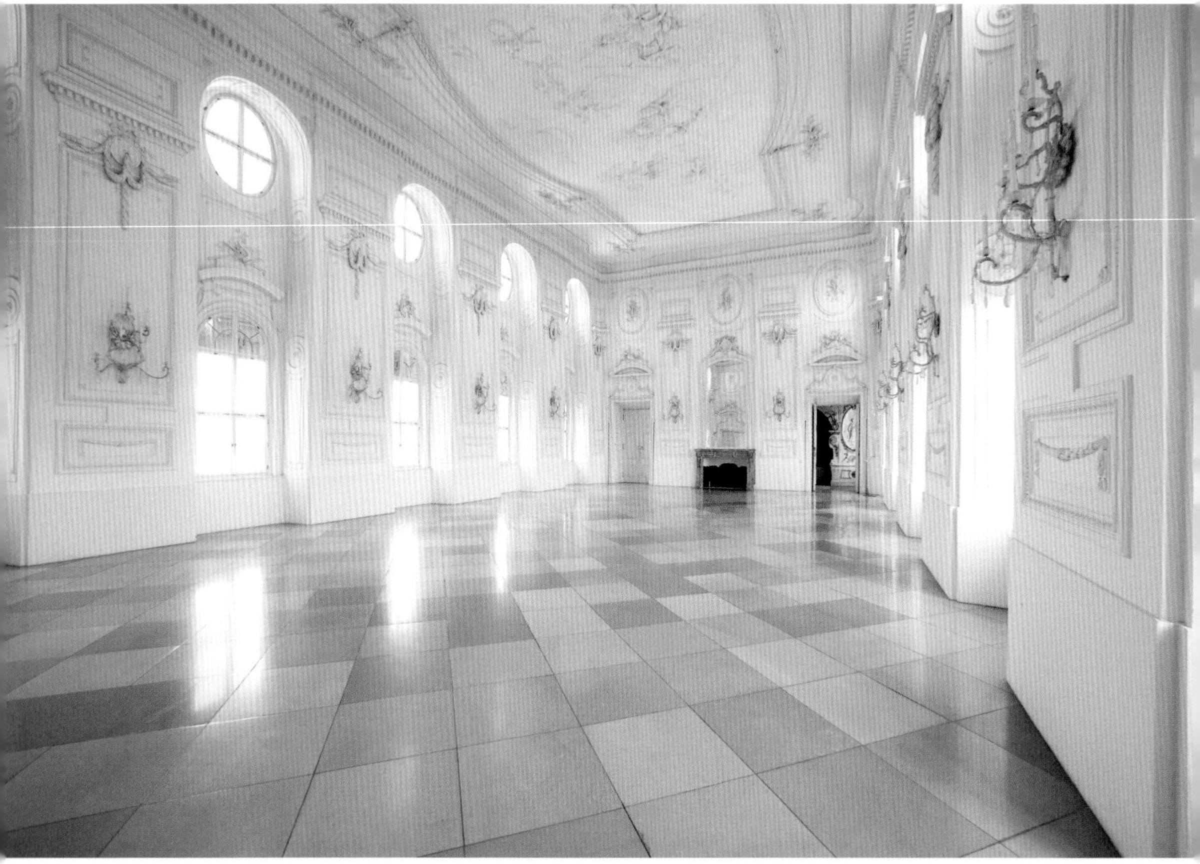

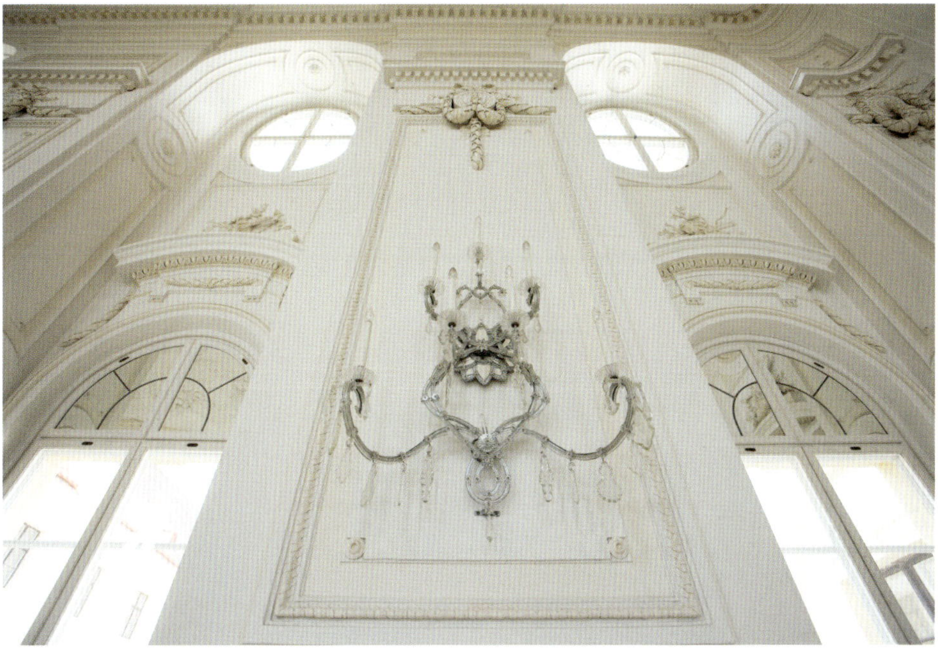

Der Festsaal (vor 2008):
schlichte Eleganz im Stil des Klassizismus

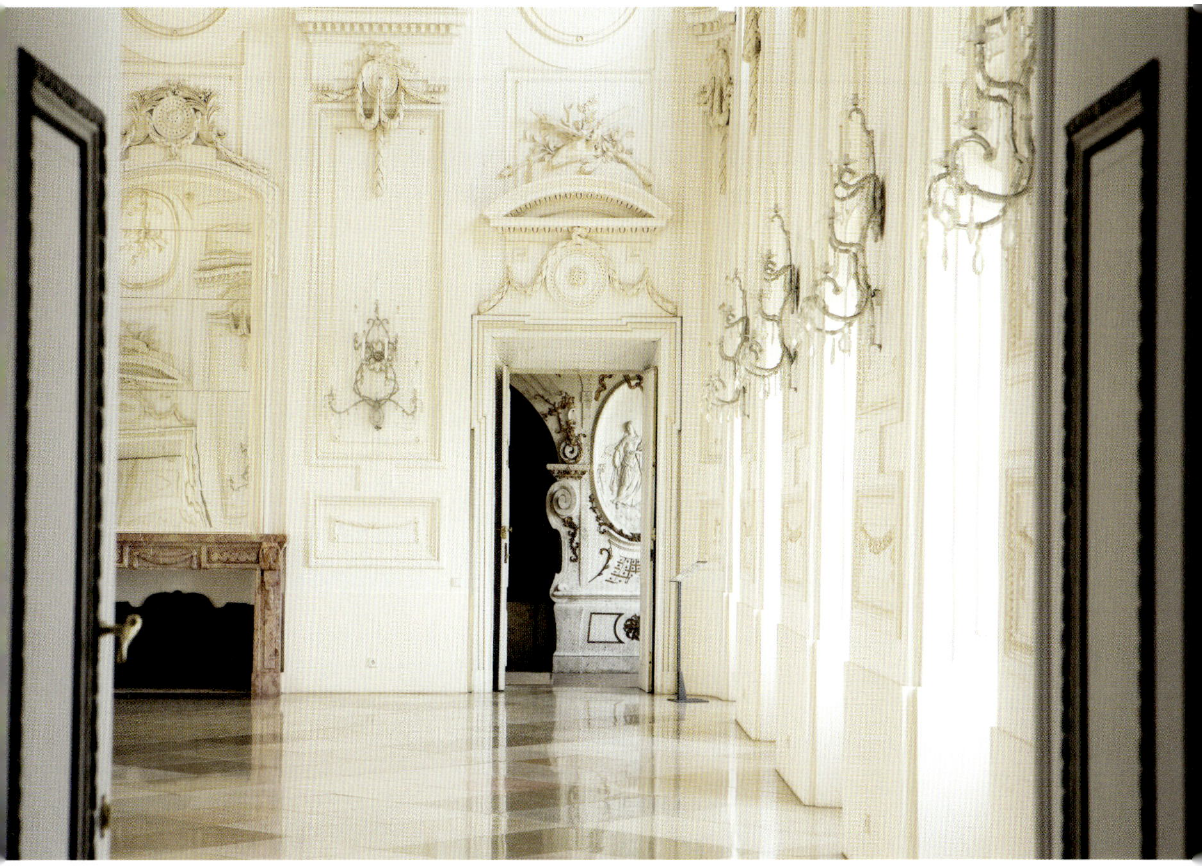

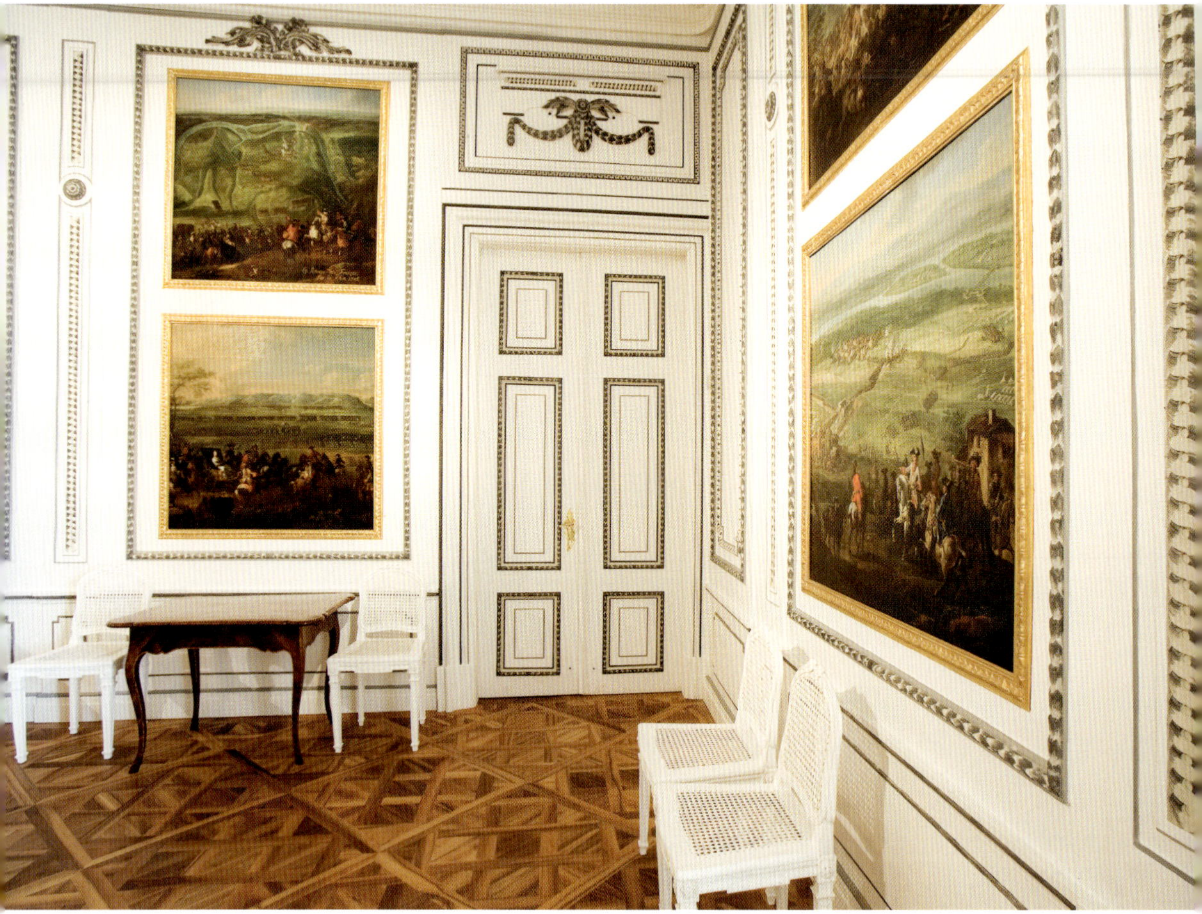

Das Appartement Maria Theresias:
Rückzugsort der Monarchin nach dem Tod ihres Gemahls
(hier und folgende Doppelseiten)

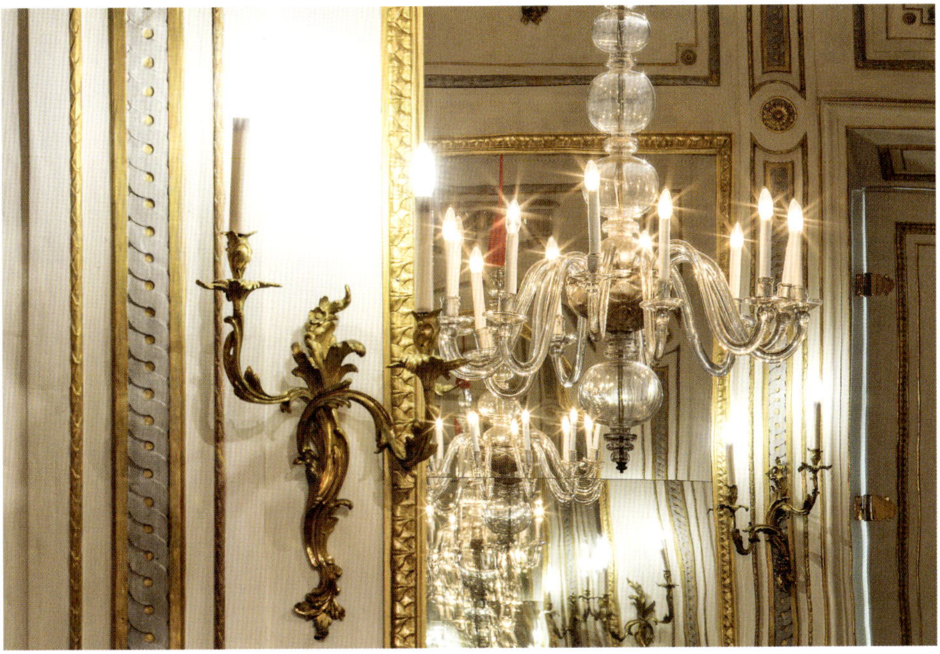

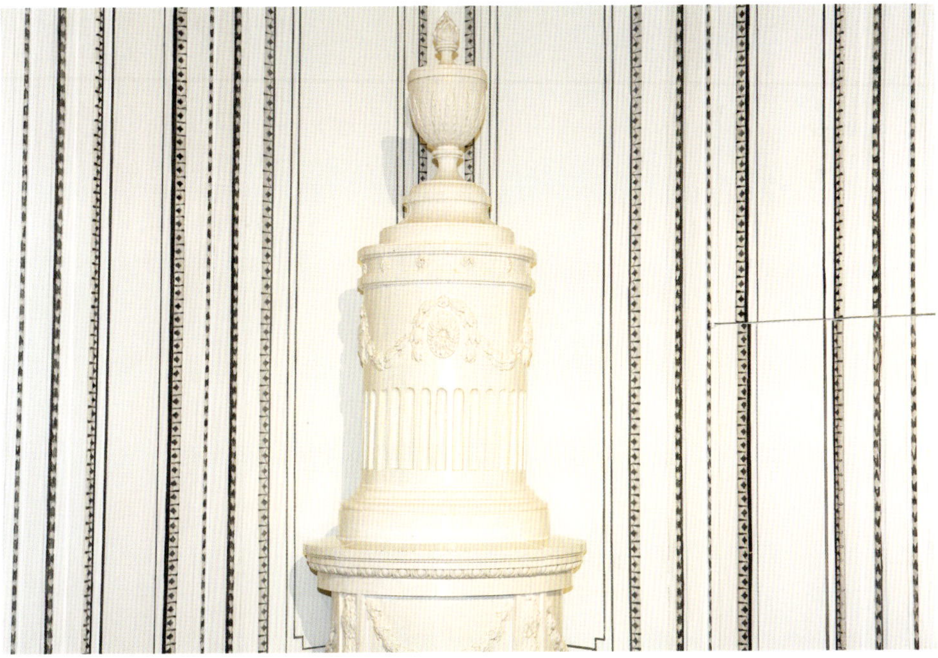

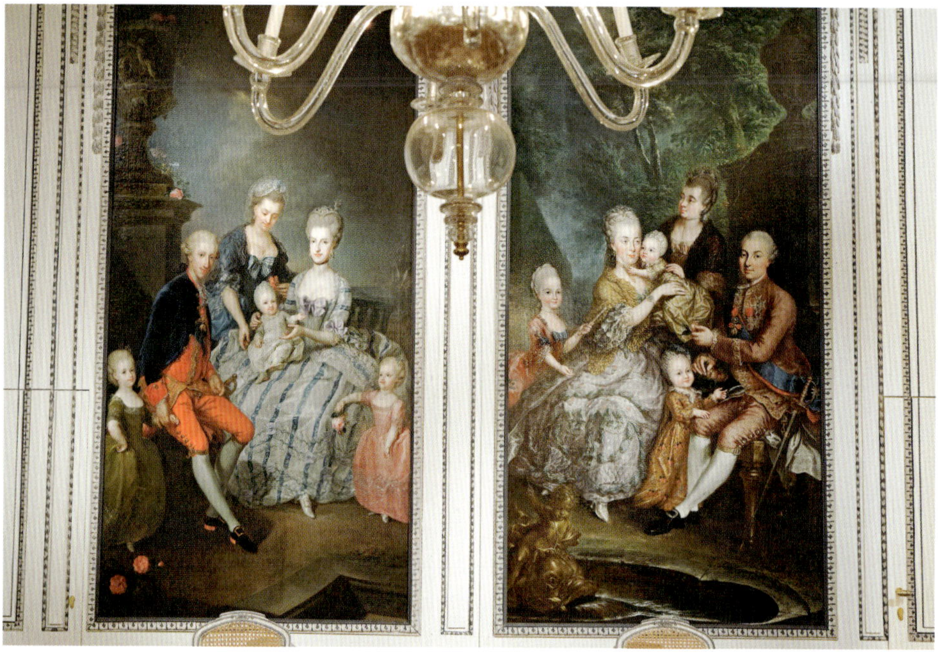

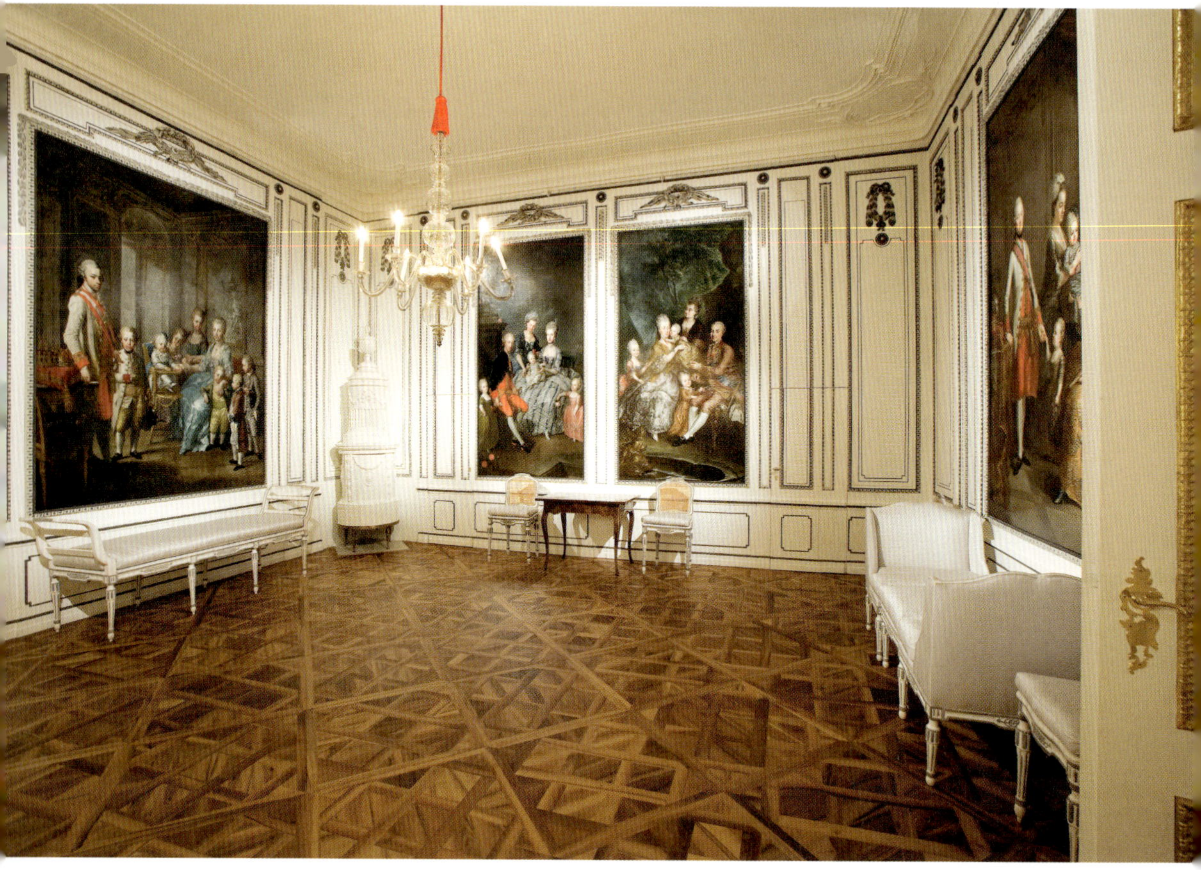

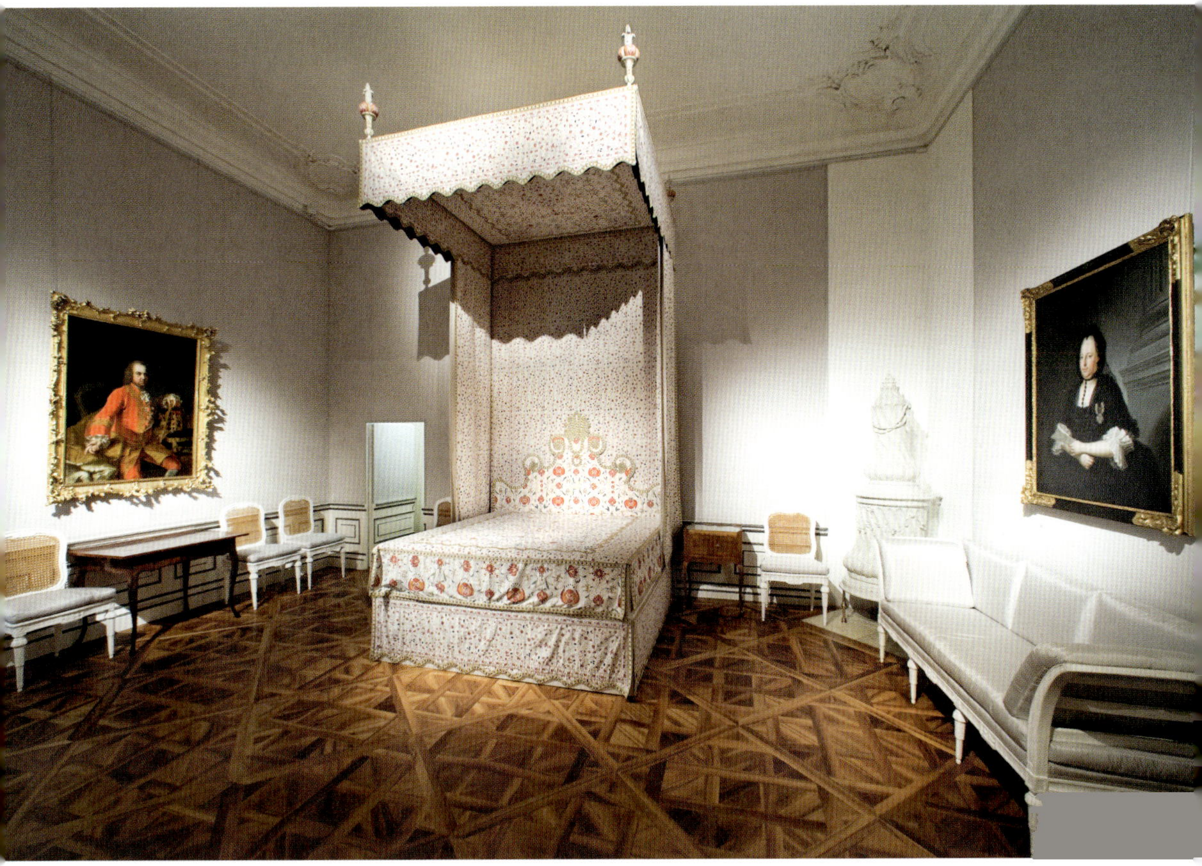

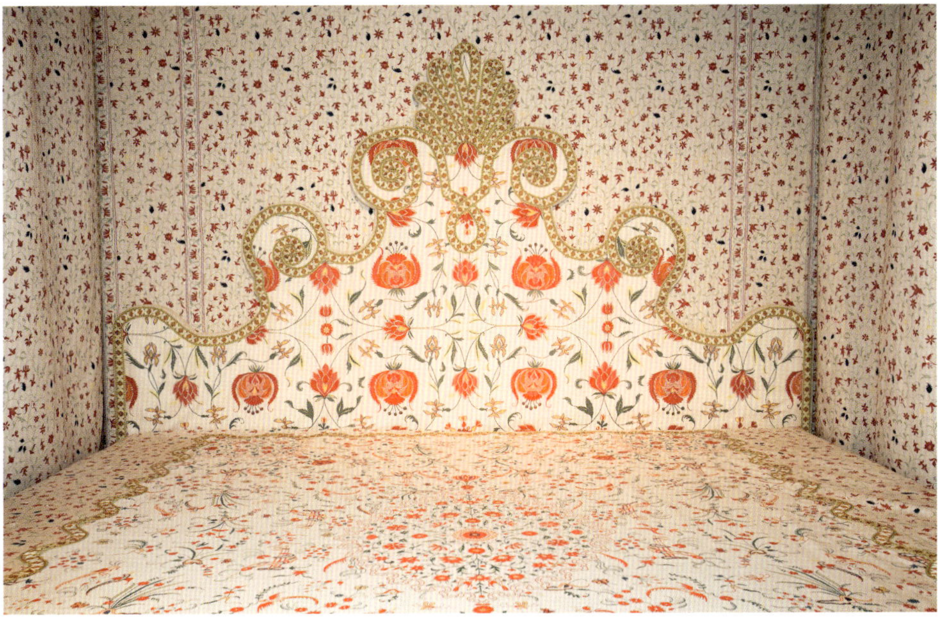

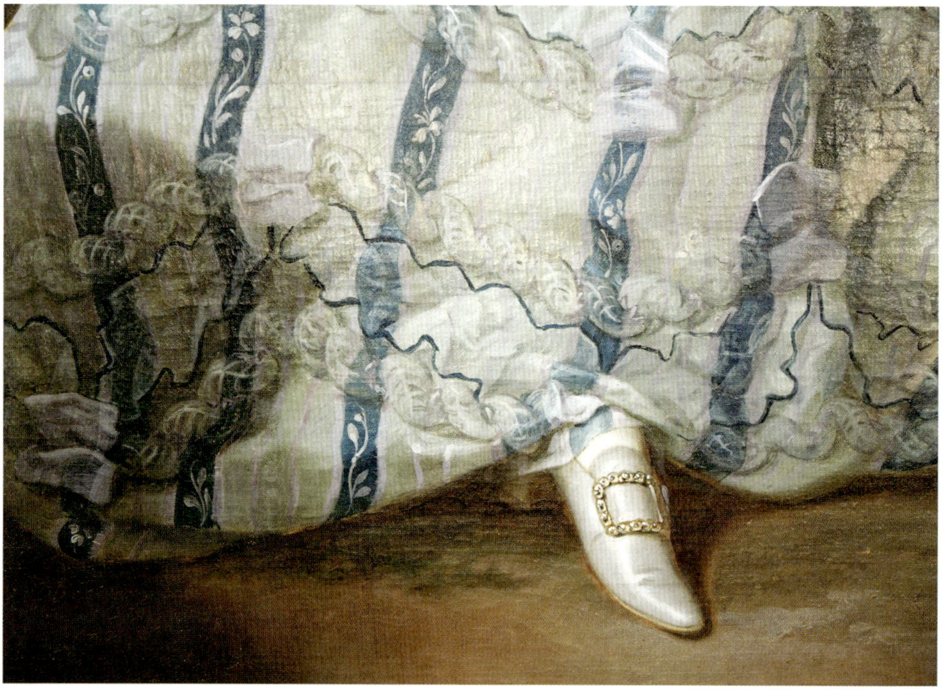

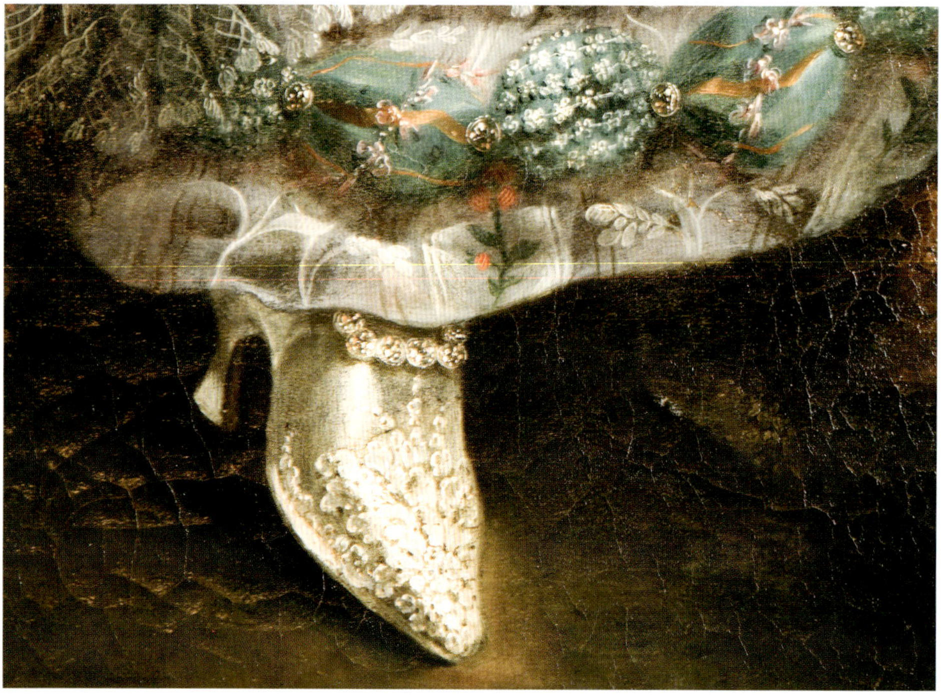

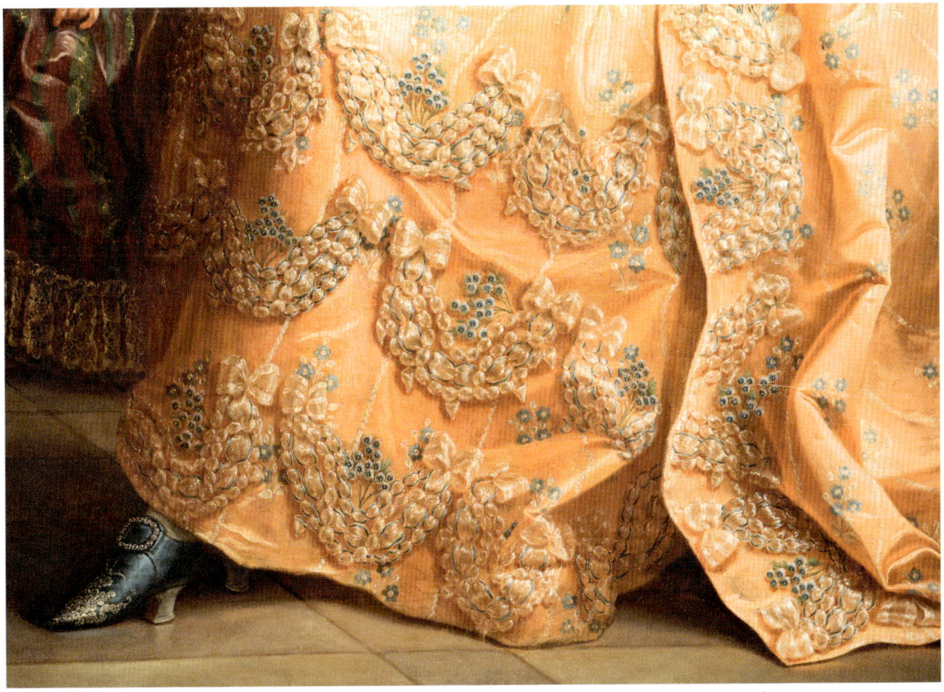

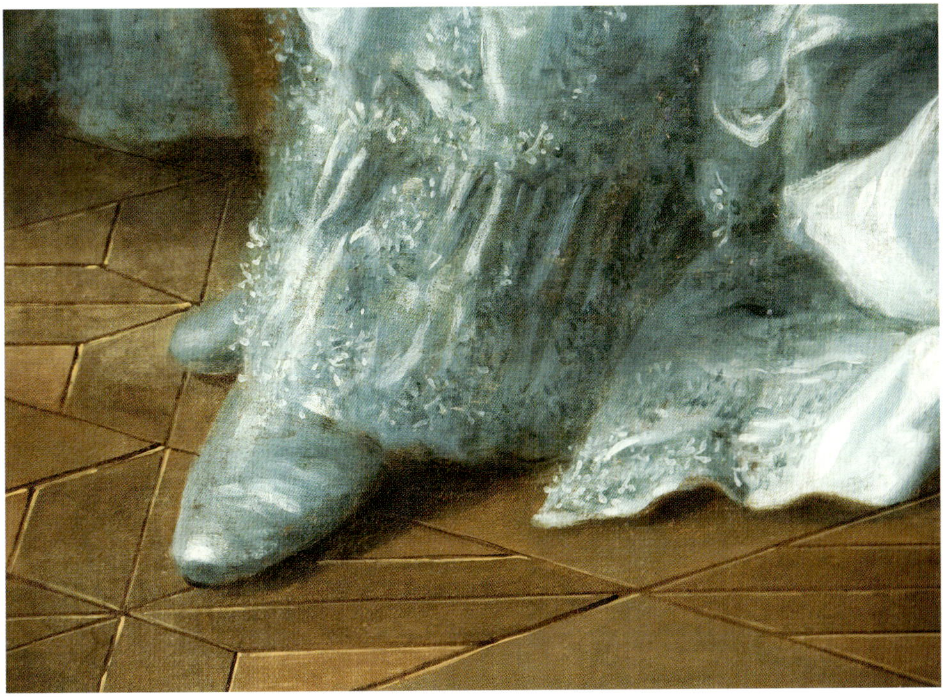

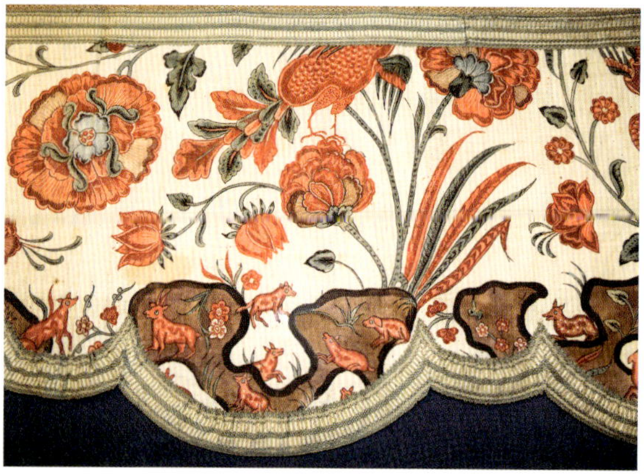
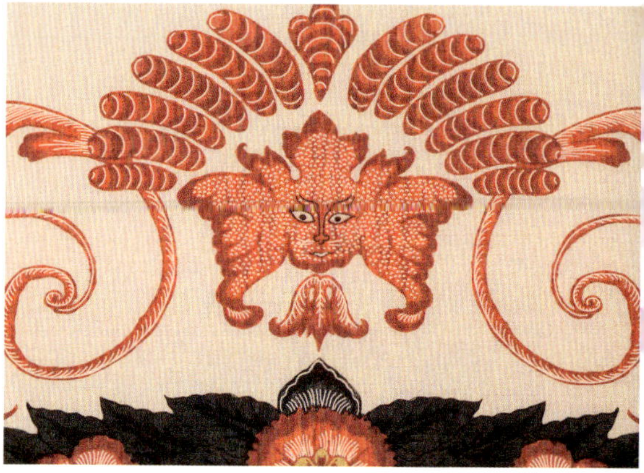
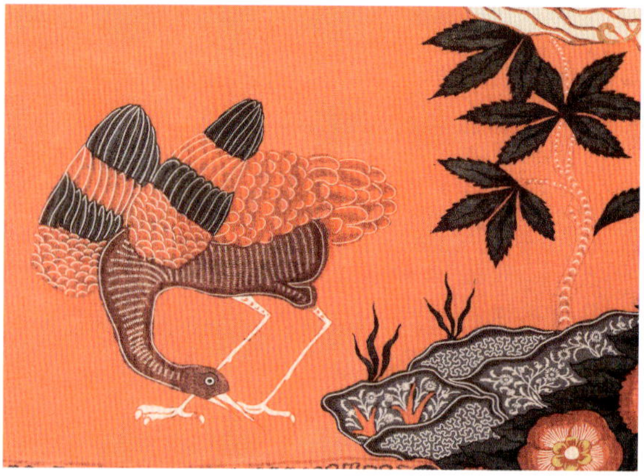
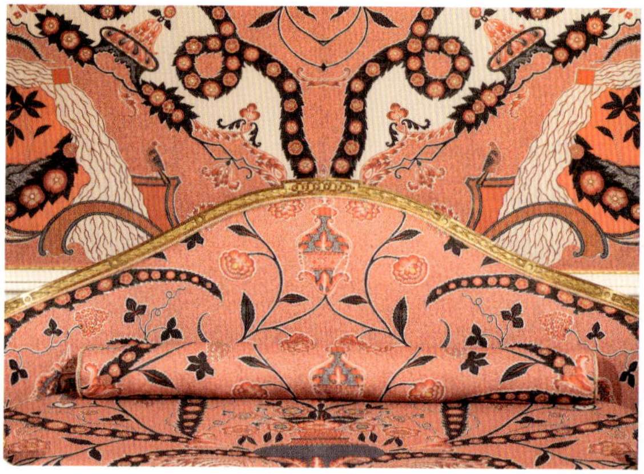
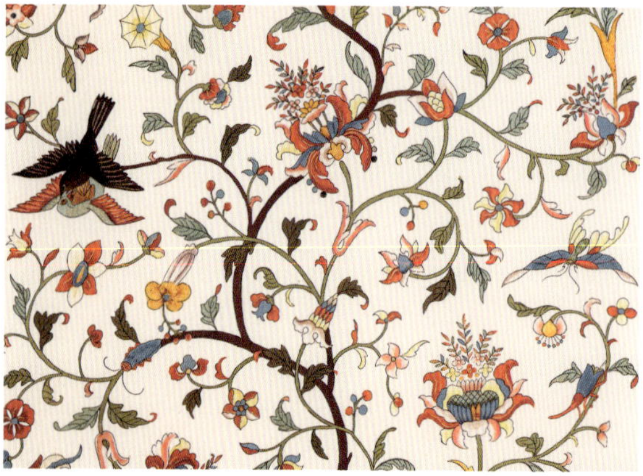
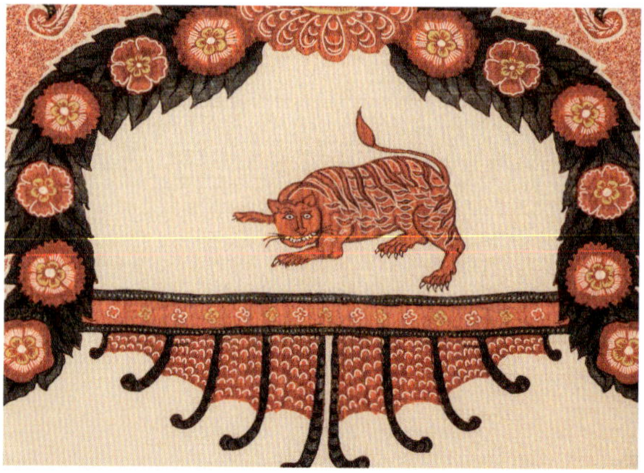
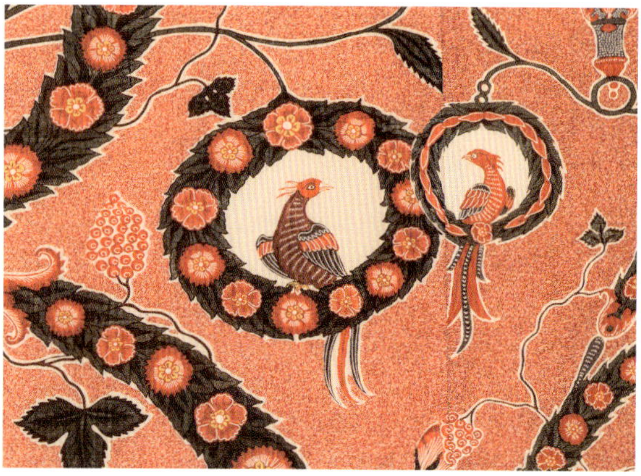
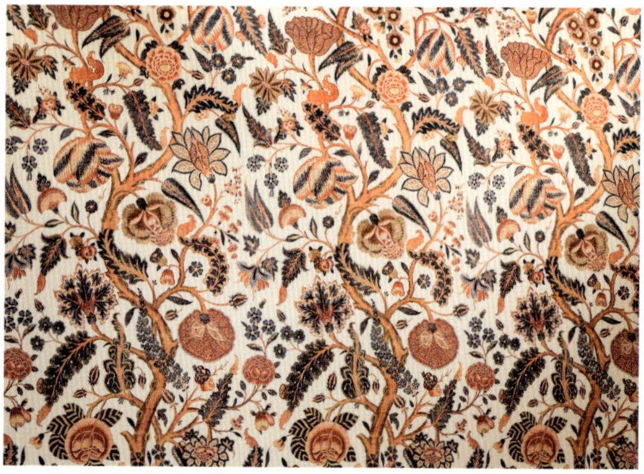

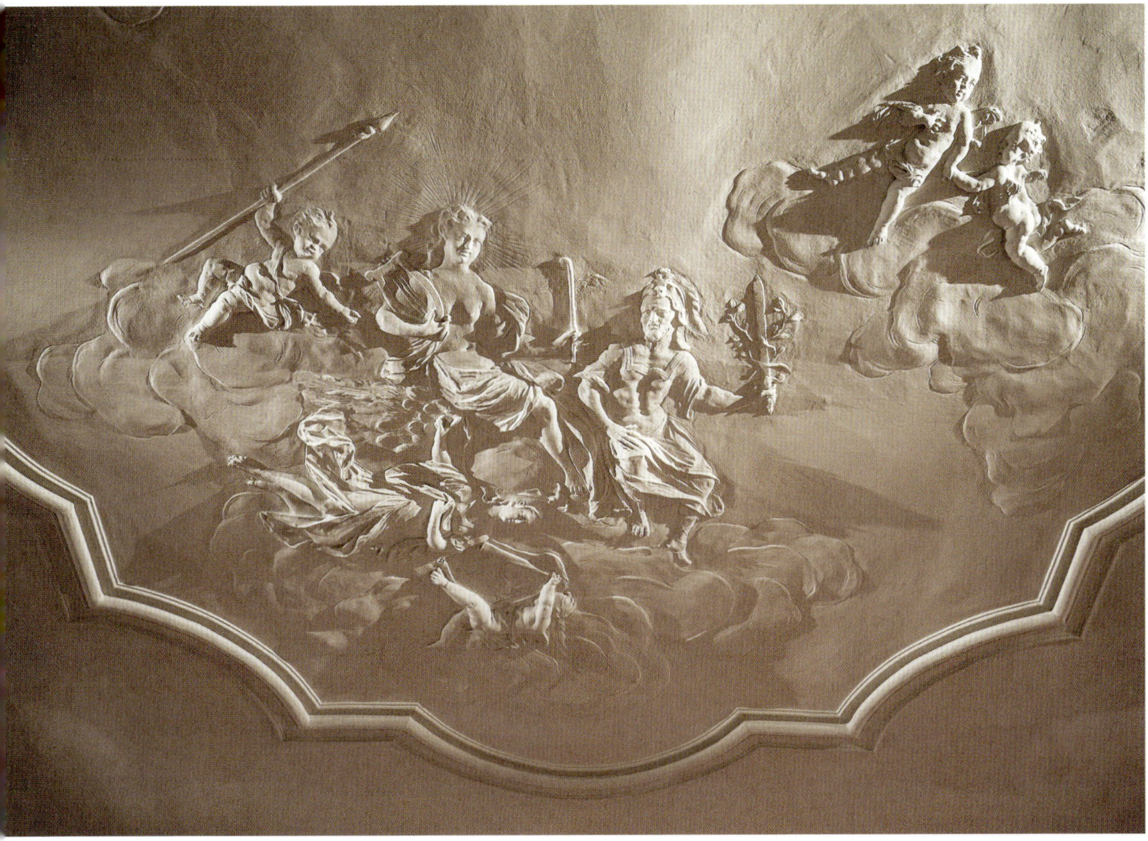

Interieur: exotische Muster auf kostbaren Stoffen und kunstvolle Stuckdecken

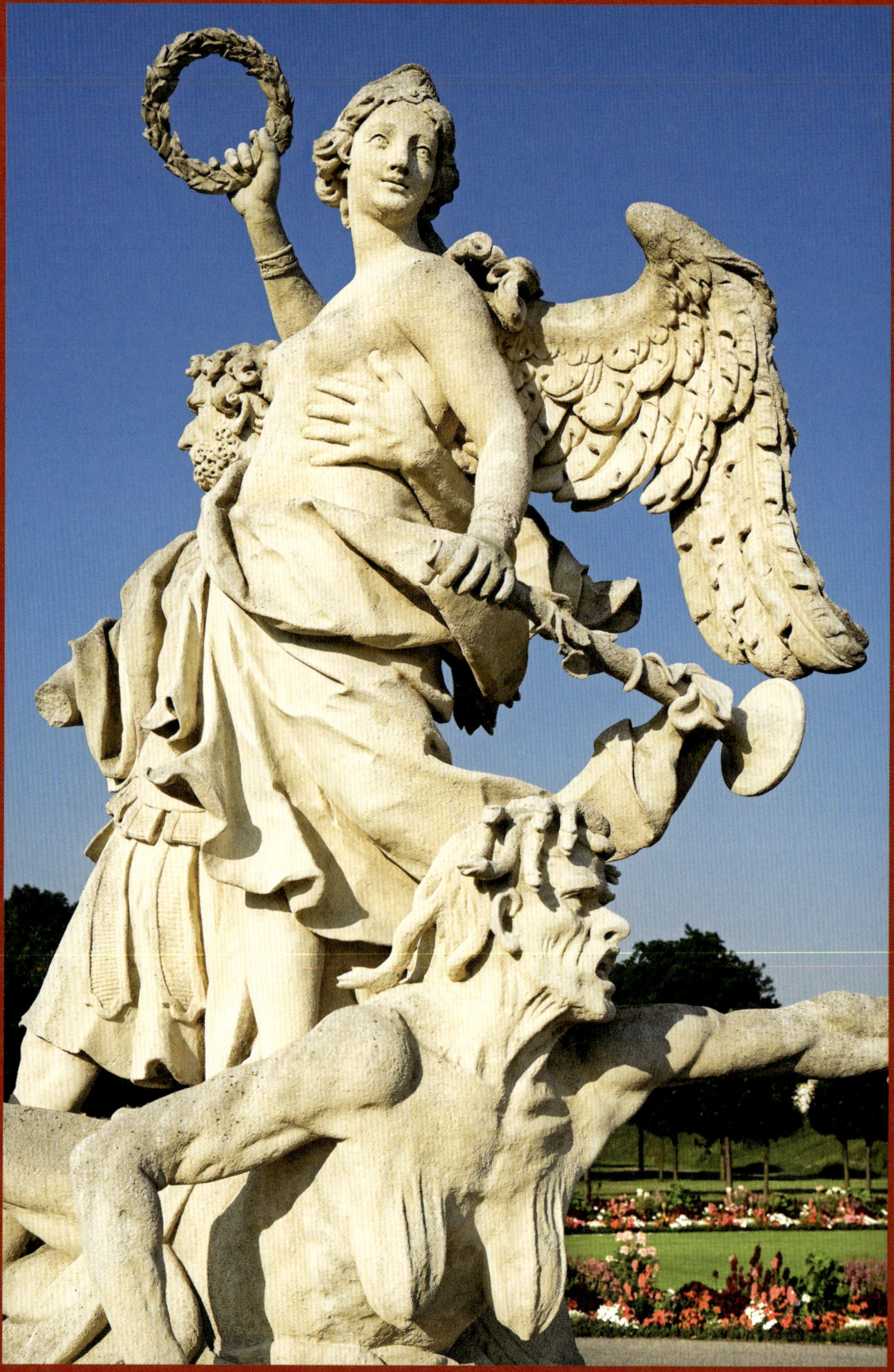

Garten und Skulpturen

Der Garten von Schloss Hof zählt zu den wenigen Barockgärten Österreichs, die in ihrer Geometrie erhalten sind. Herzstück der Blumen-, Blüten- und Baumpracht bilden heute wie damals sieben Terrassen, die durch eine vertikale Sichtachse gegliedert sind. Im Übergang von einer Terrasse zur nächsten plätschern Wasserspiele kontrastreich durch die formal strenge Anlage. Figuren halten Botschaften bereit. Die Orangerien gelten mit exotischen Pflanzen als weitere Rarität. Themengärten verbreiten Idylle. Durchstreifen Sie in barockem Müßiggang Österreichs größte Schlossanlage auf dem Lande!

Von Katrin Harter und Bernhard Rödl

Gartenanlage als Kunstnatur. Im barocken Garten gibt die Architektur die Regeln vor. Charakteristisch ist die regelmäßige Gestaltung, nach dem Ursprungsland auch als »französischer Stil« bezeichnet. Die Natur wurde vom Menschen nach mathematischen Grundsätzen geformt und war somit Ausdruck des absolutistisch regierenden Herrschers. Diese Grundprinzipien eines Barockgartens wurden auch in Schloss Hof angewandt: Der Garten ist in abfallenden Terrassen angelegt und durch eine mittlere vertikale Sichtachse in jeweils zwei spiegelbildlich angeordnete Bereiche gegliedert. Kunstvoll gestaltete *Parterres de broderie* – Blumenbeete mit farbigen Materialien wie rotem Ziegelbruch oder schwarzen Kohlestückchen, ergänzt durch Rasen und Buchs in verschiedenen Grüntönen – breiten sich gleichsam wie ein Teppich vor dem Schloss aus. Gerade verlaufende Alleen und Baumreihen bilden mit ihren geschnittenen Baumkronen geometrische Formen.

Historie des Barockgartens. Der Garten von Schloss Hof gehört zu den wenigen Barockgärten in Österreich, die sich in ihrer Grundstruktur erhalten haben. Mit mehr als 70 Hektar Gesamtfläche ist Schloss Hof zudem

Linke Seite: allegorische Darstellung der Kriegskunst von Prinz Eugen: Kriegsgott Mars wird von der Siegesgöttin mit einem Lorbeerkranz gekrönt

Österreichs größte Schlossanlage auf dem Lande. Als Prinz Eugen von Savoyen 1725 das damalige Renaissancekastell erwarb, plante Architekt Johann Lucas von Hildebrandt mit dem Garteningenieur Anton Zinner einen Garten über insgesamt sieben Terrassen, der von einer hohen Ziegelmauer umgeben sein sollte. 400 Tagewerker und 200 Maurer terrassierten das Gelände innerhalb von wenigen Jahren und legten Brunnen sowie Stiegen an. Für die Figurenausstattung zeichnete der Bildhauer Johann Christoph Mader verantwortlich. Er erschuf ein Skulpturenprogramm, das dem Schlossherrn huldigte.
Herrscherin Maria Theresia, ab 1755 neue Schlossbesitzerin, ließ den Garten ganz in Gedenken an den großen Feldherrn Prinz Eugen unverändert. Der damalige Zustand ist auf den Bildern Bernardo Bellottos, genannt Canaletto, verewigt.
Im 19. Jahrhundert folgte eine drastische Reduktion in der Gestaltung. Rasenflächen ersetzten Blumenbeete; Laubengänge und Pavillons, ja sogar Brunnen wurden demontiert. Im Zuge der Umwidmung in eine militärische Ausbildungsstätte 1898/99 wurden Gartenfiguren, Steinvasen und Schmiedeeisentore nach Wien transportiert.
Das im Laufe der Zeit seitens der Natur anfallende Erdreich bedeckte die Bodenschicht des 18. Jahrhunderts und konservierte sie. Ab 2002 konnte so der Garten weitgehend wiederhergestellt werden. Archäologische Grabungen brachten die Grundstrukturen von Blumenbeeten oder Brunnen zurück an die Oberfläche. Heute erfreut der Garten von Schloss Hof Besucherinnen und Besucher, die wie einst von Terrasse zu Terrasse lustwandeln und den barocken Müßiggang pflegen.

Wasserspiele durch sprühende Fontänen. Ein Garten wurde immer auch an der Anzahl der Brunnen gemessen, denn die Wasserversorgung war

enorm kostspielig, und der jeweilige Besitzer konnte dadurch seine finanzielle Macht zur Schau stellen. Dass Brunnenanlagen einen wichtigen Teil des Gartens bilden, ist in einem der bekanntesten barocken Gartenfachbücher zu lesen, das Antoine-Joseph Dezallier d' Argenville unter dem Titel *La théorie et la pratique du jardinage* 1709 veröffentlichte und das 1731 vom fürstbischöflichen Hofgärtner Franz Anton Danreiter ins Deutsche übersetzt wurde: »Nach den Bepflanzungen sind die Brunnen die vornehmste Zierde derer Gärten. Denn sie beseelen dieselben gleichsam durch ihr liebliches Geräusche, und verursachen so vortreffliche Schönheiten, daß sich das Auge kaum satt daran sehen kann.«
In Schloss Hof bilden die Brunnen als optische Akzente den Übergang von einer Terrasse zur nächsten. Durch stürzende Kaskaden und sprühende Fontänen setzen sie einen Kontrast zur formalen Strenge der Anlage und bieten durch reizvolle Lichtspiegelungen sowie ihr Plätschern ein faszinierendes Schauspiel für alle Sinne. Heute wie damals kommt das Wasser aus dem benachbarten Ort Groißenbrunn, wo es in einem Reservoir gesammelt und weitergeleitet wird.

Sprechender Figurenschmuck. »Die Statuen und Garten=Geschirr tragen auch viel zu der Schönheit und Pracht derer Gärten mit bey [...]« – beschreibt der fürstbischöfliche Hofgärtner Franz Anton Danreiter in seiner deutschsprachigen Übersetzung 1731 weiter. Wesentlicher Bestandteil eines barocken Gartens ist der Figurenschmuck. Die Skulpturen und Steinvasen haben nicht nur dekorativen Wert, sondern machen die Anlage erst richtig »lesbar«. Sie zeigen die Tugenden des Schlossbesitzers, die fruchtbare Umgebung und den Verlauf der Jahreszeiten unter dem Einfluss der Elemente. Götter und Gestalten aus der Mythologie versinnbildlichen dies. So verweist in Schloss Hof der antike Held Herkules auf den Heldenmut und die Klugheit von Prinz Eugen. Die Figur des Apolls spielt auf die Tätigkeit des Savoyers als Förderer der schönen Künste an – Eugen engagierte stets die besten Künstler seiner Zeit. Trophäengruppen und der Kriegsgott Mars, der beim Hauptbrunnen im Garten von der Siegesgöttin mit dem Lorbeerkranz gekrönt wird, verweisen auf den erfolgreichen Feldherrn Eugen.

Den Bezug zur Umgebung stellen jene Figuren her, die bei der Brunnengrotte die Flüsse Donau und March repräsentieren. Bei der großen Prunktreppe sind auf zwei monumentalen, reliefartig ausgeführten Steinvasen die vier Elemente in Form von antiken Götterpaaren dargestellt. Vier große Halbliegefiguren präsentieren die Jahreszeiten, wobei Apoll – der Sommer – Zirkel und Planrolle in Händen hält. Dies ist wieder ein Hinweis auf Prinz Eugen – als kunstsinnigen Bauherrn und Gartenliebhaber.

Hinweise auf den Schlossbesitzer lassen sich auch bei den schmiedeeisernen Gittertoren entdecken. In den üppigen Rankenwerkverzierungen sind die Initialen des Feldherrn und der Herzogshut zu erkennen. Die Tore zählen zu den besten Arbeiten barocker Schmiedekunst. Gefertigt wurden sie von Christian Kremer und Johann Georg Oegg.

Orangerien für exotische Raritäten. Mit großer Leidenschaft sammelte Prinz Eugen seltene exotische Pflanzen. Architekt Johann Lucas von Hildebrandt plante daher an der Schaufront des Gutshofes von Schloss Hof zwei große spiegelbildlich angeordnete beheizbare Glashäuser, um die botanischen Raritäten vor den strengen Wintern im Marchfeld zu bewahren. Vor den Glashäusern ordnete er symmetrisch Gärten an. Hohe Mauern umgeben diese speziellen Gärten und schützen dadurch die empfindlichen Pflanzen. Heute gedeihen hier wie zu Zeiten von Prinz Eugen Kakteen, Pfefferbäume, Agaven und Myrthen sowie Zypressen. Und auch Granatapfel-

bäume sind in Schloss Hof zu finden. Zitronen- und Orangenbäume verstärken das südländische Flair. Vor allem die Zitruspflanzen galten im 18. Jahrhundert wegen ihres immergrünen Laubes und ihrer Fähigkeit, gleichzeitig zu blühen und zu fruchten, als Symbole des Paradieses und ewigen Frühlings.
Der Name »Orangerie« für die Glashäuser und die unmittelbar davorliegenden Gärten wurde von den Pomeranzen oder Bitterorangen übernommen und bezog sich ursprünglich lediglich auf die Pflanzen selbst. Erst später kam es zu diesem Überbegriff. In Schloss Hof wurden die Glashäuser nach den modernsten technologischen Gesichtspunkten der damaligen Zeit geplant. Sie gelten bis heute als Besonderheit. Die Südwand der Bauten ist in einer 250 Quadratmeter großen, leicht abgeschrägten Glas-Holzkonstruktion gewissermaßen aufgelöst. So kann vor allem die Wintersonne optimal genützt werden und den sieben Meter hohen Innenraum mit ausreichend Licht versorgen. Beheizt werden die Glashäuser vom Boden aus – in der Orangerie Ost noch in der Art wie zu Zeiten von Prinz Eugen. Die unterirdisch durch Holzöfen erhitzte und über Kanäle weitergeleitete Luft wird durch quadratische Öffnungen im Boden des Glashauses im Raum verteilt.

Revitalisierung in mehreren Etappen. Beide Glashäuser wurden unter Maria Theresia umgebaut. 2003–2007 und 2010/2011 wurden sie wieder in ihren ursprünglichen Zustand gebracht. Herzstück der historischen Gartenpracht ist heute wie damals der über sieben Terrassen angelegte Barockgarten mit einer Länge von fast einem Kilometer. Mit den Terrassen eins bis drei beginnend wurden ab 2003 in mehreren Bauphasen die Außenanlagen revitalisiert und erneuert: sechs von sieben Terrassen, die Parterres der beiden Orangerien, der gesamte Gutshofbereich mit Ostteich, Themengärten und Herrenhof, der Eingangsbereich mit Westteich – und sogar ein Waldparkplatz mit mehr als 600 Stellplätzen ist entstanden. Um die Einheit von Schloss und Gutshof wiederherzustellen, wurde sogar die mitten durch die Anlage verlaufende Landesverbindungsstraße L5 abgehängt und als Südumfahrung um die Schlossanlage herumgeführt. Mit Fertigstellung der siebenten und größten Terrasse 2018 ist nahezu die gesamte Schlossanlage rekonstruiert.

Zehntausende Blumen in Farbkomposition. Wie im Barock üblich, werden auch heute in Schloss Hof die *Plates-bandes* (Blumenstreifen, die eine Parterrefläche einfassen) der Barockterrassen und der Orangerie-Parterres als Wechselflorflächen bewirtschaftet. Im Frühjahr sprießen an die 35 000 Blumenzwiebel und 8000 Frühjahrsblüher, die im Oktober/November des Vorjahres gesteckt beziehungsweise gepflanzt werden. Wie zur Barockzeit handelt es sich überwiegend um Tulpen, Narzissen, Hyazinthen und Kaiserkronen sowie um Violen (Veilchen), Bellis (Gänseblümchen) und Myosotis (Vergißmeinnicht).
Ende April findet der Wechsel zum Sommerflor statt. Zwiebel und Frühjahrsblüher werden herausgenommen und an die 35 000 Sommerblumen streng nach Rasterpflanzplan gesetzt. Einmal ausgepflanzt reicht die Blütezeit durchgängig von Mai bis November. Jedes Jahr überraschen die einzelnen Terrassen und Orangerie-Parterres dabei mit geänderten Farbschemata und Rastern. Tagetes, Levkojen, Stockrosen, Ringelblumen und Löwenmaul, Gomphrena (Kugelamaranth), Ziertabak, Mirabilis (Wunderblume), Nelken, Fuchsschwanz, Balsaminen, Cleomen (Spinnenblumen), Witwenblumen, Chrysanthemen sind typische Sommerblumen, die bereits in der Barockzeit Verwendung fanden – die Auswahl an Sorten hat sich aber heute vervielfacht.

Die Themengärten des Gutshofes. Während für die Revitalisierung der barocken Schloss-Terrassen und deren gärtnerische Bestückung gut fundierte Ergebnisse der archäologischen Grabungen vorlagen und auf alte Pläne, Gemälde, Reiseberichte, Vergleichsanlagen sowie überlieferte Pflanzlisten zurückgegriffen werden konnte, ist der Gutshof noch wenig erforscht. Bereits zu Zeiten von Prinz Eugen war die barocke Meierhofanlage mit Ackerbau, Viehzucht sowie verschiedensten Kräuter- und Gemüsegärten Voraussetzung für die Aufrechterhaltung des herrschaftlichen Schlossbetriebes. Ab 2005 wurden im Gutshof von der damaligen Gartenleiterin Yvonne Kumlehn Themengärten geplant und angelegt. Sie schließen hinsichtlich Farbenpracht, gestalterischer Finesse und thematischer Kreativität unmittelbar an die gärtnerische Kunst der Barockbeete an. Weit mehr als 5000 Sträucher, Stauden, Gemüse- und Kräuterpflanzen sind auf 1700 Quadratmetern Beetfläche zu finden. In liebevollen Kleinarrangements verstärken seltene Kübelpflanzen, Kräuterbeete, Gemüse- und Obstrabatten das imperial-ländliche Landschaftsbild. Und wer weiß, vielleicht hat es auch zu Prinz Eugens Zeiten so ausgesehen.

Herrenhof – Romantik pur. Von den Gutshofgebäuden umgeben sind im zentral gelegenen Herrenhof um einen sanft plätschernden Brunnen Staudenbeete in den Farben Rosa-Rot-Weiß mit Blau- und Lilatönen angeordnet. Die überwiegend Englischen Rosen dazwischen verstärken den intimen und romantischen Charakter.

Der Rosengarten – duftendes Idyll. Vom Herrenhof geht es zum mindestens genauso romantischen, im ländlichen Stil angelegten Rosengarten. Auf 230 Quadratmetern finden sich mehr als 40 verschiedene Kletter-, Strauch-, Beet-, Hochstamm- und Bodendecker-Rosen, durchsetzt mit diversen Stauden. Im »Anlehngewächshaus«, es schmiegt sich an eine der Außenmauern des Gartens, befindet sich eine Kakteensammlung.

Der Allerleigarten – Zimtbasilikum bis Schokoladeblume. Über ein paar Stufen gelangt man in den Allerleigarten. Wie der Rosengarten ist auch dieser Themengarten mit Mauern umgeben. In den klar strukturierten, nach Themen angeordneten Beeten mit ebenso verführerischen wie teils ungewöhnlichen Bezeichnungen – »Salatschüssel«, »Zuckerl und Schokolade«, »Obstschale«, »Schweinsbraten«, »Hochprozentiges«, »Liebespflanzen«, »Essbare Blüten«, »Süßes, Saures, Scharfes«, »Backdüfte« – fruchten auf 320 Quadratmetern mehr als 200 heimische und exotische Beeren-, Blatt- und Gemüsepflanzen: vom geschlitztblättrigen Holunder über Kiwi, Anden- und Kamtschatkabeere, verschiedene Chilisorten, Bananenminze, Aztekensüßkraut, Rosenmelisse und Zimtbasilikum bis zur Erdnuss, vom Colastrauch über die Schokoladeblume bis zur Gummibärchenpflanze.

Der Naschgarten – süßsaure Verlockung. Die köstlich schmeckenden Früchte und Beeren im Naschgarten sind, wie der Name verheißt, zum Naschen da. Beerensträucher wie Ribisel, Brombeere, Stachelbeere sowie verschiedenste Erdbeersorten und Rhabarber laden zum Verkosten ein.

Der Weinviertler Bauerngarten – Erdbeerspinat bis Stachelgurke. Im Weinviertler Bauerngarten herrscht in den Beeten ein buntes Neben- und Durcheinander von Gemüse und Blumen. Typische Kulturpflanzen aus der Region wie Spargel und alte Erdäpfelsorten sind ebenso zu finden wie seltene Gemüsesorten – Okra, Erdbeerspinat, Sauerampfer, Süßwurz, Malabaspinat, Stachelgurke, Glockenpaprika, Eisenkraut, Klauenklette, Winterheckenzwiebel –, 30 verschiedene Paradeissorten und vieles mehr.

Der Kräutergarten – Färberpflanzen bis Zaubergewächse. Der Kräutergarten im Anschluss an die Orangerie Ost ist – eingefasst von einer exakt geschnittenen Hainbuchenhecke – klassisch streng, geometrisch gestaltet. Er beherbergt, nach Themen gruppiert, mehr als 130 verschiedene Pflanzen. Verschiedenste Küchenkräuter, Teekräuter, Färber- und Duftpflanzen sorgten schon im barocken Leben für die richtige Würze, und Heilpflanzen wurden zur Linderung von Magen-Darm-Erkrankungen, Erkältungen, Rheuma sowie als Hilfe für Herz, Kreislauf und schöne Haut eingesetzt. Manch eine »Zauber- und Hexenpflanze« wie die im Winter blühende Christrose symbolisierte als Glücksbringer gar ewiges Leben. Aphrodisische Wirkung versprechen seit jeher Liebstöckel, Rosmarin oder Basilikum.

Das Gartenteam. Von Mitte März bis Ende November sorgen unter der Führung des Gartenleiters 18 Gärtnerinnen und Gärtner sowie Gartenhelferinnen und -helfer für das optische Erscheinungsbild der Außenanlagen. In den Wintermonaten reduziert sich das Team auf drei bis vier Personen. Zieht man das im Süden der Anlage liegende Waldstück und die Koppeln ab, verbleiben an die 350 000 Quadratmeter, die von den Schloss Hofer Gärtnerinnen und Gärtnern betreut werden. Unter Prinz Eugen haben bis zu 100 Personen dafür gesorgt, dass der barocke Garten und alles Drumherum den hohen Repräsentationsansprüchen des Hausherrn entsprachen.

Aktuell müssen nicht nur 2700 Quadratmeter Blumenbeete und 1700 Quadratmeter Beetfläche der Themengärten im Gutshof bepflanzt und gepflegt werden, sondern auch 58 000 Stück Einfassungsbuchsbaum mit einer Länge von 5,7 Kilometern einmal jährlich geschnitten, 112 Kastanien in Kasten- und 96 Linden in Bienenkorbform gehalten werden. Die Boskette

(Gehölze) auf der sechsten Terrasse ergeben gemeinsam mit den sonstigen Feldahorn-, Hainbuchen- und Eibenhecken auf einer Länge von 2,5 Kilometern eine Heckenschnittfläche von 12 000 Quadratmetern. Auf der vierten Terrasse sind jährlich 100 Spalierobstbäume zu schneiden. Bis zum jeweiligen Jahresende sind – zählt man alle Durchgänge zusammen – 1,2 Millionen Quadratmeter Rasen- und Wiesenflächen gemäht worden. Zitrusbäumchen, Oleander, Zypressen, Myrthen, Oliven- und Granatapfelbäume, Eugenien, Passionsblumen, Lorbeer, Buchs, Agaven und andere nicht winterharte Pflanzen in unterschiedlich großen Pflanzkästen oder Eichenholzkübeln – in Summe mehr als 240 Stück – sind im Jahresverlauf zu versorgen und im Spätherbst frostfrei einzuwintern.
70 000 Quadratmeter Wege und Plätze mit wassergebundener Kalkschotterdecke und 30 000 Quadratmeter Wirtschaftswege wollen zudem instand gehalten werden. Dazu kommt: Sitzbänke aufstellen, Mistkübel leeren, eine umfangreiche Bewässerungsanlage und einen großen Maschinenpark warten – sowie nahezu immer: Unkraut jäten, Unkraut jäten, Unkraut jäten.

Folgende Doppelseite:
Broderie-Parterre: Pflanzenmuster wie ein Teppichflor

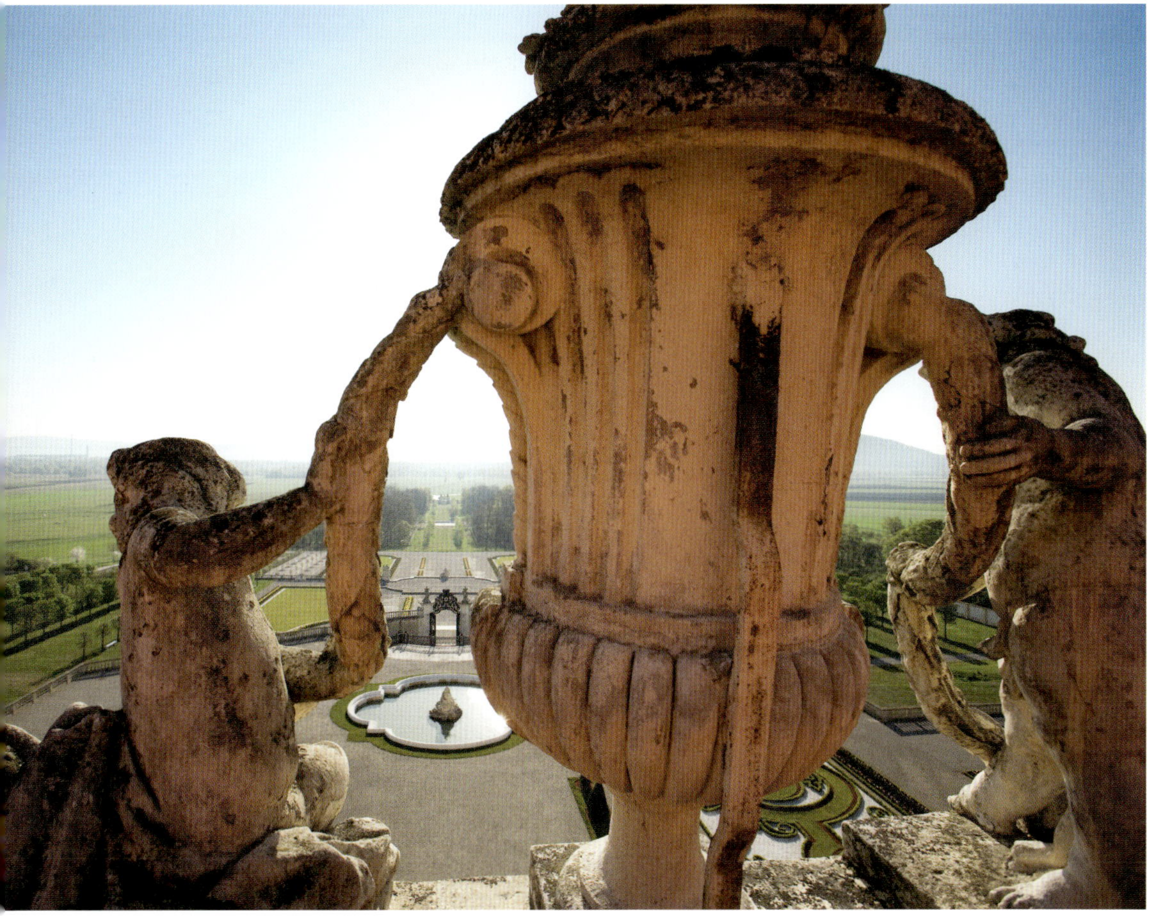

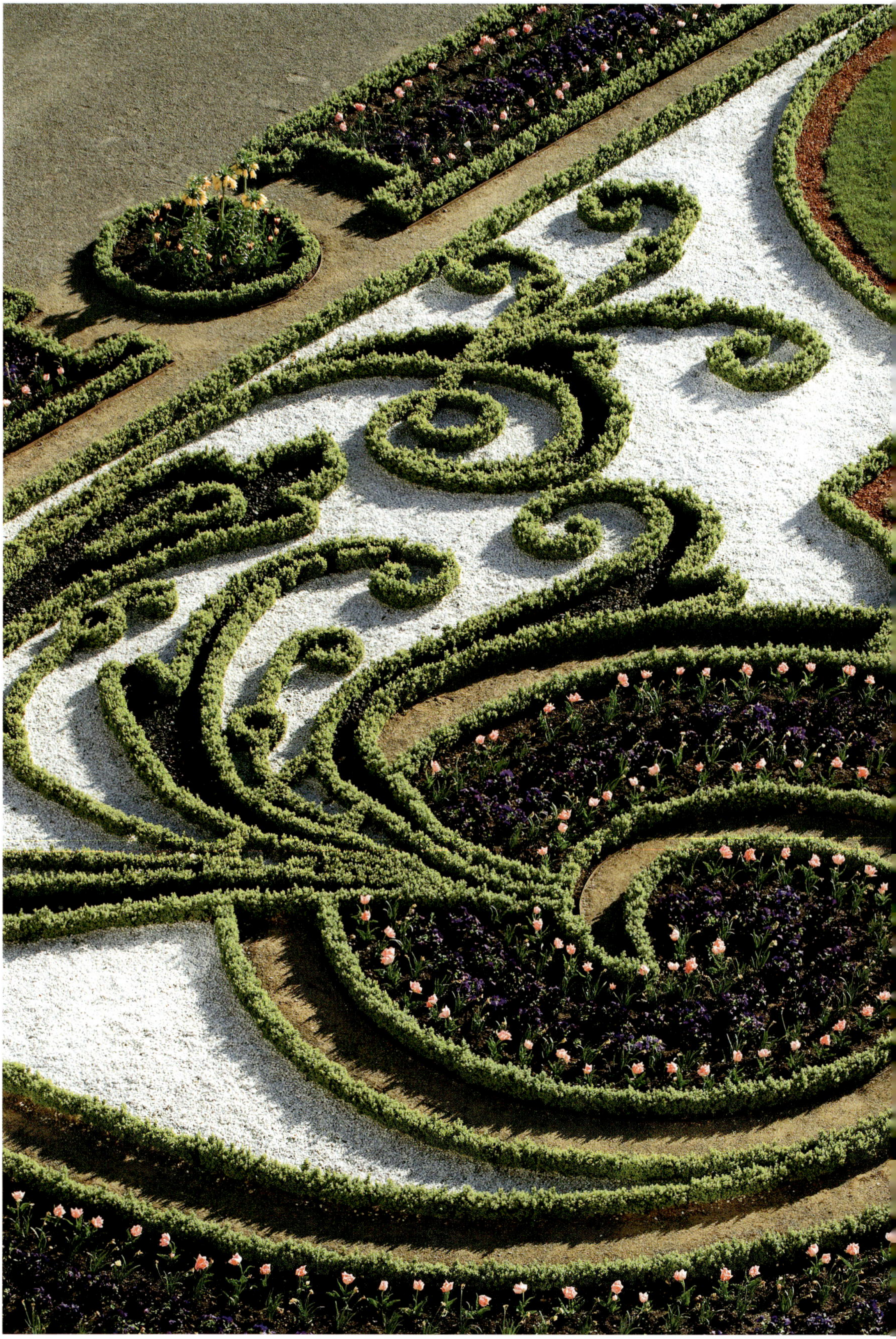

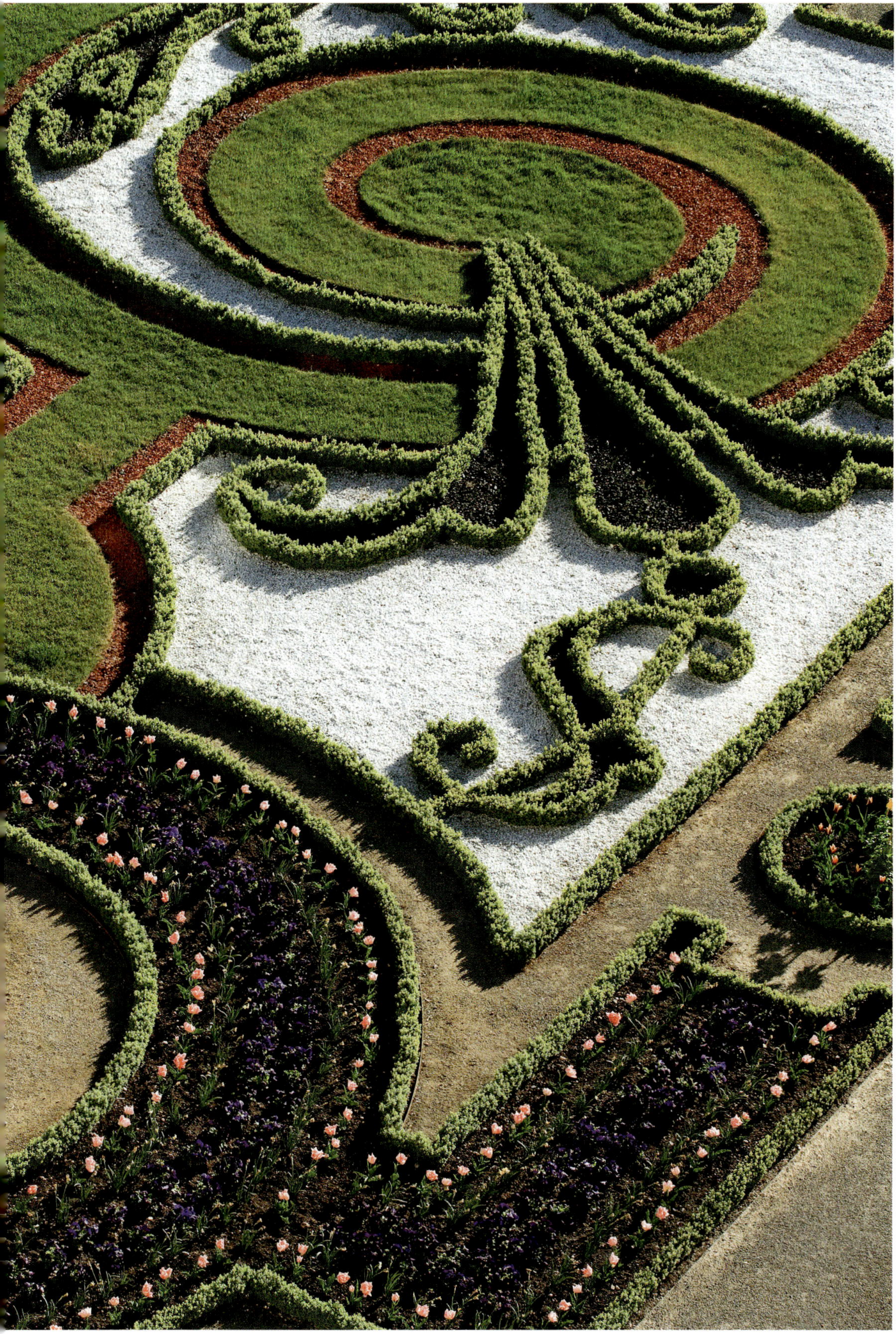

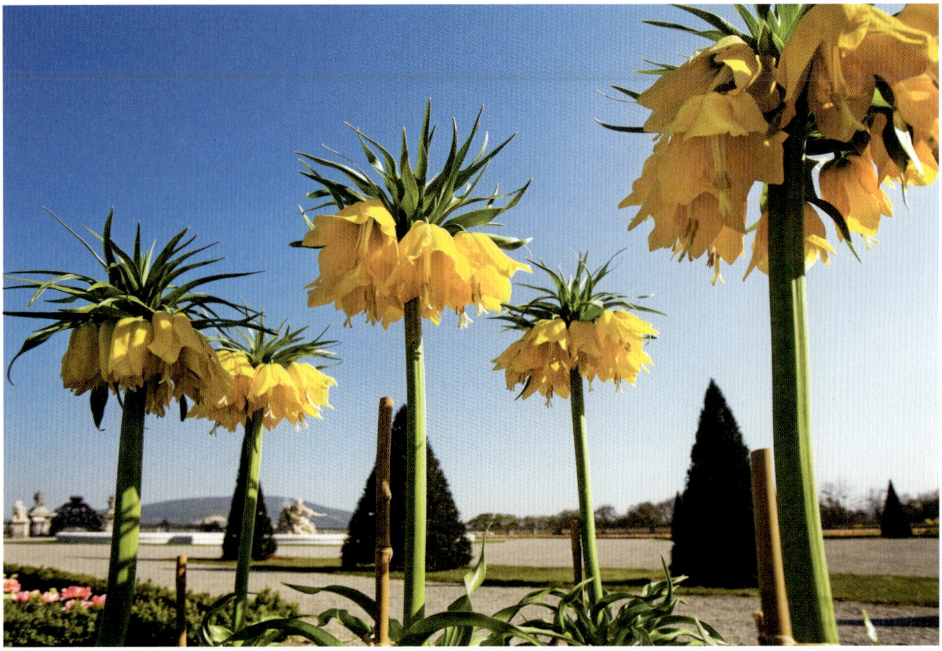

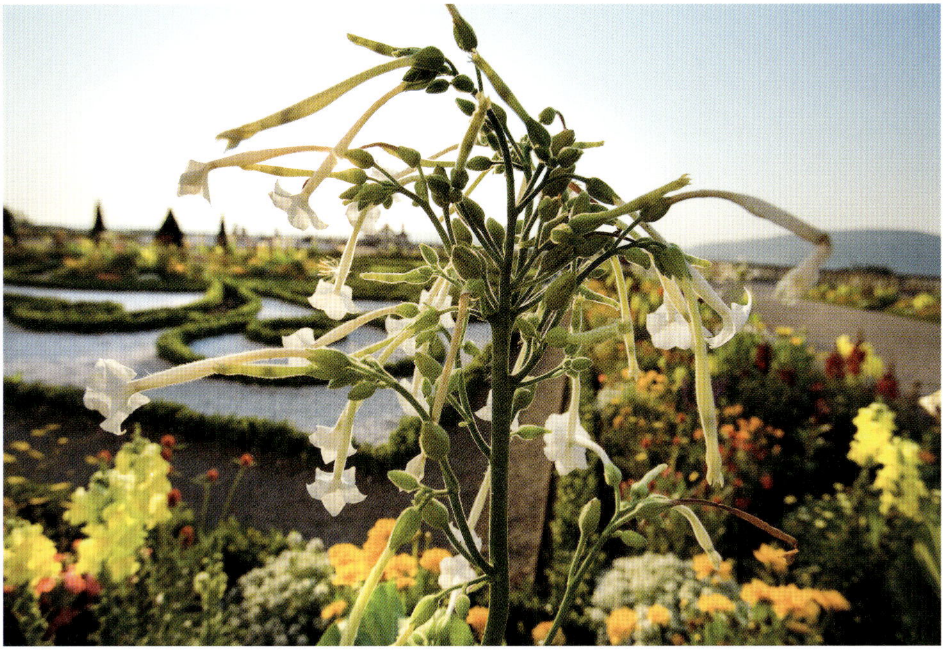

Vielfältige Farbkompositionen:
35 000 Frühlingsboten und 35 000 Sommerblumen in Beeten und Rabatten

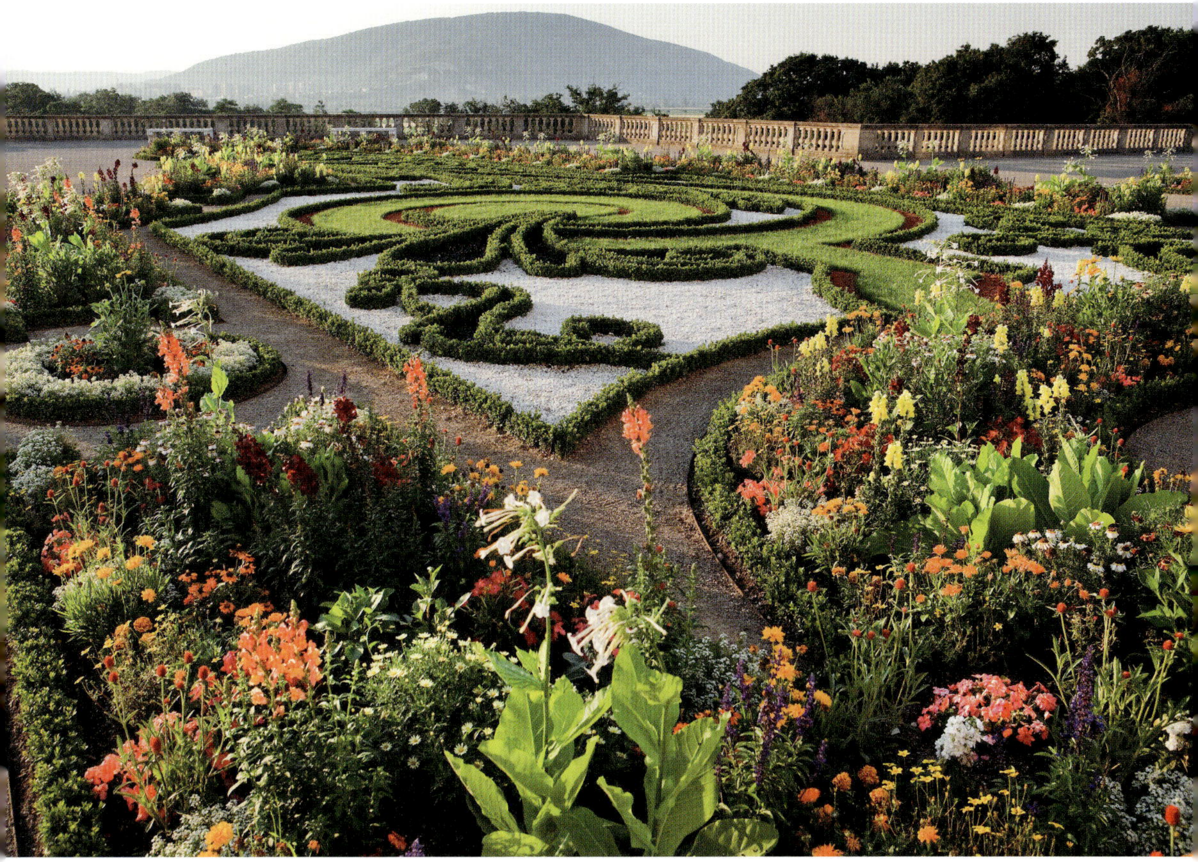

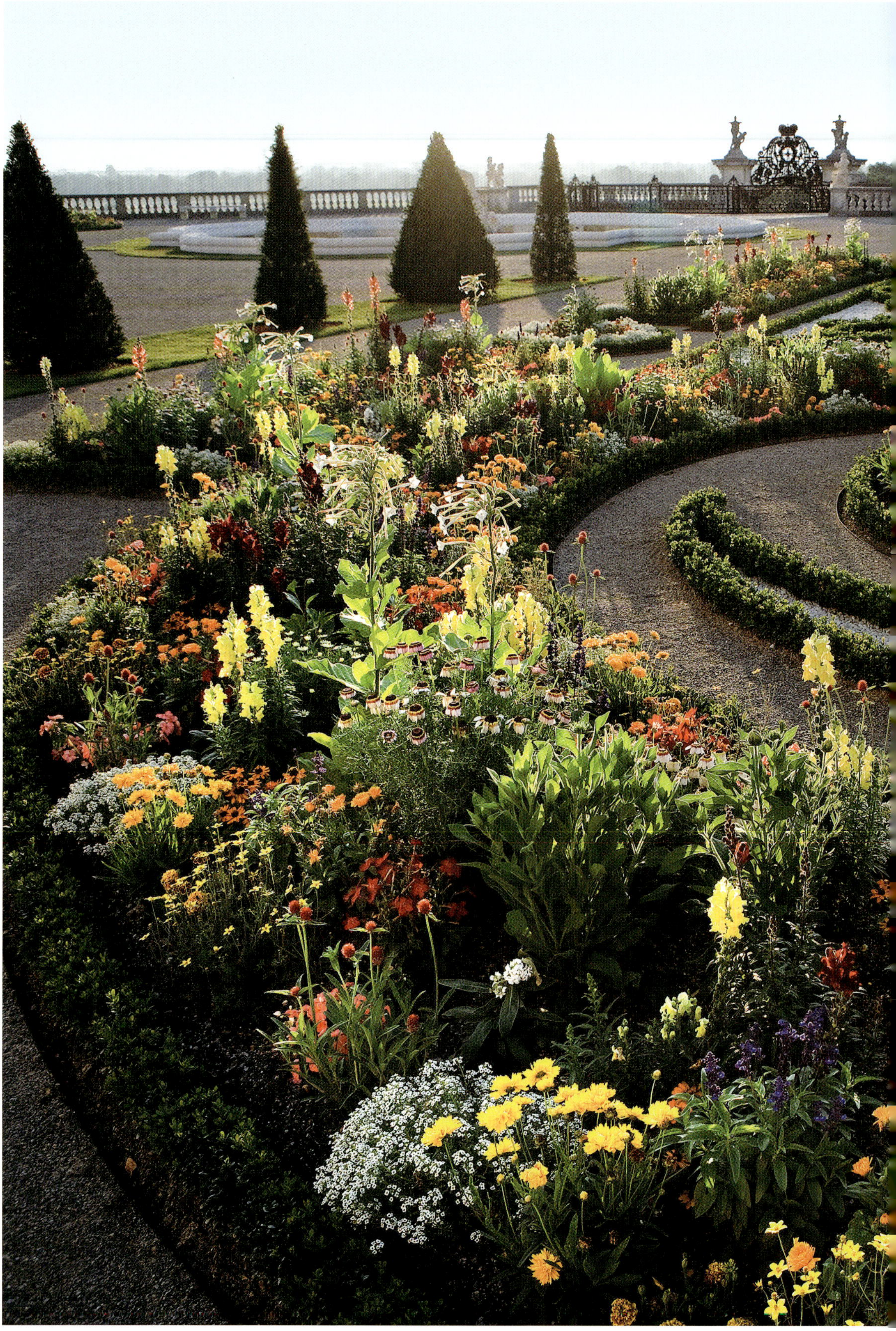

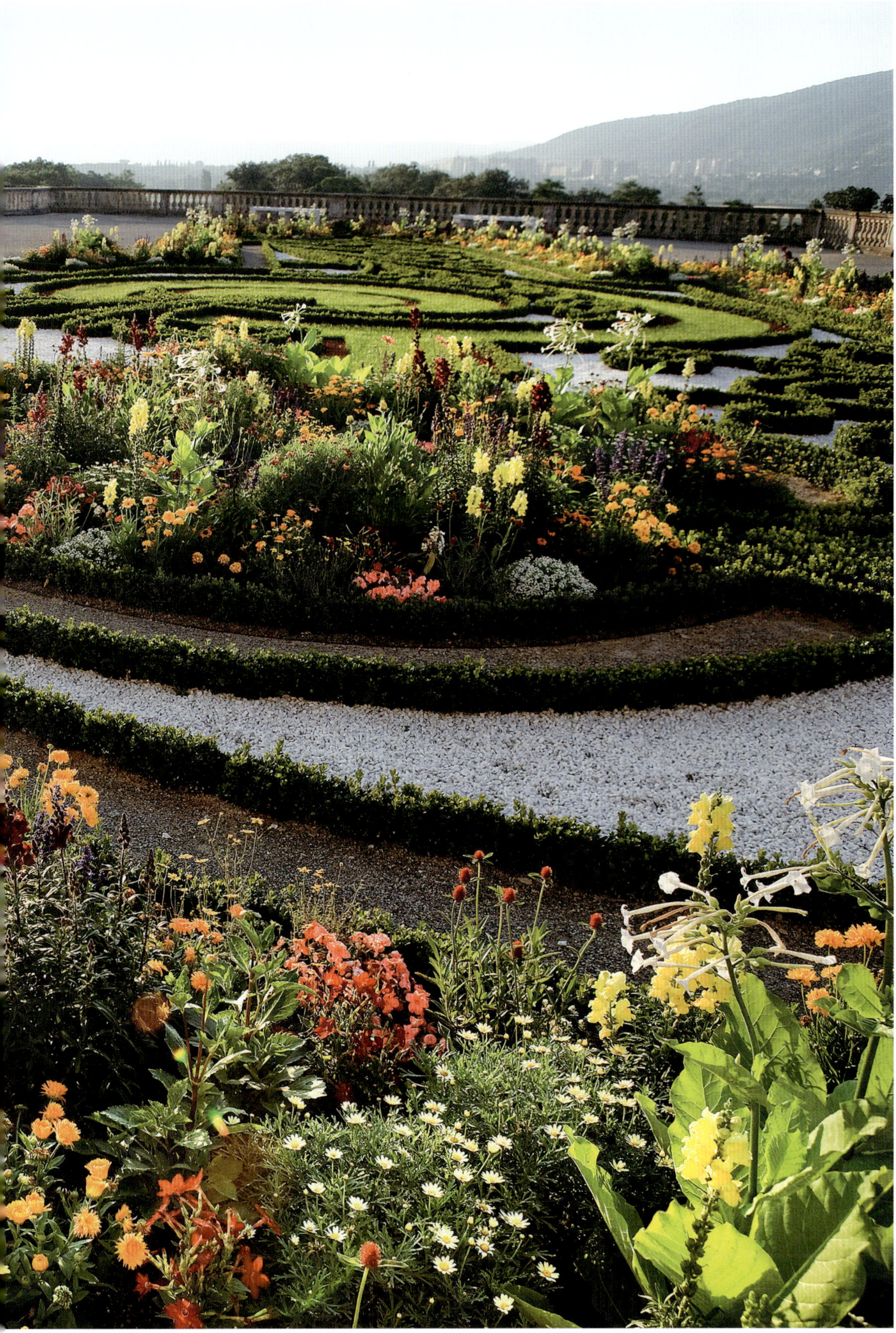

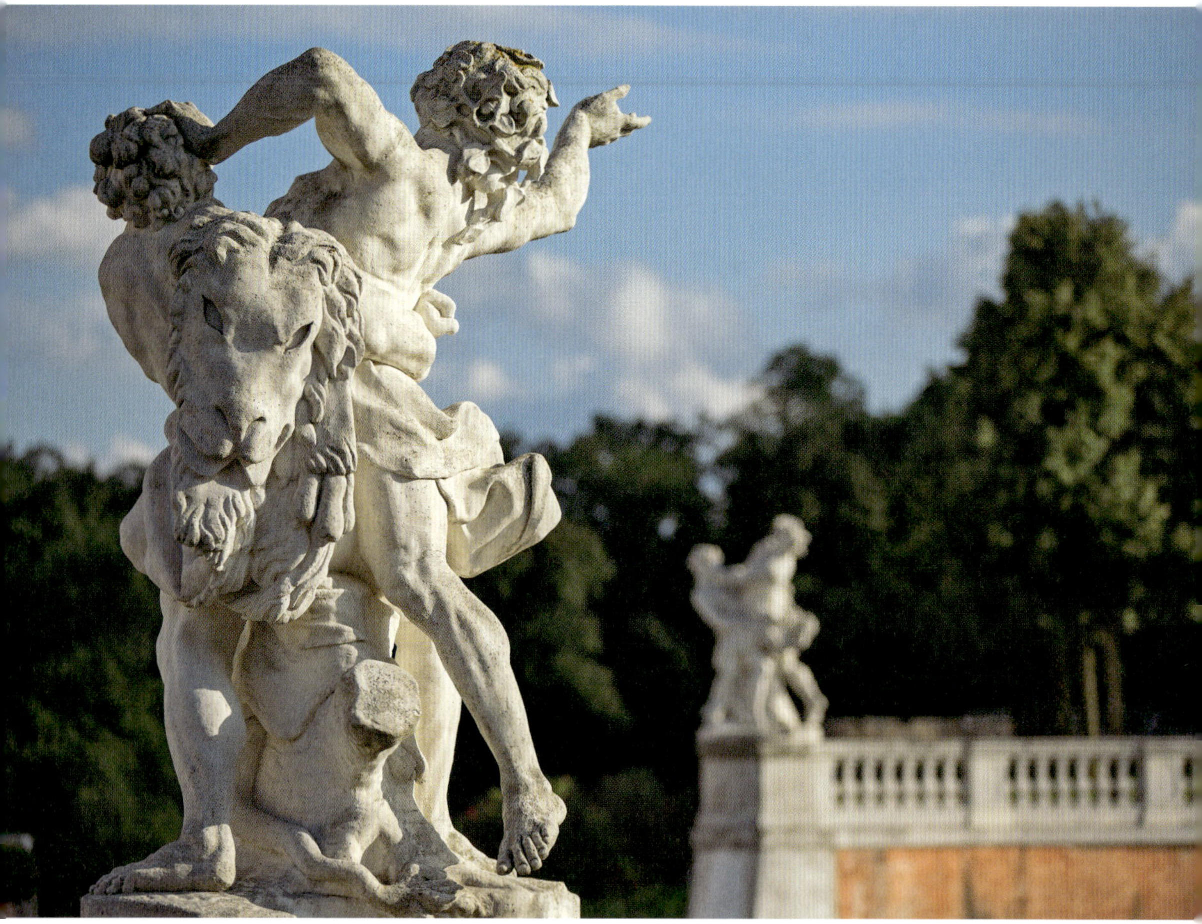

Skulpturen als Wegbegleiter: Herkules und Antäus (oben),
Blumengöttin Flora als Frühling im Vierjahreszeitenzyklus (rechts)

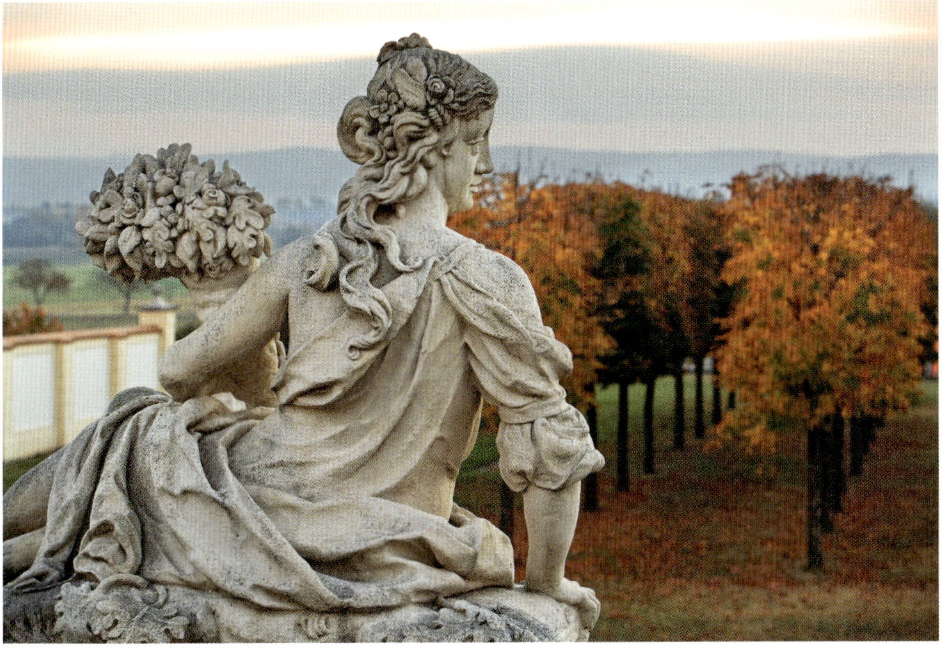

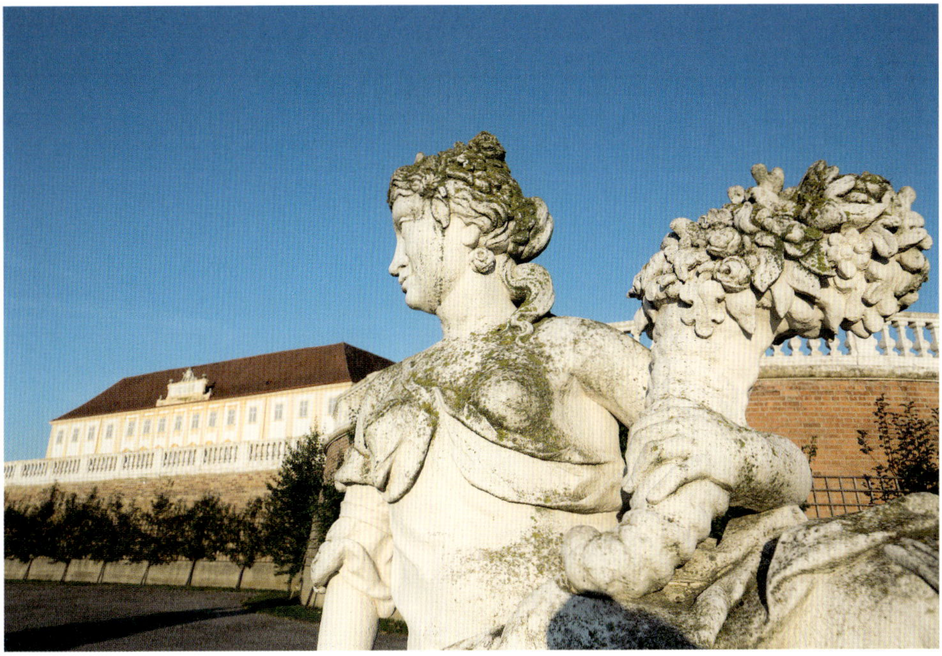

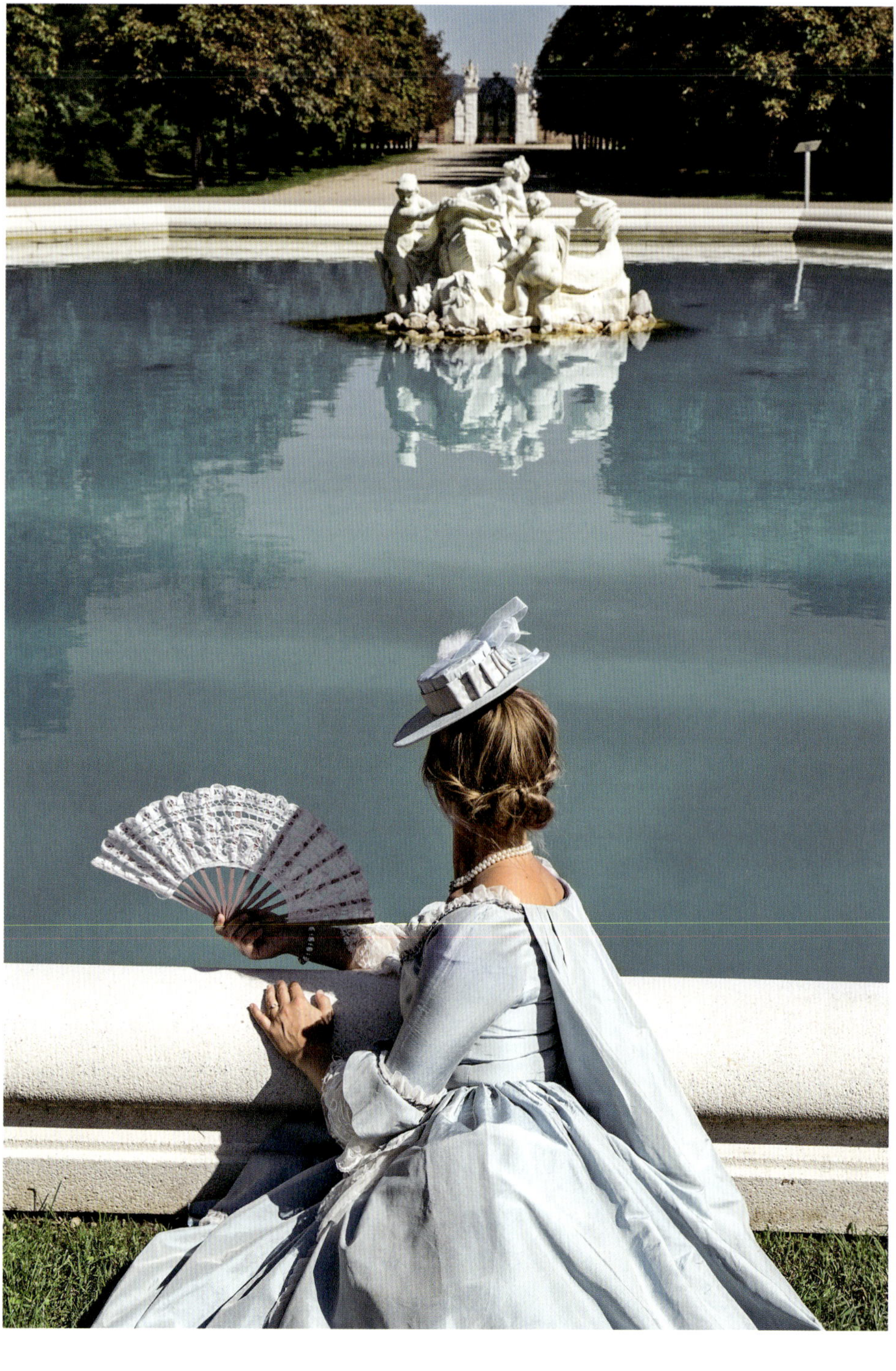

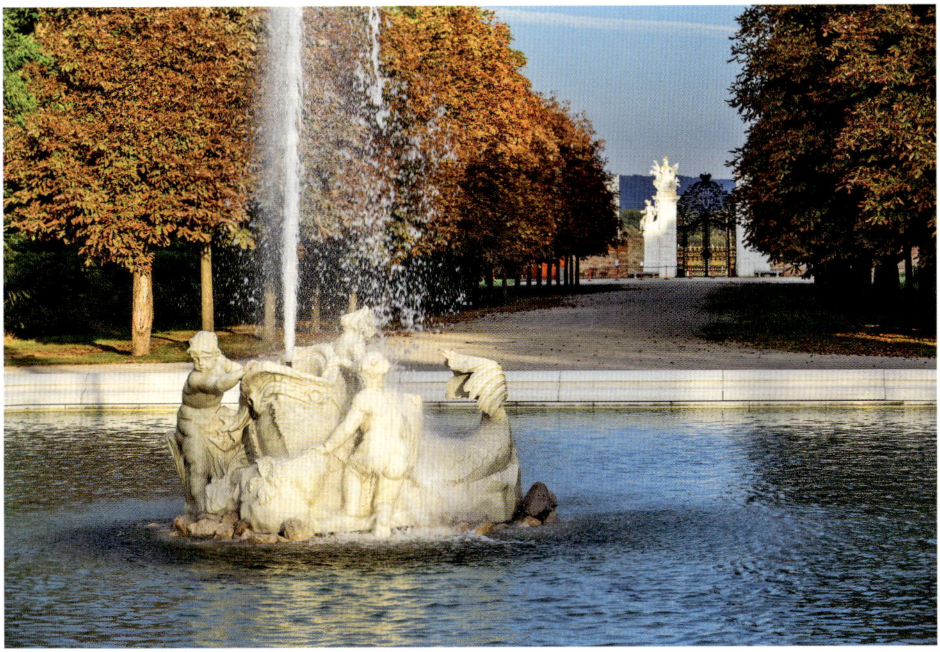

Die Seele des Gartens:
Wasser in Brunnen und Becken

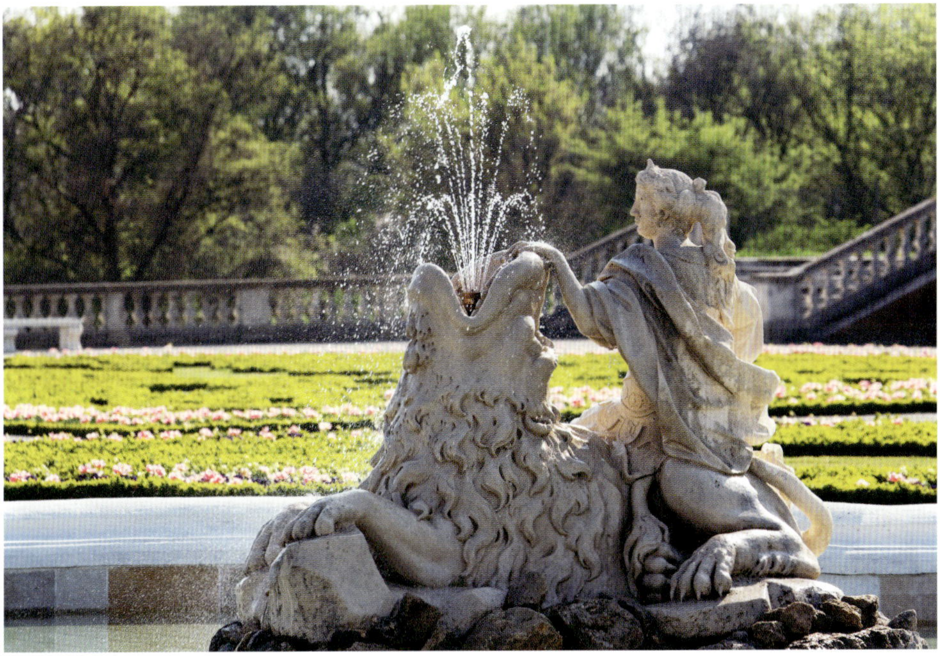

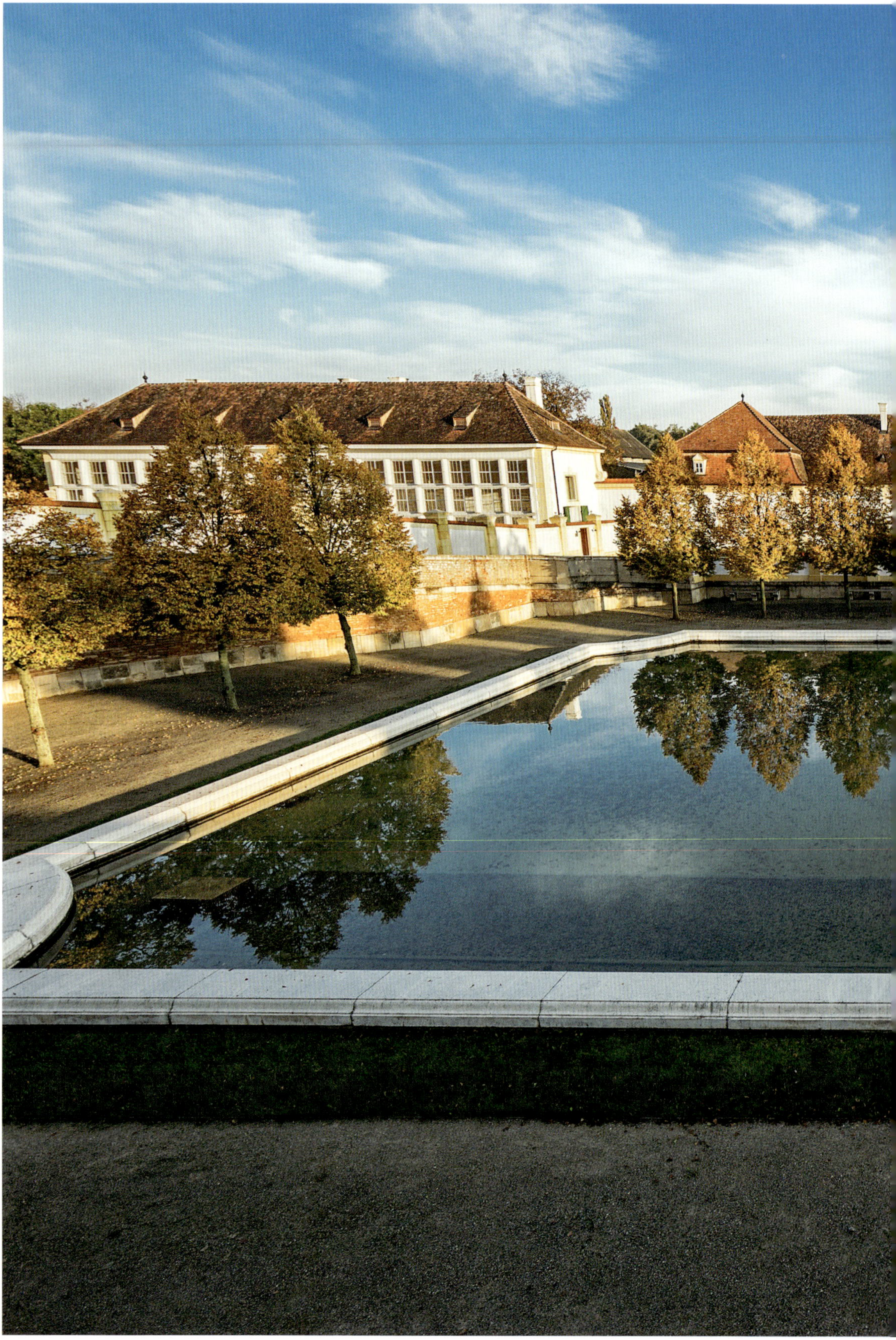

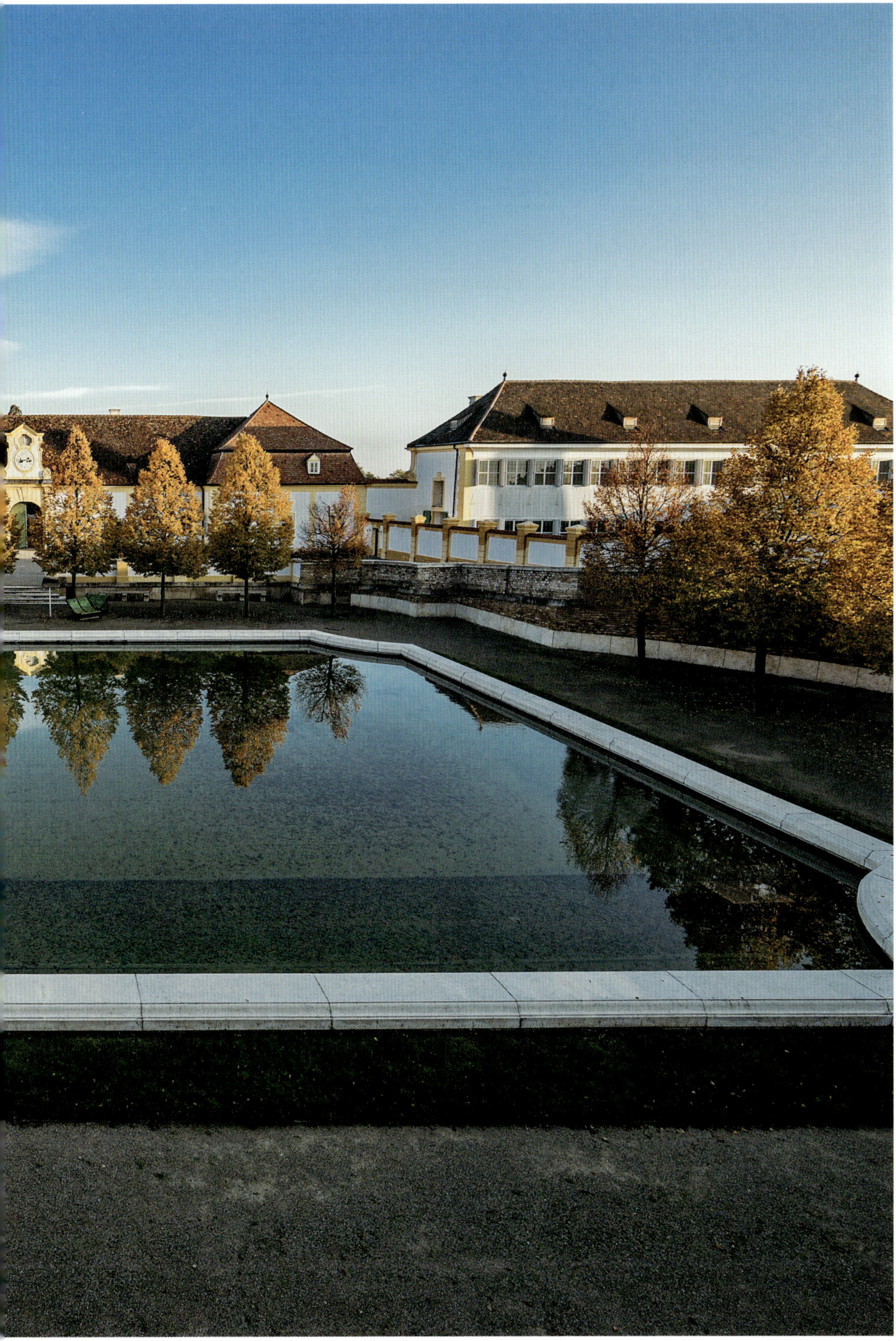

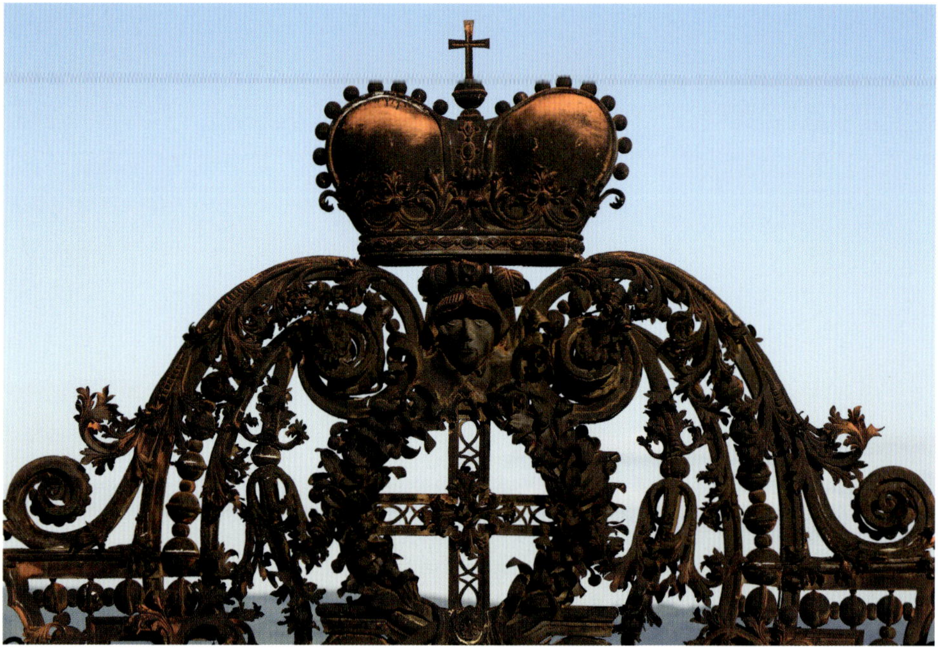

Verschlüsselte Botschaften:
schmiedeeiserne Symbole an Türen und Toren

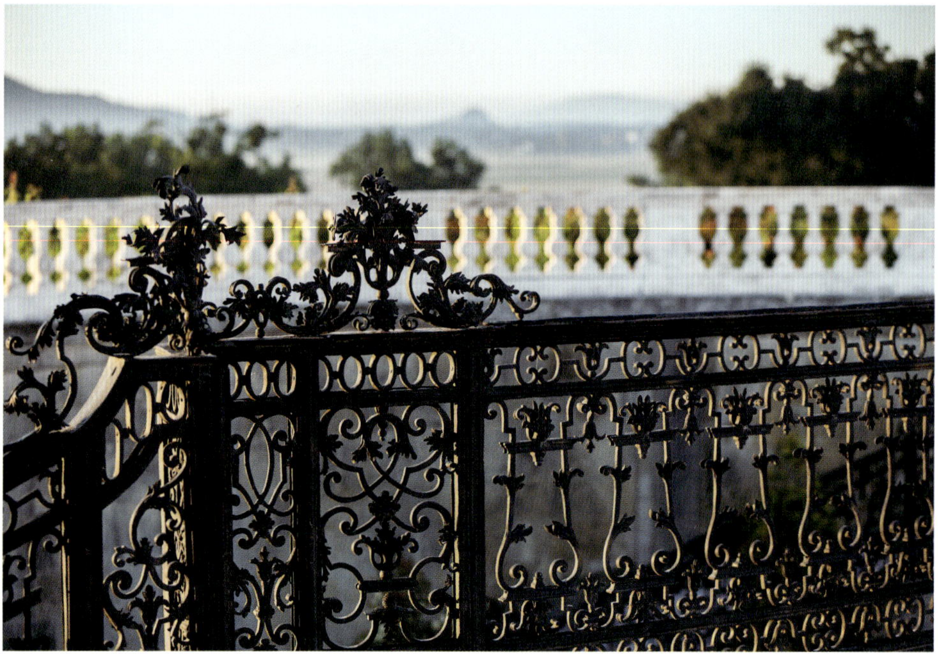

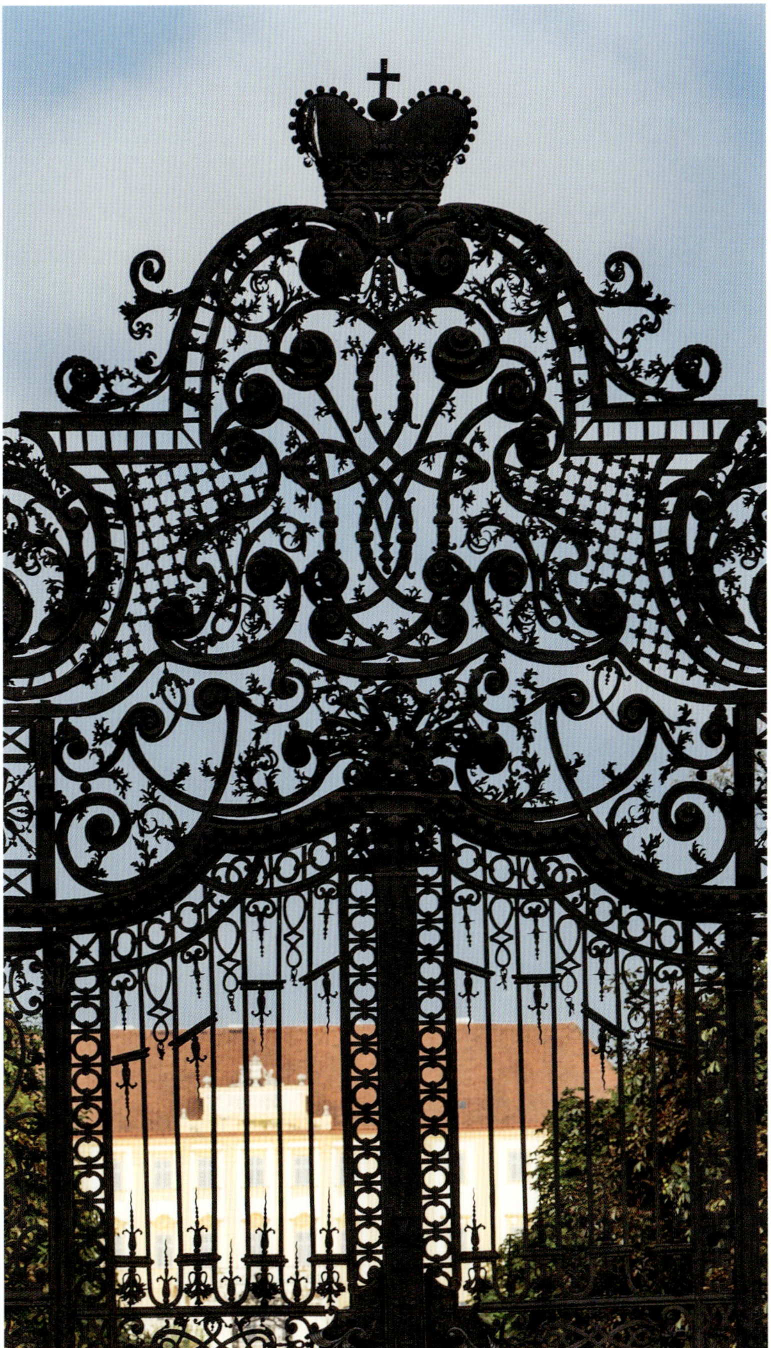

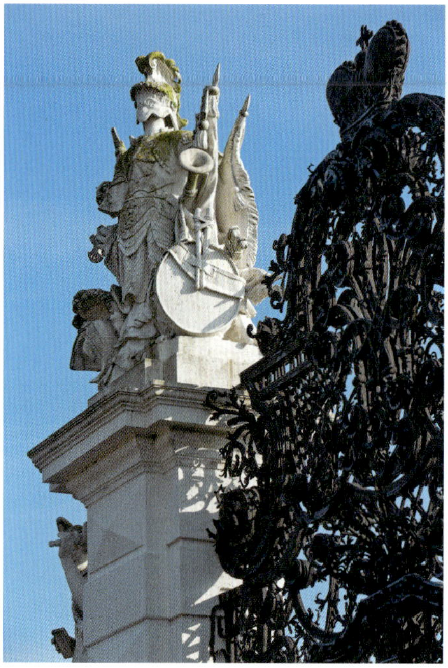

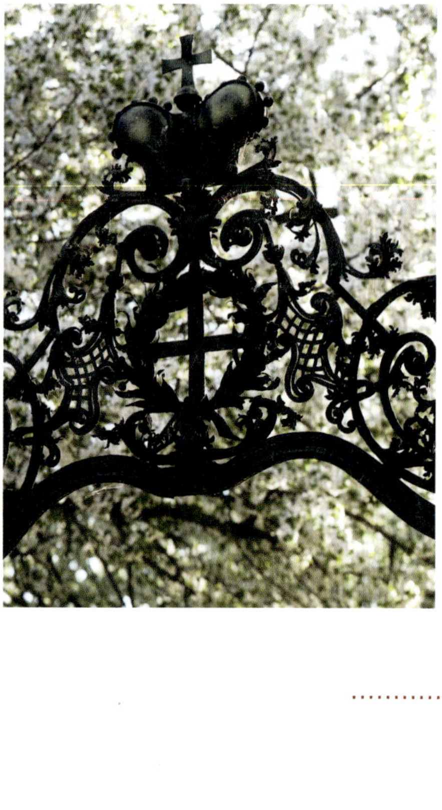

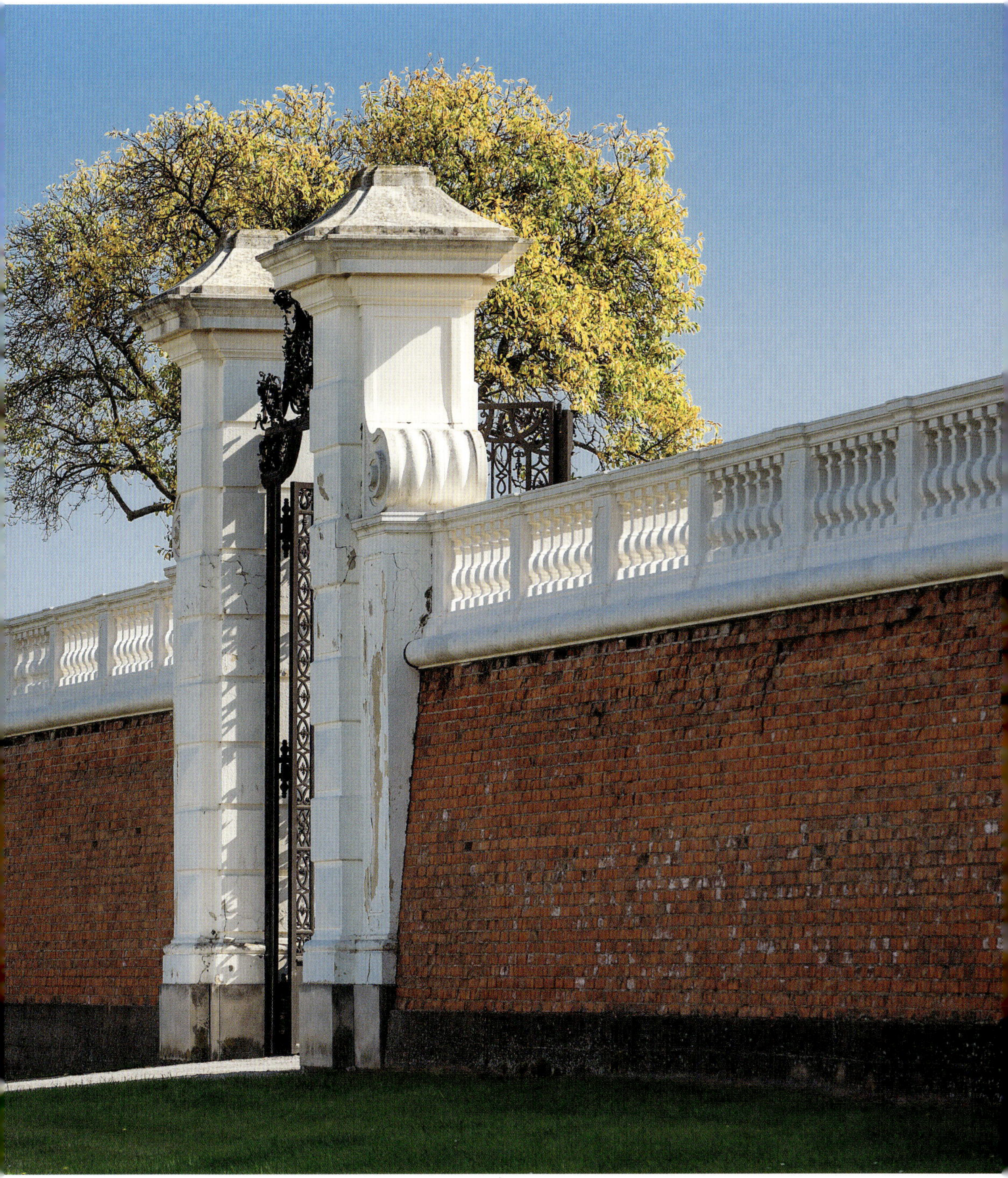

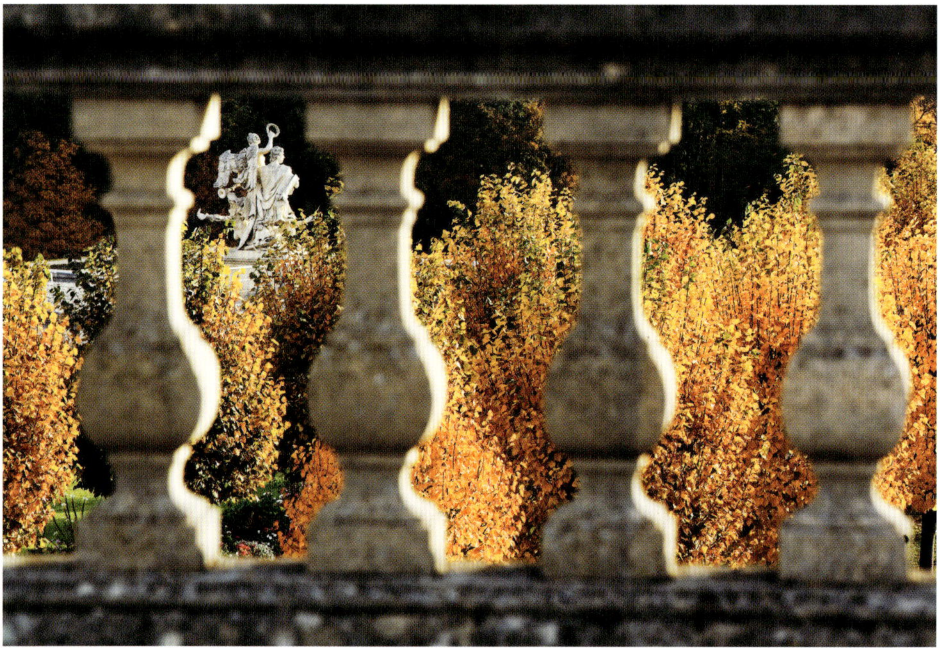

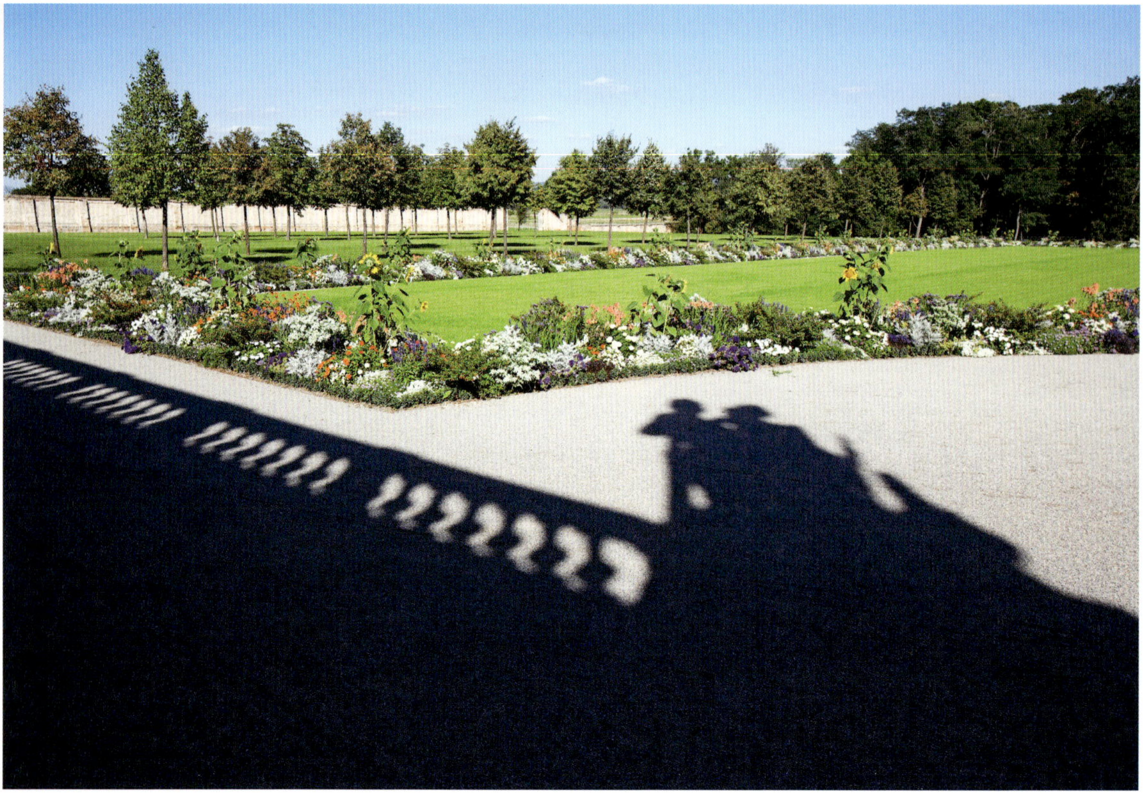

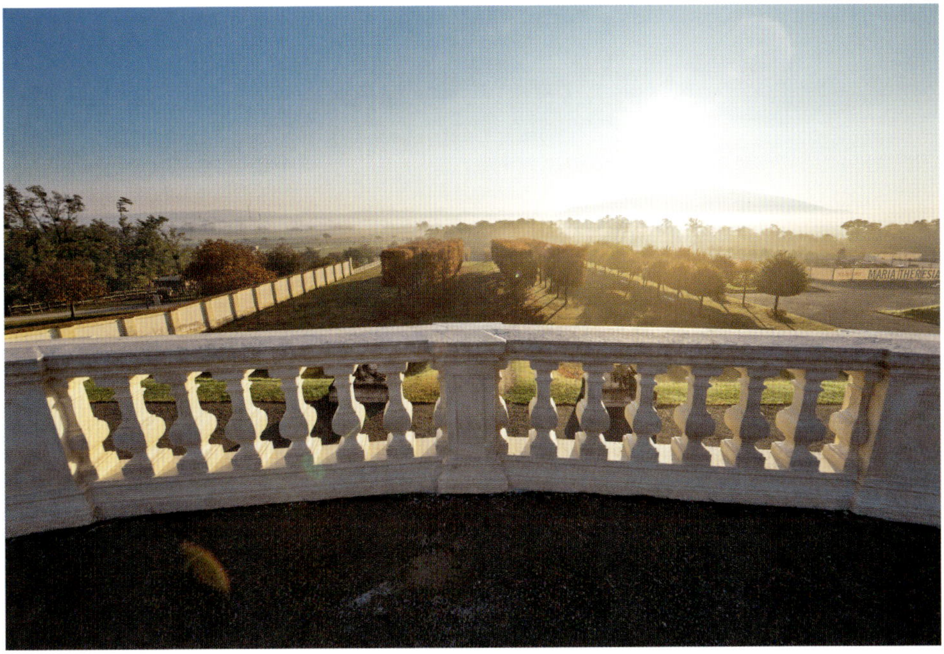

Faszinierende Perspektiven:
Spiel mit Licht und Schatten

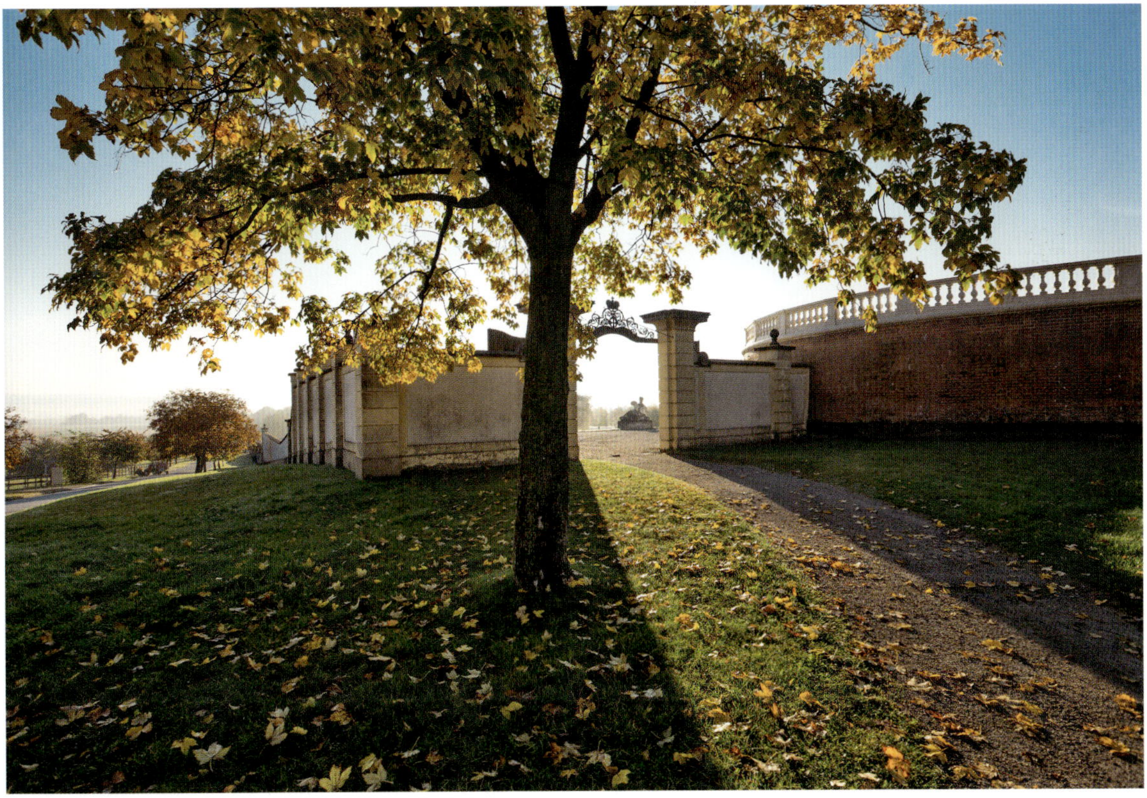

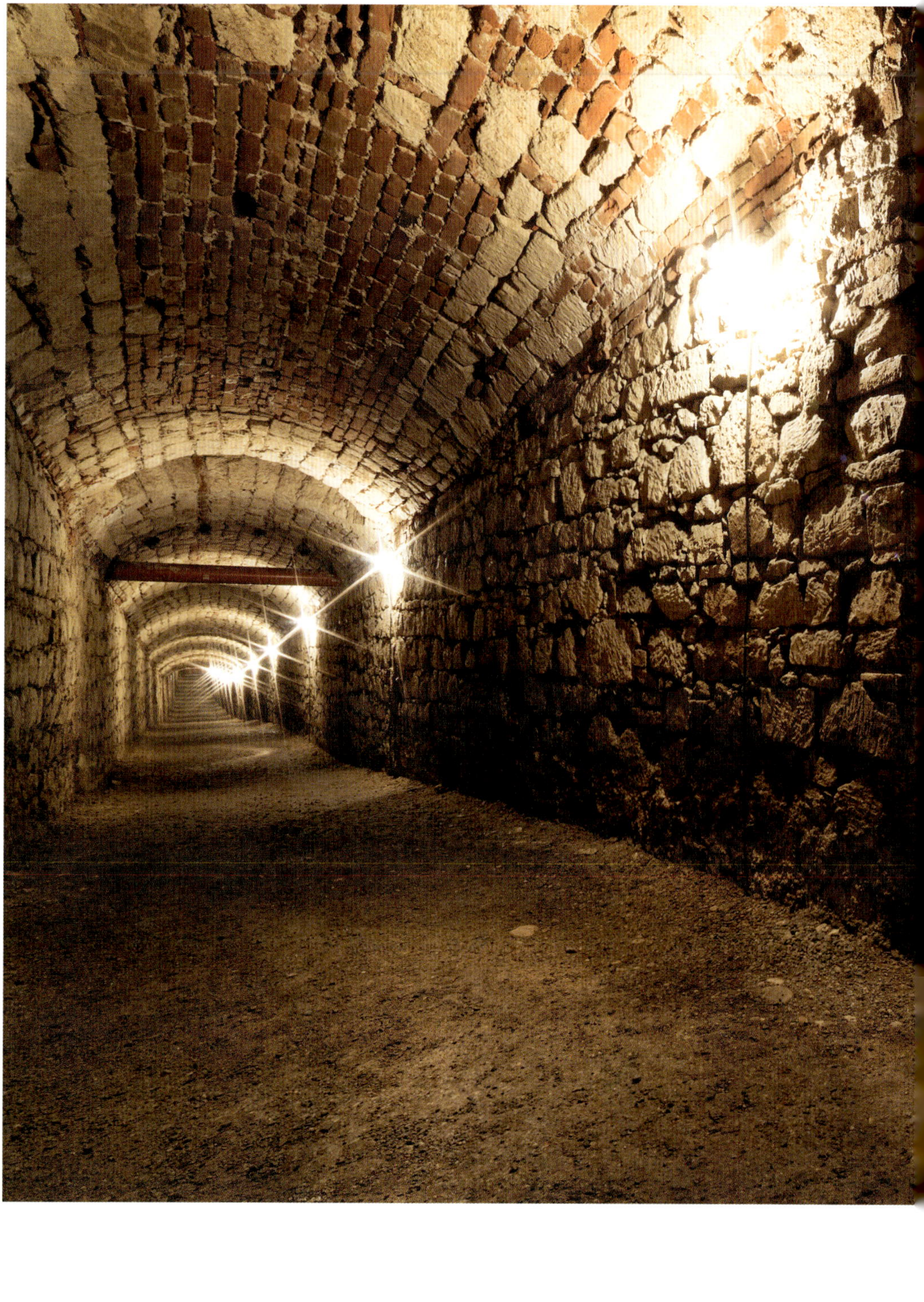

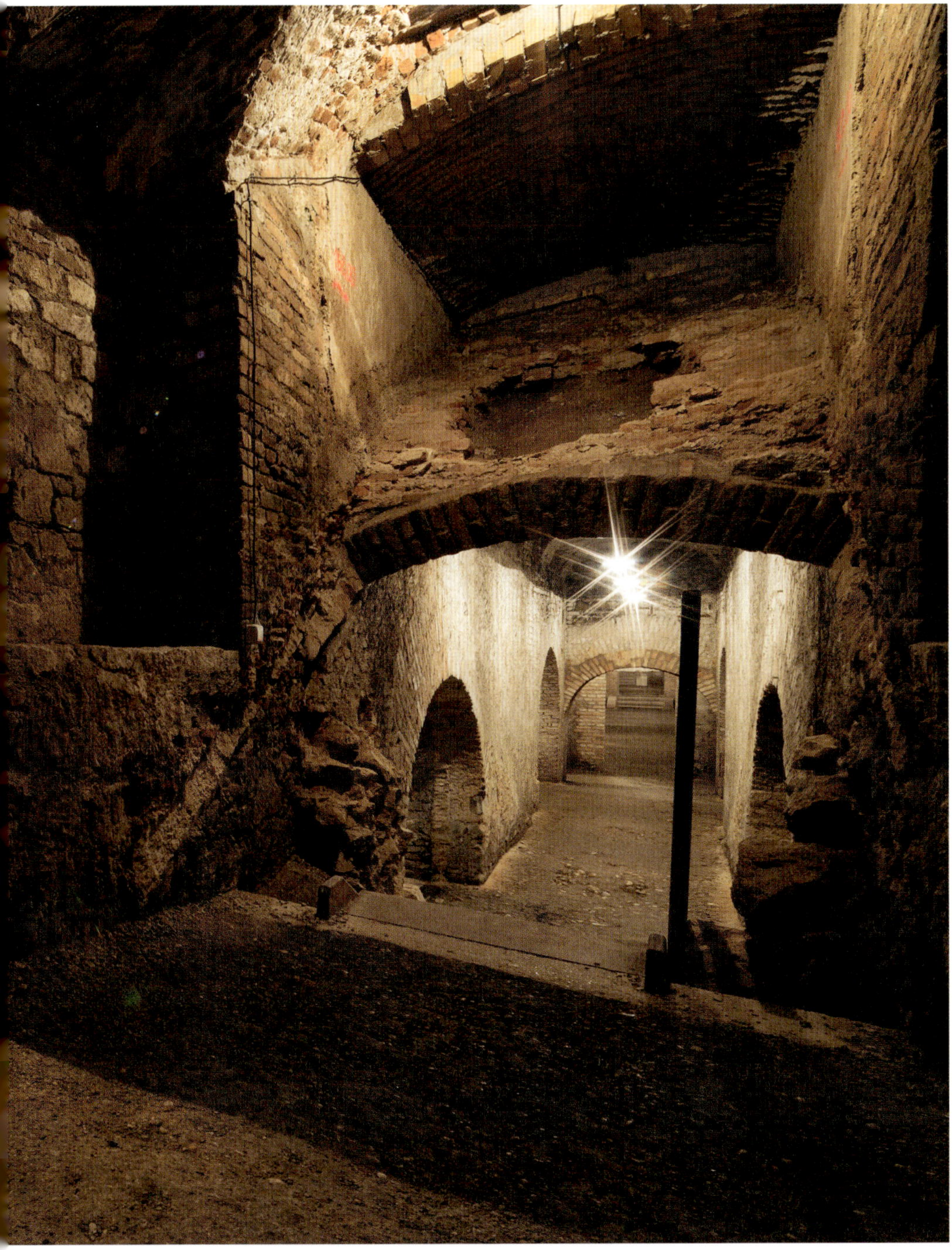

Geheime Gewölbe: Keller und unterirdischer Gang vom Schloss zum Gutshof

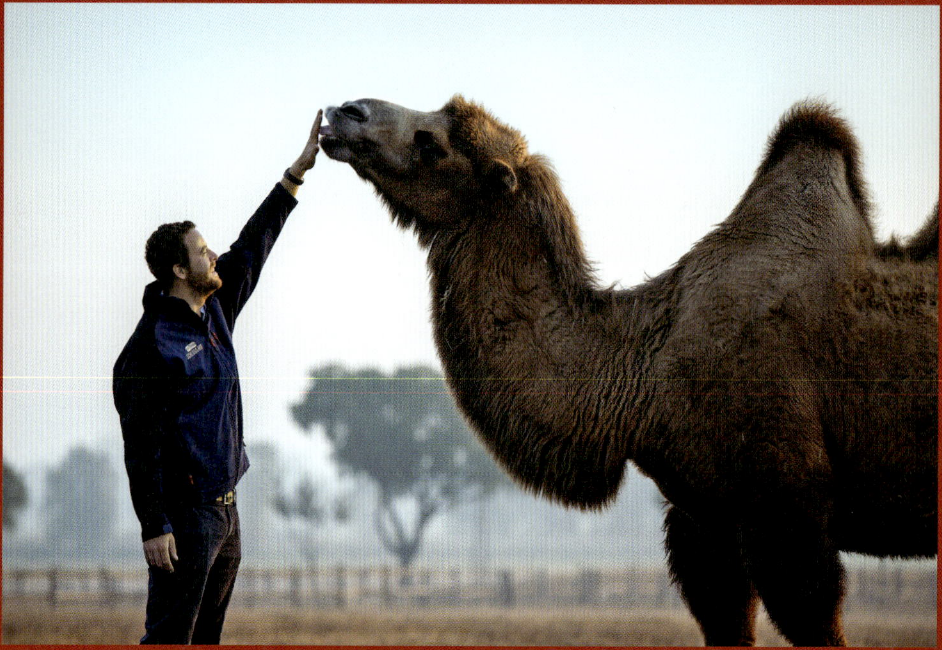

Gutshof und Tiere

Die Anlage von Schloss Hof besteht nicht nur aus dem prunkvollen Schloss und dem prachtvollen Barockgarten. Sie umfasst auch ein ländlich idyllisches, fast märchenhaft anmutendes Ambiente – den Gutshof mit seinen Stallungen. Prinz Eugen von Savoyen ließ, nachdem er Schloss Hof erworben hatte, nicht nur das Schloss, sondern auch den Gutshof von Meisterarchitekt Johann Lucas von Hildebrandt gestalten. Dieser schuf ein weitläufiges Areal, das heute wieder Heimat zahlreicher und seltener Tiere ist. Schließen Sie Freundschaft mit Steinhendl, Walachenschaf – und dem Weißen Barockesel!

Von Katharina Zoufal und Lukas Svoboda

Edle Rösser und Arbeitspferde. Seit jeher ist Schloss Hof eng verbunden mit den majestätischen Tieren, die sowohl im Schlossbereich beheimatet waren als auch im Gutshof und in Letzterem noch heute untergebracht sind. Schon unter Prinz Eugen von Savoyen waren weit mehr als 100 Pferde in den Prunkstallungen auf der ersten Terrasse eingestellt und verrichteten ihre Dienste für die Menschen. Die alten Stein- und Marmorfuttertröge erinnern an diese Zeit, als das Pferd ein wichtiger Bestandteil der höfischen Kultur war.

Auch unter Herrscherin Maria Theresia waren Pferde nicht wegzudenken, so waren bei ihrem Besuch 1755 auf Schloss Hof an die 125 Pferde involviert, die allesamt verschiedenste Aufgaben hatten. Sei es als Kutschpferd, um die Reise von Wien aus anzutreten und den Transport von Personen und auch des Inventars zu übernehmen, sei es als Reitpferd, um gemütliche Ausritte zu machen oder auf die Jagd in dem angrenzenden Auengebiet zu gehen.

Neben Vergnügen und Transport war eine der wichtigsten Aufgaben sicher im Gutshof angesiedelt, nämlich in der Landwirtschaft. So wurde mithilfe von Pferden das Feld bestellt, die Ernte eingefahren, gepflügt oder gar das Brunnenwasser gefördert. Nach dem Tod Maria Theresias 1780 neigte sich die Blütezeit von Schloss Hof als Fest- und Jagdschloss dem Ende zu, und auf Befehl Kaiser Josephs II. wurde das Beschäl-Department gegründet. Die ersten Deckhengste wurden gebracht. Sie sollten kontinuierlich die Pferdezucht verbessern. Hengste aus fremden Ländern veredelten die bestehende Landeszucht. Der Einsatz der Pferde für den militärischen Zweck rückte immer mehr in den Vordergrund. Um einen Anreiz zu schaffen, gab es Belohnungen für Bauern, die »diensttaugliche« Pferde lieferten.

Das Militär zieht ein. Im Laufe des 19. Jahrhunderts wurde Schloss Hof an das Reichskriegsministerium verpachtet. Das Reit- und Fahrlehrinstitut zur Ausbildung der Soldaten wurde gegründet. So stand Schloss Hof für die Ausbildung sowohl von jungen Pferden als auch Menschen für den Dienst am Vaterland. An die bestehenden Stallungen auf der ersten Terrasse wurden zwei imposante Reithallen angebaut, zusätzliche Stalltrakte entstanden, und auch Remisen für die Kutschen wurden errichtet. Schmied und Tierarzt hielten Einzug auf Schloss Hof. Zu Trainingszwecken entstand ein Paradeplatz auf der ersten Terrasse. Das Militär übte sowohl das Fahren wie das Reiten, auf dem gesamten Gelände waren »Sprünge« verteilt, die bewältigt werden mussten, und auch das Fahren mit Kanonenwagen wurde geübt.

Das Pferd – treuer Begleiter bis heute. Noch heute wird auf Schloss Hof die Tradition des Einsatzes von Pferden gepflegt. Besucherinnen und Besucher erkunden in weich gefederten Pferdekutschen bequem das weitläufige Gelände. Auch so manche Braut wurde schon von prächtigen Schloss Hofer Lipizzanern in die Ehe geleitet. Spannende Reit- und Show-Vorführungen erfreuen das Publikum, ganz spezielle Fotomotive ergeben sich, wenn die Reiterinnen und Reiter sich in barocken Kostümen auf dem Schlossgelände präsentieren. Kinder unternehmen auf den braven Ponys von Schloss Hof ihre ersten Reitversuche. Insgesamt beherbergt die Tierwelt von Schloss

Hof an die 20 Pferde und zehn Ponys. Ein besonderes Augenmerk gilt dabei altösterreichischen Pferderassen.

Noriker – auf Feld und Flur. Das Pferd der Salzburger Fürsterzbischöfe und zugleich die älteste Pferderasse Österreichs: Ursprünglich leitet sich der Name aus der Provinz Noricum ab. Die Zucht wurde durch Bischöfe veredelt und gelenkt, dadurch entstand das typische Kaltblut Österreichs. Diese Rasse gehört zu den schweren Kaltblütern, die vermehrt in der Landwirtschaft und auch im Forst eingesetzt werden. Durch ihre Robustheit und Anpassung an das Alpenland sind die Noriker typische Vertreter einheimischer Rassen. Seit 2000 zählen sie zu den gefährdeten Nutztierrassen. Eine Besonderheit ist, dass es sie noch in fast allen »Farbschlägen« gibt, als Rappen, Braune, Füchse, Tiger, Plattenschecken und auch Mohrenköpfe. Die fünf Hengststämme dieser Rasse heißen Vulkan, Nero, Diamant, Schaunitz und Elmar. In Schloss Hof zieht eine Gruppe von gutmütigen Norikern Gäste in Kutschen ruhig durch die Landschaft, zeigt aber auch immer wieder ihr Können unter dem Sattel.

Gidran – für Krieg und Polizei. Diese Rasse wurde 1816 durch den Araberhengst Gidran begründet. Von der sehr seltenen ungarischen Pferderasse existieren fast nur noch 100 reingezogene Stuten. Gezüchtet wurden diese fuchsfarbenen Pferde hauptsächlich für das Militär, da sie sich durch ihre Härte und Ausdauer auszeichneten. Sie fanden während des Ersten Weltkrieges ebenso Verwendung wie bei der berittenen Polizei in Wien.

Shagya Araber – ausdauernd mit Mut. Auf Basis der Araber wurden in Ungarn Shagya Araber gezüchtet. Sie sind größer und stärker als ihre Vorfahren und vermehren sich bis heute im ungarischen Staatsgestüt in

Bábolna. In der Monarchie wurden sie aufgrund ihrer Ausdauer und Unerschrockenheit im Kampf von Offizieren und Meldereitern eingesetzt. Mit nur 2000 bis 3000 Individuen weltweit sind sie weitgehend unbekannt.

Nonius – ideales Kutschpferd. Als Namensgeber und Begründer dieser Rasse gilt der Anglo-Normanne Nonius. Die schweren Warmblüter sind charakteristisch durch ihren Ramskopf (nach außen aufgewölbte Kopf- oder Nasenpartie) und die schwarze oder dunkelbraune Farbe geprägt. Sie sind ideale Kutschpferde, die aber auch gute Figur unter dem Sattel machen. Noch heute wird diese Rasse im ungarischen Staatsgestüt Mezőhegyes und in der Hortobágy Puszta gezüchtet. Die spätreifen Pferde gelten als ausgeglichen und leistungsstark.

Lipizzaner – Weltkulturerbe. Die wohl bekannteste Pferderasse Österreichs und UNESCO-Weltkulturerbe: Ihren Namen haben die Lipizzaner vom 1580 gegründeten Gestüt Lipica in Slowenien. Diese Karstlandschaft war der ideale Standort für die Pferdezucht der Habsburger. Unterschiedliche Hengste aus der ganzen Welt, von Spanien bis in den arabischen Raum, begründeten die sechs Hengstlinien der Lipizzaner mit ihren klingenden Namen Siglavy, Neapolitano, Maestoso, Favory, Conversano und Pluto. Noch heute bestehen Gestüte in Lipica (Slowenien), Topol'čianky (Slowakei), Szilvásvárad (Ungarn), Monterondo (Italien) und das österreichische Bundesgestüt Piber, die die Zucht dieser edlen Tiere betreiben. Zu Weltruhm haben es die Kaiserschimmel durch die Spanische Hofreitschule in Wien gebracht, die als Bewahrer der klassischen Dressur gilt. Lipizzaner kommen braun oder schwarz zur Welt und werden erst mit zunehmendem Alter weiß. Die Rasse zeichnet sich durch ihre Langlebigkeit sowie Vitalität aus und ist sowohl unter dem Sattel als auch vor der Kutsche zu finden.

Altösterreichische Haustierrassen – Kultur mit Fell und Federn, ein sorgsam gehüteter Schatz. Der Gutshof von Schloss Hof beherbergt aber nicht nur altösterreichische Pferderassen, sondern leistet auch einen wichtigen Beitrag zum Erhalt seltener und vom Aussterben bedrohter altösterreichischer Haustierrassen. Der Veterinär Eduard Fellinger spricht von »Kultur mit Fell und Federn«. Bei der Zucht wird nichts dem Zufall überlassen. »Wer mit wem wann darf« ist genau festgelegt. Die Planung hierfür beginnt bereits lange, bevor die ersten Jungtiere in den Gehegen im Gutshof herumspringen, je nach Tragzeit der Tierart. Zusätzlich leben auch einige exotische Tiere, allen voran Trampeltiere, aber auch Lamas und Alpakas, im Gutshof. Prinz Eugen sammelte nicht nur leidenschaftlich Bücher, Gemälde und Pflanzen. Er ließ sich auch Tiere aus fremden Ländern beschaffen und hielt diese in seiner Menagerie im Belvedere in Wien. Die Exoten im Gutshof von Schloss Hof erinnern daran.

Weißer Barockesel – lichtbringender Liebling. Die weißen Esel mit ihren hellblauen Augen sind eine einzigartige Attraktion im Gutshof von Schloss Hof. Ursprünglich wurden sie im 17. und 18. Jahrhundert als »Prestigeobjekte« für den Adel gezüchtet. Die Farbe Weiß war damals etwas ganz Besonderes, so auch bei Tieren. Wer im Barock etwas auf sich hielt, besaß weiße Tiere, sie galten als »Lichtbringer« und standen für das Gute. Tatsächlich ist die Farbe der Esel etwas gelbstichig und nennt sich »Cremello«. Weltweit gibt es heute nur noch einige 100 Individuen. Die Rasse war in Vergessenheit geraten. 1986 wurde sie im österreichischen Tierpark Herberstein durch den Haustierexperten und Wissenschaftler Fritz Dietrich Altmann wiederentdeckt. Einzelne Tiere wurden in Ungarn ausgeforscht, aufgekauft und bildeten den Grundstock der heutigen Population. Die Bestandszahlen erholen sich nun langsam. Schloss Hof leistet diesbezüglich einen kleinen Beitrag, denn jedes Jahr gibt es entzückenden Barockesel-Nachwuchs. Mit 20 bis 30 Tieren zählt die Herde von Barockeseln in Schloss Hof neben dem Bestand im Nationalpark Neusiedler See – Seewinkel zu den größten in Österreich. Der eigens von Schloss Hof mitbegründete Verein zur Erhaltung der Weißen Barockesel, der das Zuchtbuch führt, konnte 2016 erreichen, dass die Rasse offiziell anerkannt wird. Somit ist der Österreichisch-Ungarische Weiße Barockesel der einzige Rasse-Esel Österreichs. Die Schloss Hofer Esel sind aber nicht nur etwas Besonderes, weil sie Vertreter einer seltenen Rasse sind, sie sind auch wahre Kutschenprofis. Bei verschiedensten Festen zeigten sie ihr Können bereits bis zu sechsspännig vor der Kutsche.

Steinhendl – vitales Leichtgewicht. »Bunt, vital und brutfreudig«: Diese Beschreibung von Günter Jaritz, aktivem Züchter und Erhalter dieser Rasse, charakterisiert das Steinhendl, auch »Steinpiperl« oder »Stoahendl« genannt, perfekt. Es handelt sich um eine der ursprünglichen Hühnerrassen der Alpen, ihr Herkunftsgebiet ist die Steiermark. Die robusten Steinhendln sind Leichtgewichte und flugfähig. Genutzt wurden sie als Eier- und Fleischlieferanten. Bis in die 1970er-Jahre waren sie auf vielen Bauernhöfen verbreitet, im Sommer meist sich selbst überlassen im Freien, wo die flugfähigen Tiere für die Nacht auf Bäumen Schutz suchten. Durch das Verbot der Freihaltung im Zuge der Vogelgrippe ging der Bestand jedoch rapide zurück. Weltweit existieren nun nur noch 100 bis 200 Tiere. Schloss Hof beteiligt sich an der Erhaltungszucht dieser wunderschönen Hühnerrasse und führt im Gutshof eine kleine Zuchtgruppe.

Sulmtaler Huhn – ertragreiches Zweinutzhuhn. Schon ab dem 17. Jahrhundert galt das Sulmtaler Huhn als Delikatesse, und die *Kapaune* (kastrierte, gemästete Hähne) wurden an großen Höfen serviert. Das Ursprungsgebiet lag in der Unter- und Mittelsteiermark, wo die Tiere seit jeher aufgrund ihrer Robustheit als Zweinutzhuhn beheimatet waren. Sowohl als Fleisch- als auch Eierlieferanten sind sie sehr ertragreich.

Vierhornziege – bestauntes Unikat. Die Vierhornziege ist eine alte Ziegenrasse Österreichs. Ihr ursprüngliches Verbreitungsgebiet erstreckte sich über die gesamte Monarchie bis Spanien. Sie wurde nie als Leistungsrasse gezüchtet, sondern meistens als Attraktion. Dadurch ist die Vierhornziege auch in keinem Zuchtverband als Rasse anerkannt. Bereits Prinz Eugen hielt diese »Skurrilität« in seiner Menagerie im Belvedere, wie ein Stich von Salomon Kleiner beweist. Wie der Name »Vierhornziege« beschreibt, haben diese Ziegen vier annähernd gleichmäßig gestellte Hörner. Die Tiere sind schwer zu züchten, das Merkmal der Vierhörnigkeit wird keinesfalls dominant vererbt. Die Bestandszahlen sind daher gering, in Österreich gibt es nur an die 100 Tiere.

Bulgarische Langhaarziege – imposante Erscheinung. Die attraktive Bulgarische Langhaarziege ist sogar im Herkunftsland Bulgarien sehr selten. Ihr auffälligstes Merkmal ist das lange Fell, das die Tiere in den rauen Gebirgswelten, aus denen sie stammen, gut schützt. Viele Jahrhunderte waren diese Tiere Existenzgrundlage von Bergbauern, diese nutzten Milch und Fleisch sowie das lange Ziegenhaar. Das Fleisch ist wohlschmeckend, die Milchleistung gering. Das Haar wurde zu Textilien verarbeitet.

Walachenschaf – scheuer Hirtengefährte. Walachenschafe kamen ab dem 13. Jahrhundert mit rumänischen Hirten nach Mitteleuropa. Ihr Name hat nichts mit Wallachen, kastrierten Pferden, zu tun, sondern leitet sich von ihrem Herkunftsgebiet, der Walachei, einer Region im heute südlichen Rumänien, ab. Die Grundfarbe der Tiere ist weiß mit schwarzen Pigmentflecken im Gesicht, die bei jedem Tier individuell ausfallen. Es sind auch braun gefärbte Tiere bekannt. Walachenschafe sind scheu und wachsam, genügsam und überaus robust. Sie wurden von jeher vorwiegend als Milchlieferanten gezüchtet, doch wussten die Menschen in weniger guten Zeiten auch das Fleisch und die lange, grobe Mischwolle zu schätzen. Beeindruckend sind die wunderschön, in Schneckenform in sich gedrehten Hörner der Schafböcke, die bis zu 50 Zentimeter Länge erreichen können. Die weiblichen Tiere sind hornlos oder haben kleinere Hörner. Im Gutshof von Schloss Hof ist eine der raren Zuchtgruppen Österreichs zu bewundern.

Trampeltier – anpassungsfähiger Exot. Trampeltiere gehören zur Familie der Kamele und in dieser Familie in die Gattung der Großkamele. Als Haustier sind sie weit verbreitet, da sie sich vielfältig nutzen lassen. Die Wildform ist allerdings vom Aussterben bedroht. Trampeltiere werden einerseits als Reit-, Last- und Zugtiere eingesetzt, dienen aber auch als Milch-, Woll- und Fleischlieferanten, sogar der getrocknete Dung wird als Brennmaterial verwendet.

Dabei sind die Tiere sehr genügsam. Besonders interessant ist, wie sich diese sanften Riesen an die hohen Temperaturschwankungen ihres ursprünglichen Lebensraumes angepasst haben. Die beiden Höcker enthalten kein Wasser, wie oft fälschlicherweise angenommen wird, sondern bestehen zur Gänze aus Fett, das ein guter Energiespeicher ist. Die langen Beine schützen den Rumpf vor Hitze. Der Urin ist hoch konzentriert, um Wasser zu sparen. Im Gegensatz zu anderen Säugetieren haben Trampeltiere keine runden, sondern oval geformte rote Blutkörperchen. Dadurch verbessert sich

die Fließeigenschaft des Blutes, wenn kein Wasser vorhanden und das Blut dickflüssiger ist. Trampeltiere können ihre Körpertemperatur mit einer Abweichung von bis zu sechs Grad Celsius an die Umgebungstemperatur anpassen, dadurch schwitzen sie später, und das spart ebenfalls Wasser.
Die fünf Schloss Hofer Trampeltiere müssen freilich kein entbehrungsreiches Leben führen. Gut versorgt stehen sie das gesamte Jahr im »Offenstall«. Abwechslung bieten ihnen das regelmäßige Training oder Auftritte bei Festen und Umzügen.

Weißer Pfau – unumstrittener Star. Der weiße Pfau, der auch Hochzeitspfau genannt wird, ist eine Mutante des blauen Pfaus, die sehr selten auftritt. Ursprünglich stammen Pfaue aus Indien und Sri Lanka, wo sie in Regenwäldern leben. Im 18. Jahrhundert kamen die wunderschönen Tiere nach Europa, wo sie vor allem dem Adel vorbehalten blieben und auf Schlössern sowie in Gutshöfen gehalten wurden. In Schloss Hof ist das Restaurant »Zum Weißen Pfau« nach diesem prächtigen Vogel benannt. Der lebende Namensgeber bewegt sich nach Lust und Laune frei auf dem gesamten Areal.

Die Tierwelt in Zahlen. Die Zahl der tierischen Bewohner ist naturgemäß einigen Schwankungen unterworfen, beläuft sich aber, abgezählt bis zum letzten Huhn, auf etwa 220 Lebewesen. Das schwerste Tier im Gutshof ist mit etwa 900 Kilogramm das Trampeltier oder zweihöckrige Großkamel, das leichteste ein Zwerghuhn der Rasse Steinhendl mit einem Gewicht von etwa 500 Gramm. Das geschätzte Gesamtgewicht aller in Schloss Hof gehaltener Tiere beträgt 21 200 Kilogramm. Jährlich vertilgen die Gutshoftiere 190 Tonnen Futter. Das gesamte Jahr über kümmern sich elf Mitarbeiterinnen und Mitarbeiter bei jedem Wetter um das Wohl ihrer Schützlinge:

füttern, tränken, misten und putzen, bauen Gehege-Einrichtungen und reparieren Kaputtgegangenes, scheren Schafe und schneiden Klauen, trainieren Pferd, Esel, Kamel und Co., fahren Kutsche, helfen bei Geburten, ziehen, wenn nötig, Jungtiere auf, unterstützen Tierarzt oder Hufschmied bei deren Arbeit und sind immer eines – auf alles gefasst und äußerst flexibel.

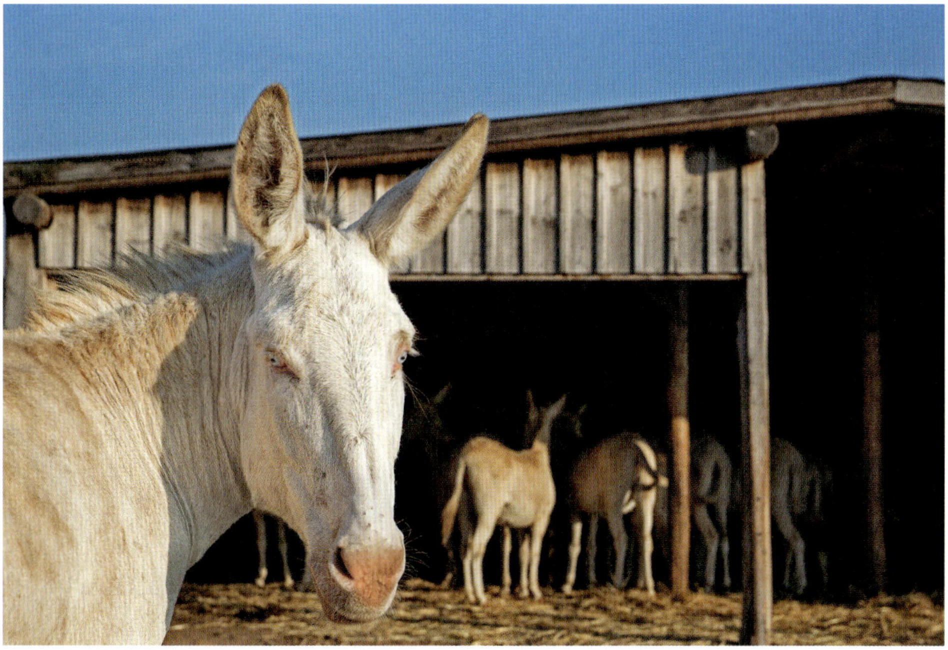

Tiere im Gutshof:
unumstrittener Liebling unter den Haustierraritäten,
der Weiße Barockesel

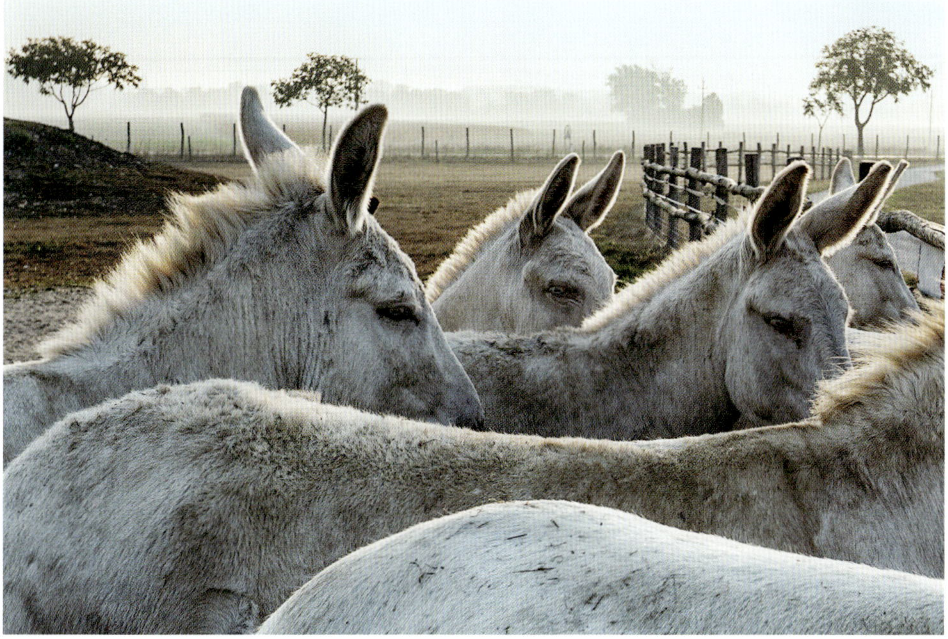

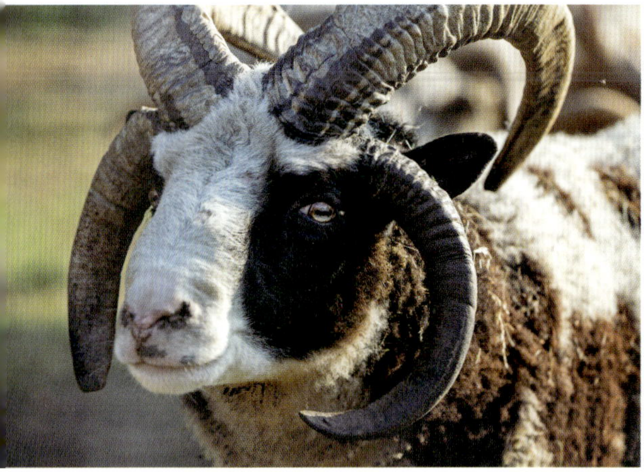

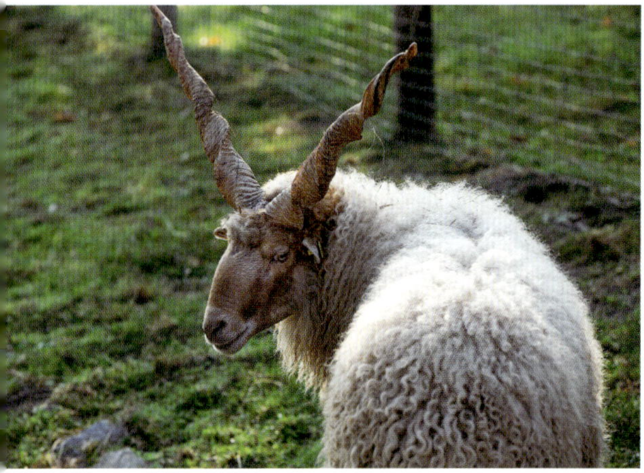

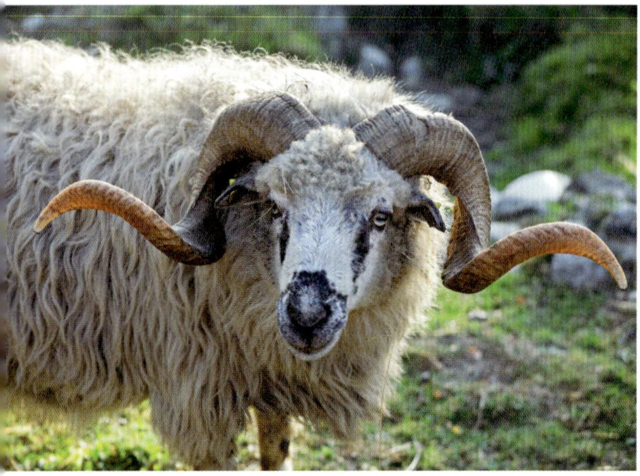

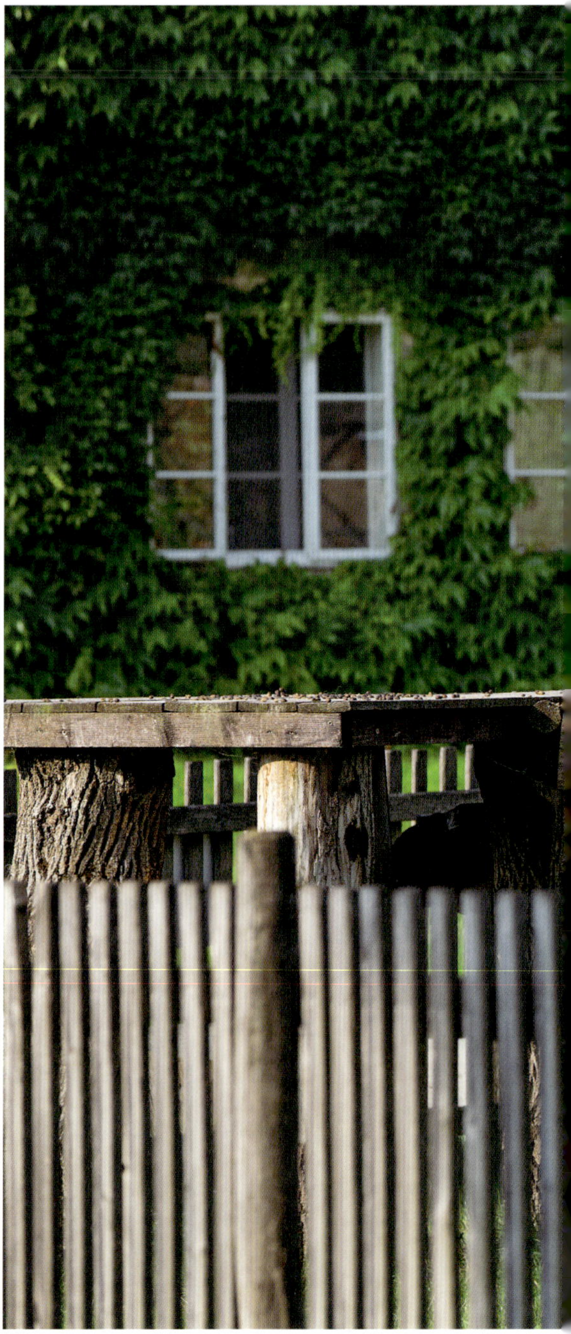

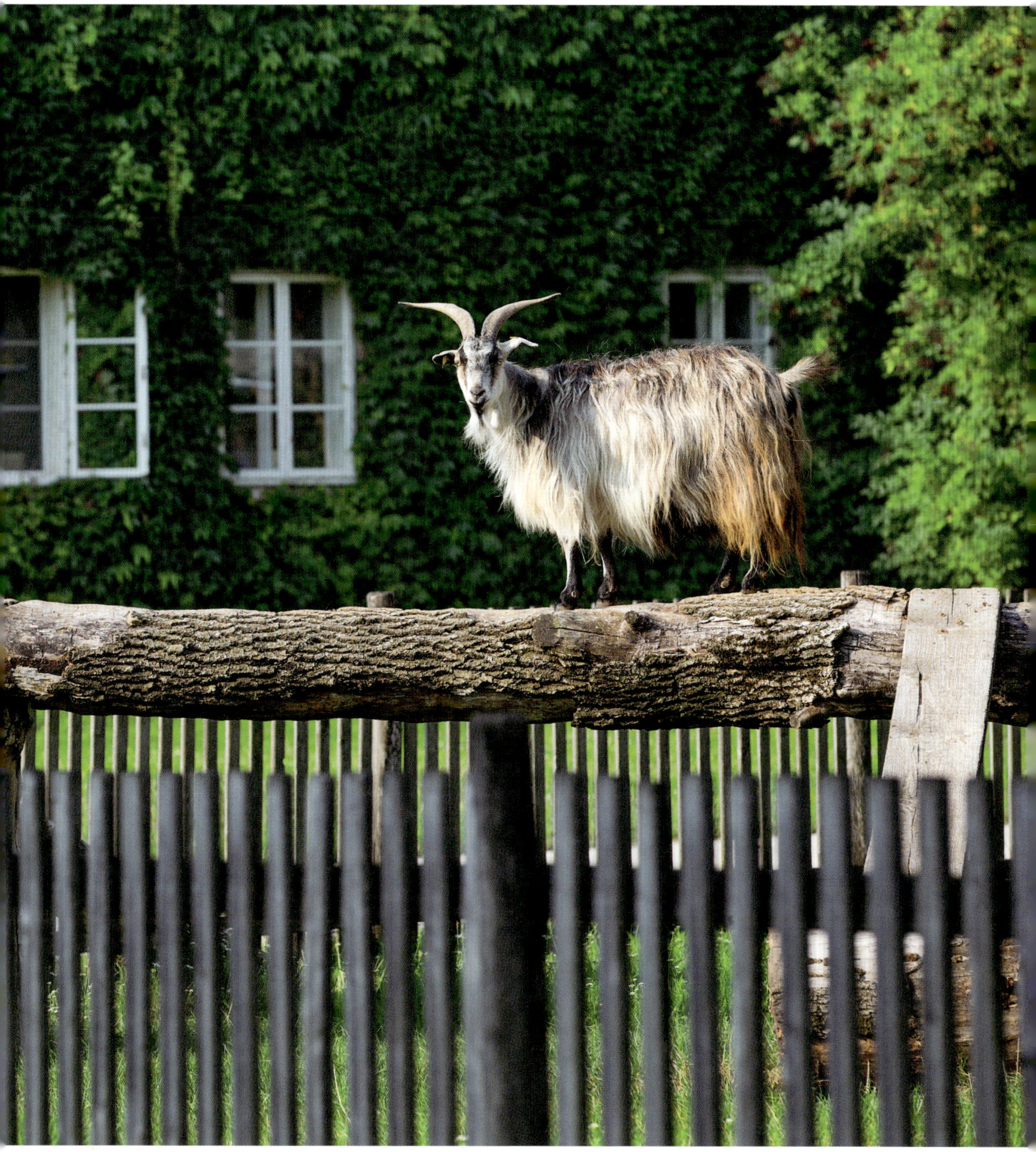

Jakobschaf, Zackelschaf, Walachenschaf (links, von oben nach unten)
und Bulgarische Langhaarziege (oben)

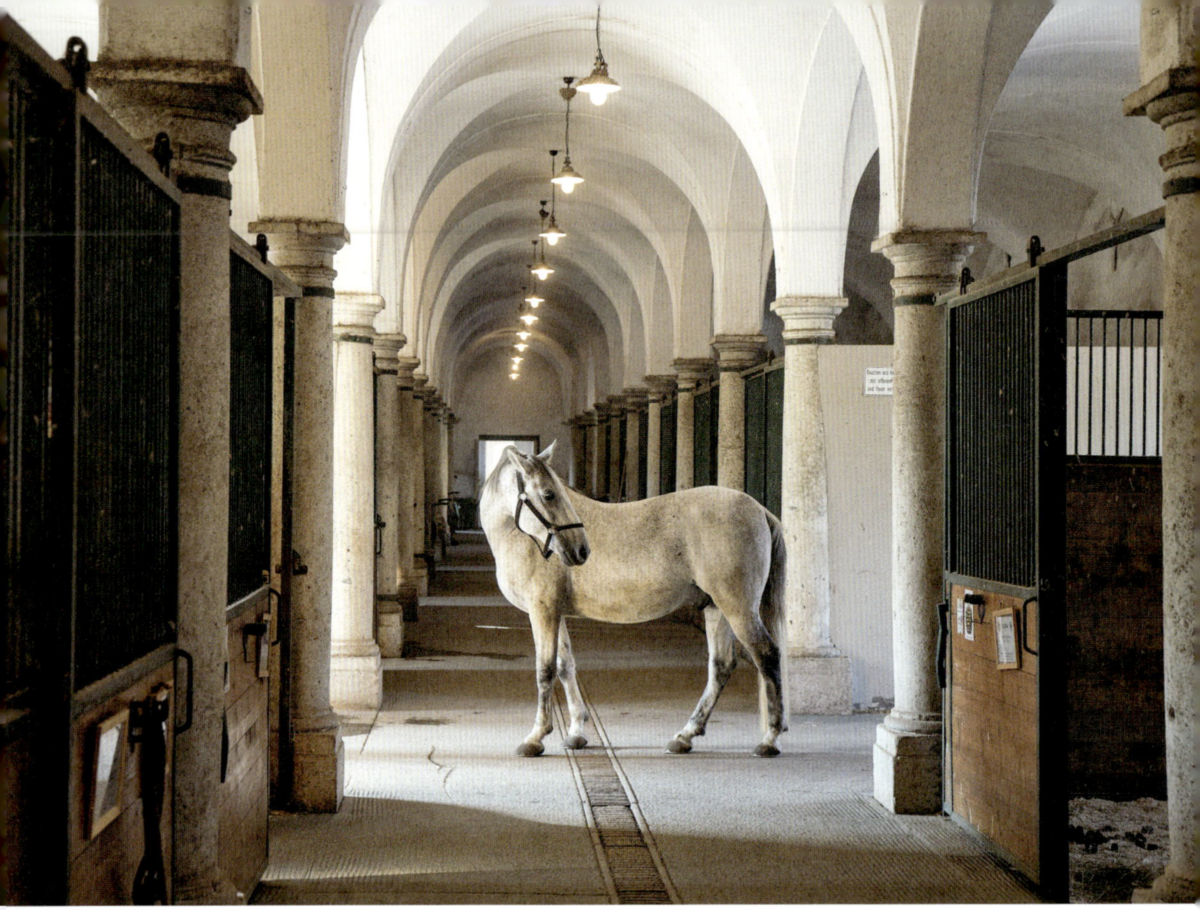

Edle Rösser und Arbeitspferde:
Lipizzaner (oben), Haflinger (rechts oben) und Pony (rechts unten)

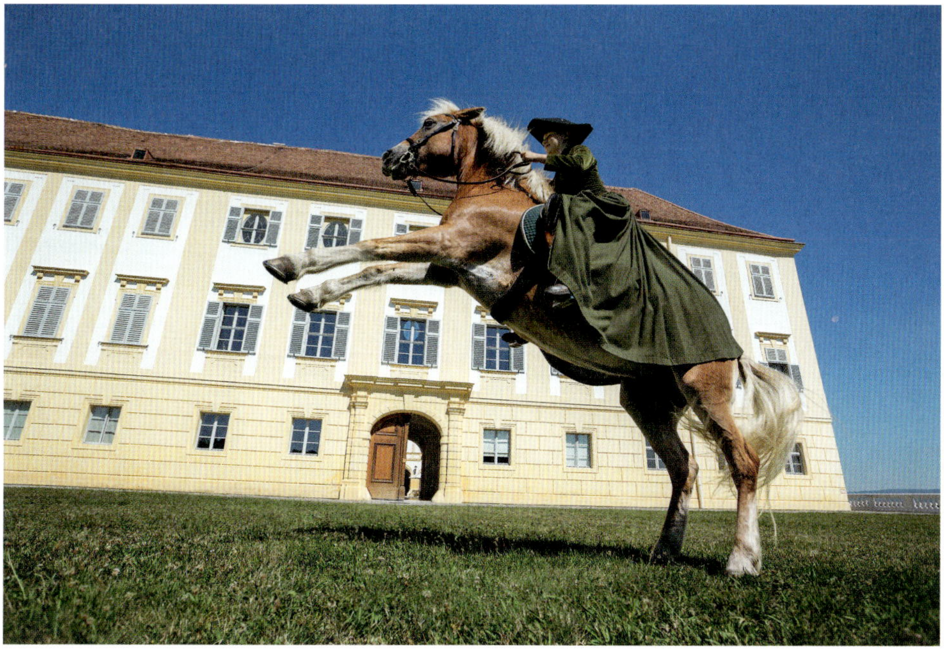

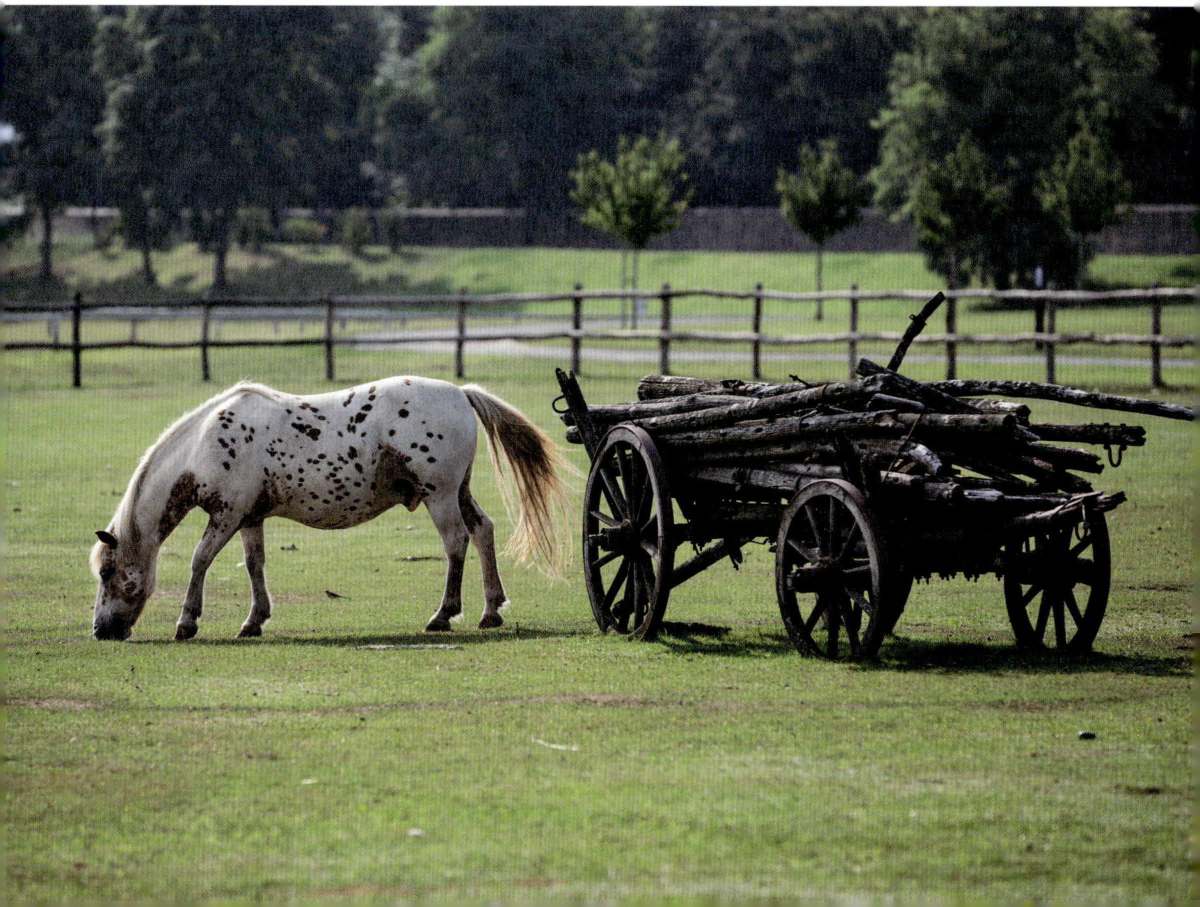

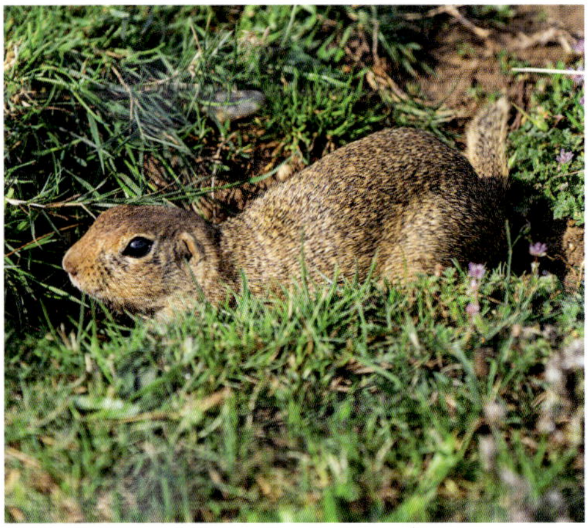
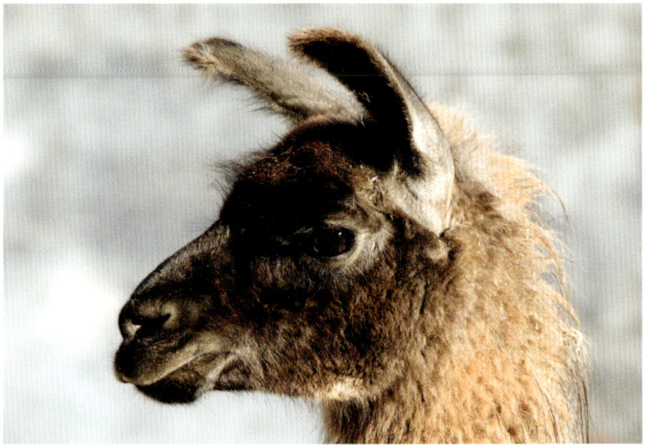

Ziesel, Lama, Zackelschaf & Alpaka
(von links nach rechts und von oben nach unten)

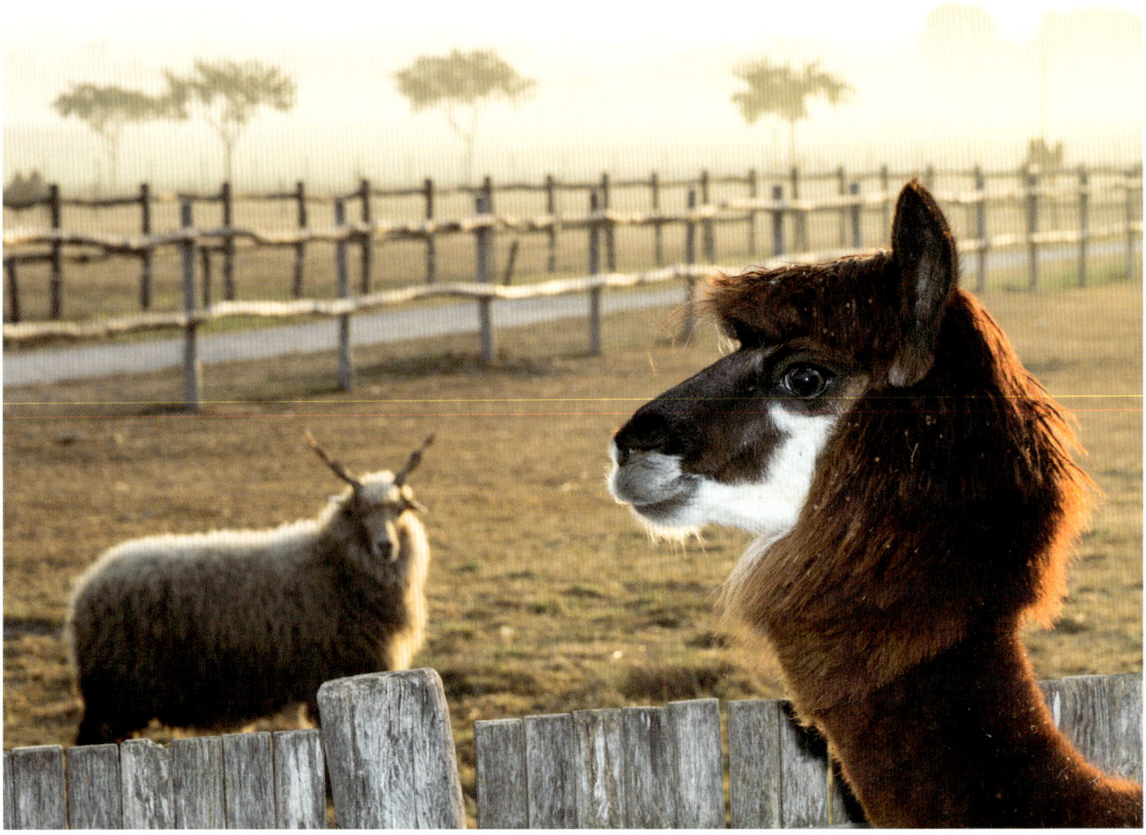

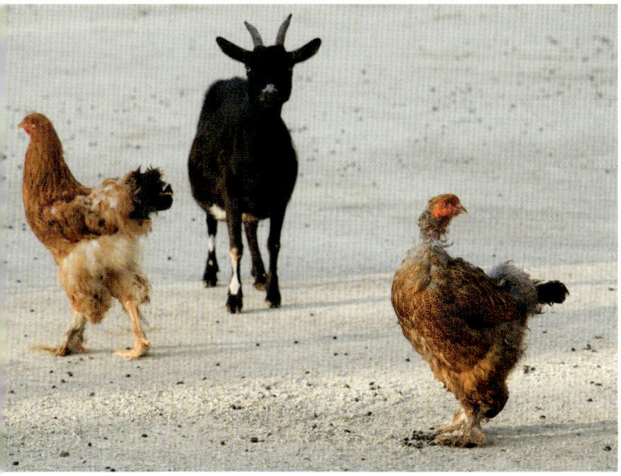

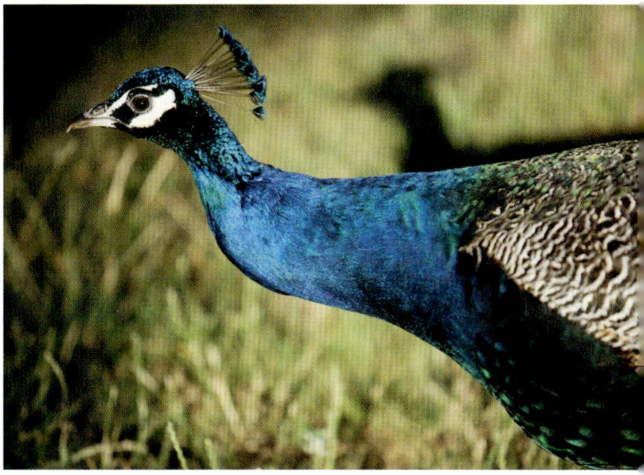

Brahmahühner & Zwergziege, blauer und weißer Pfau
(von links nach rechts und von oben nach unten)

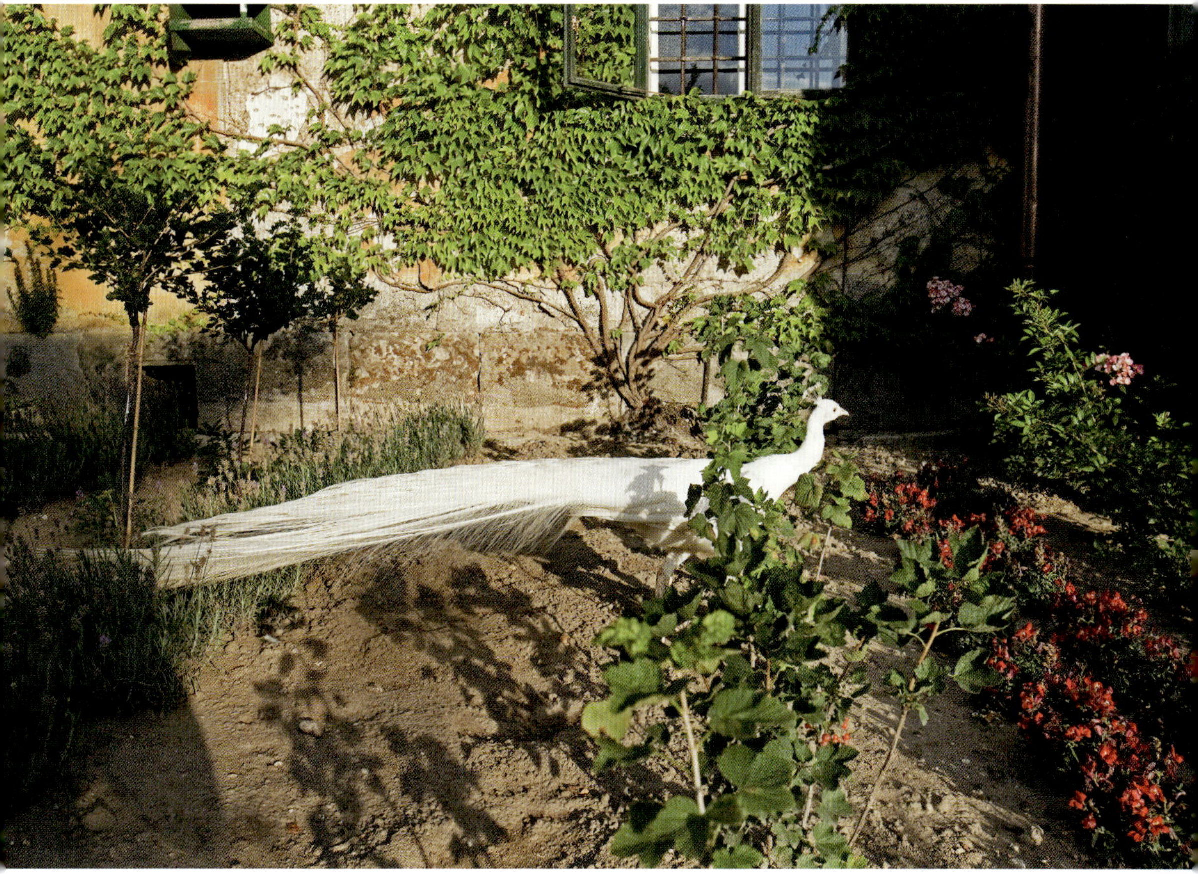

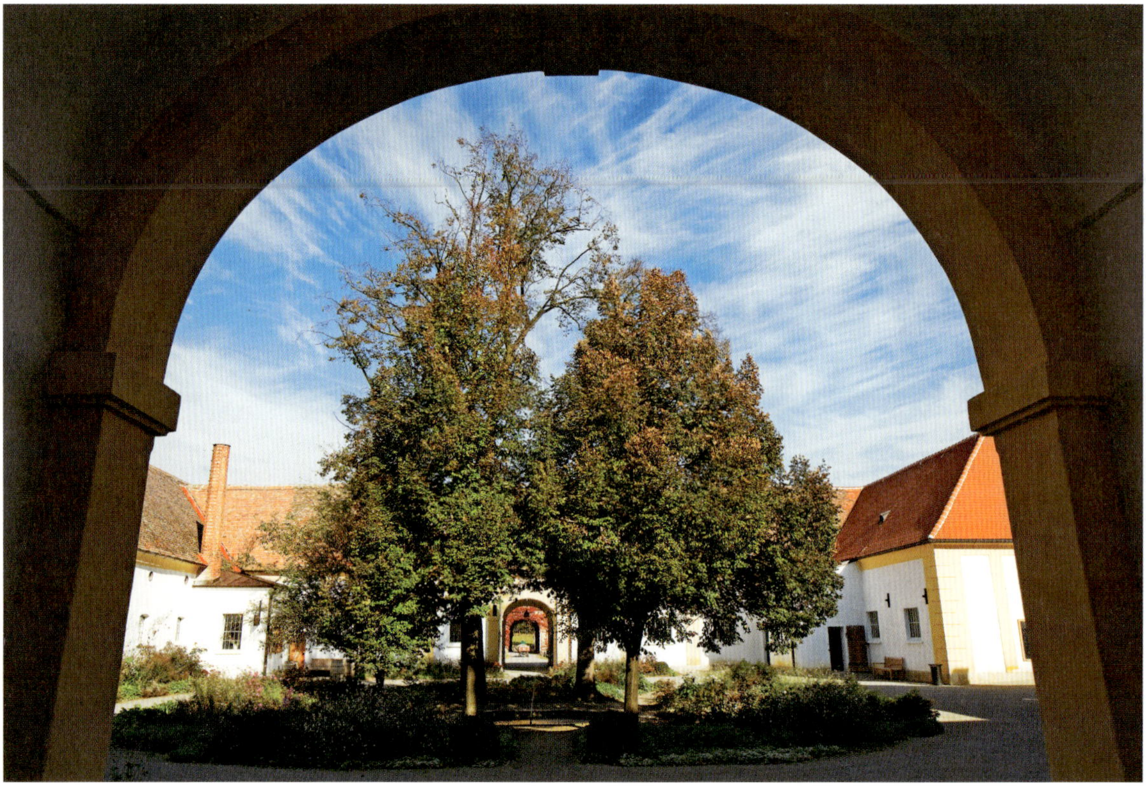

Der Gutshof und seine bunten Themengärten:
der Herrenhof (oben)

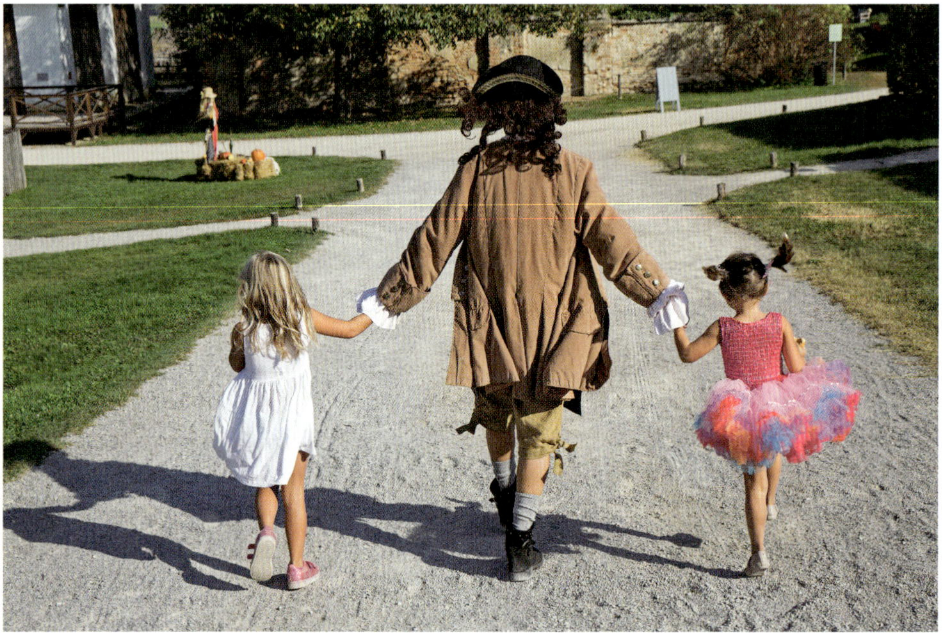

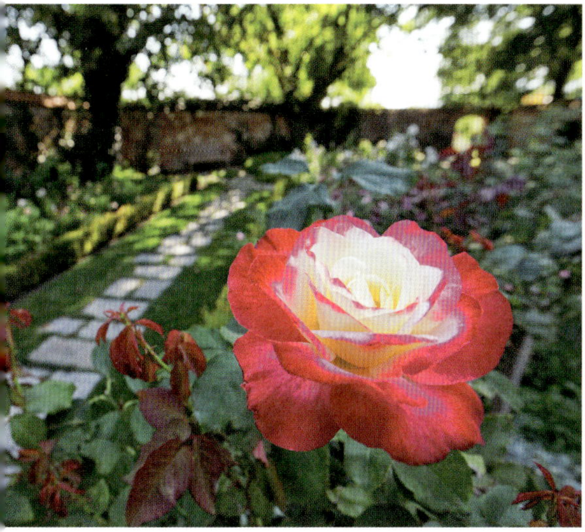

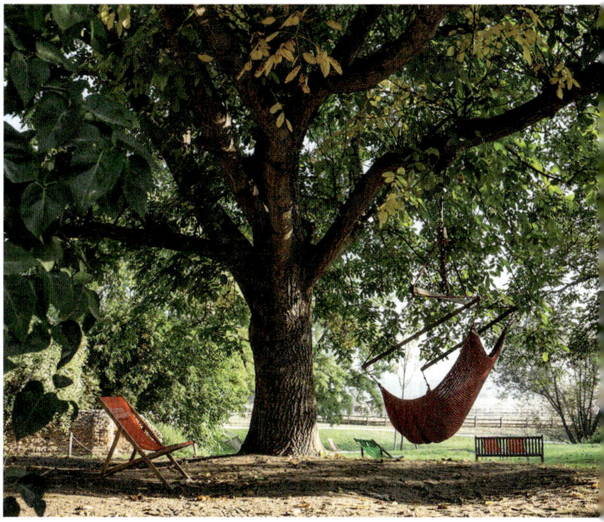

Rosen-, Hängematten- und Weinviertler Bauerngarten
(von links nach rechts und von oben nach unten)

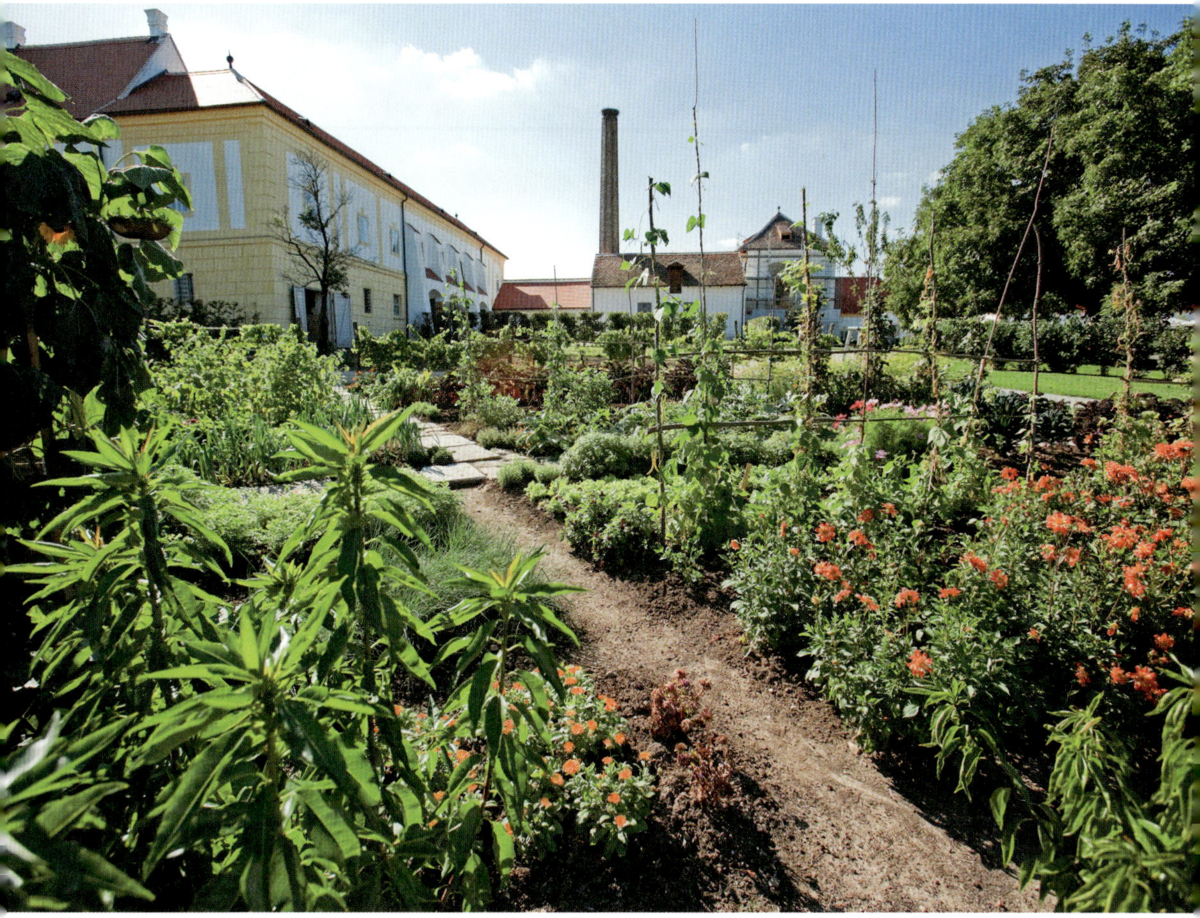

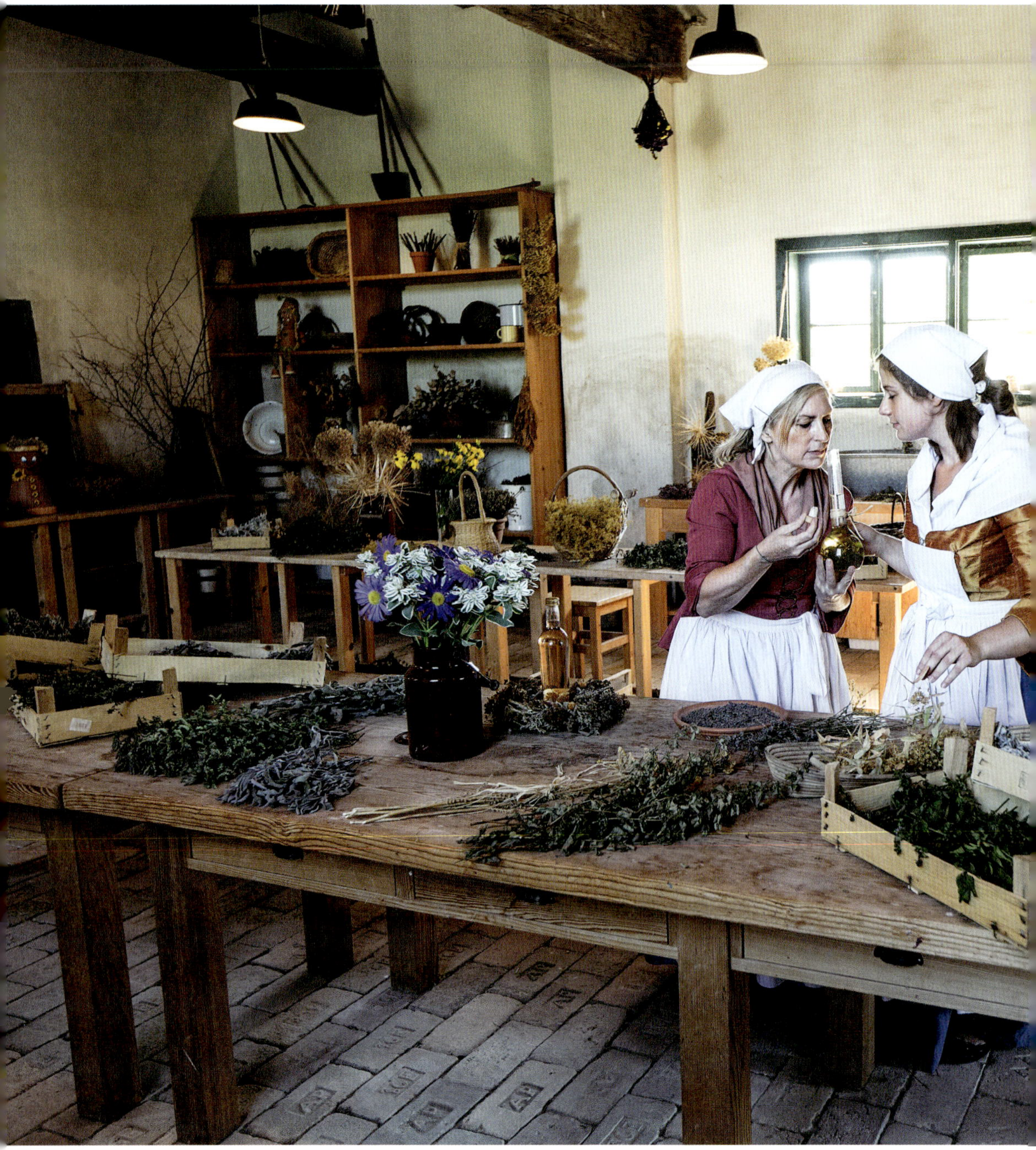

Der Gutshof und seine Handwerksstuben:
Topfgärtnerei (oben) und Korbflechterei (rechts unten)

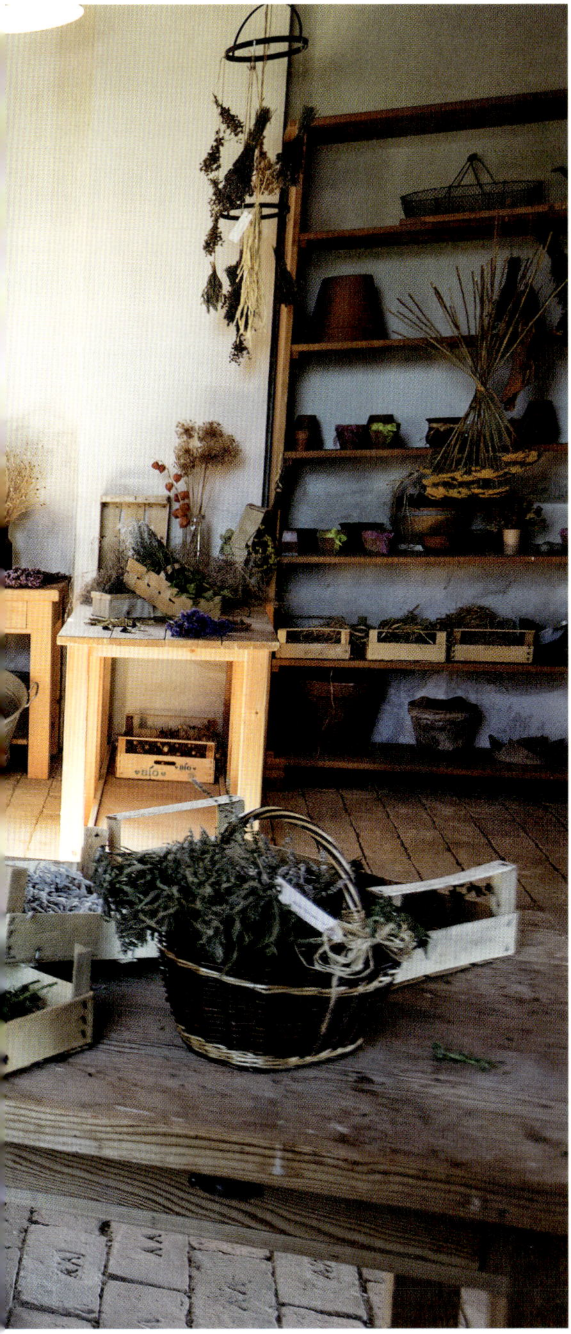

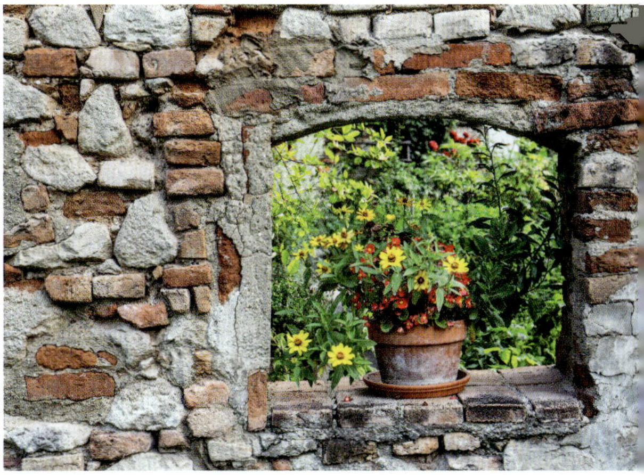

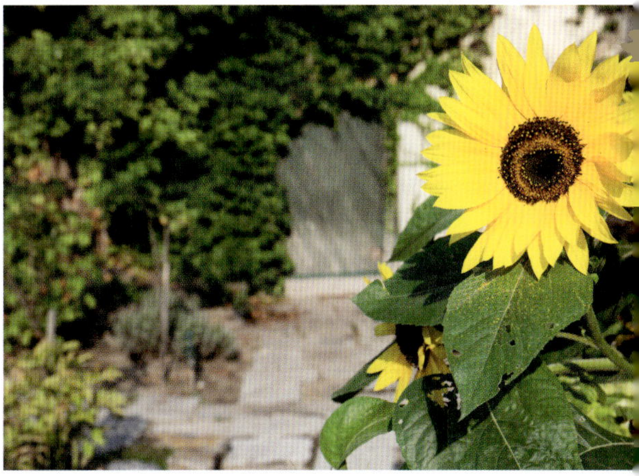

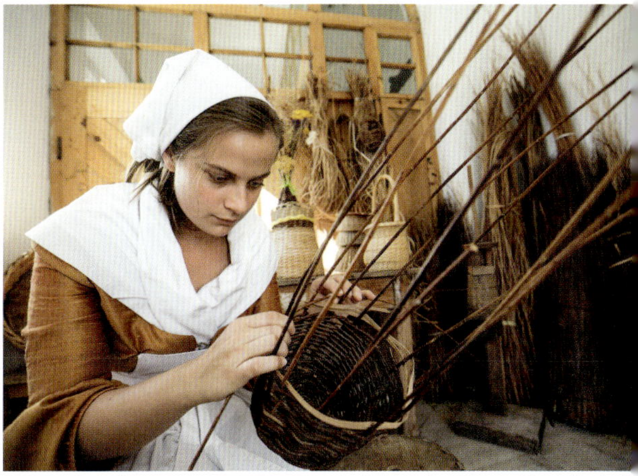

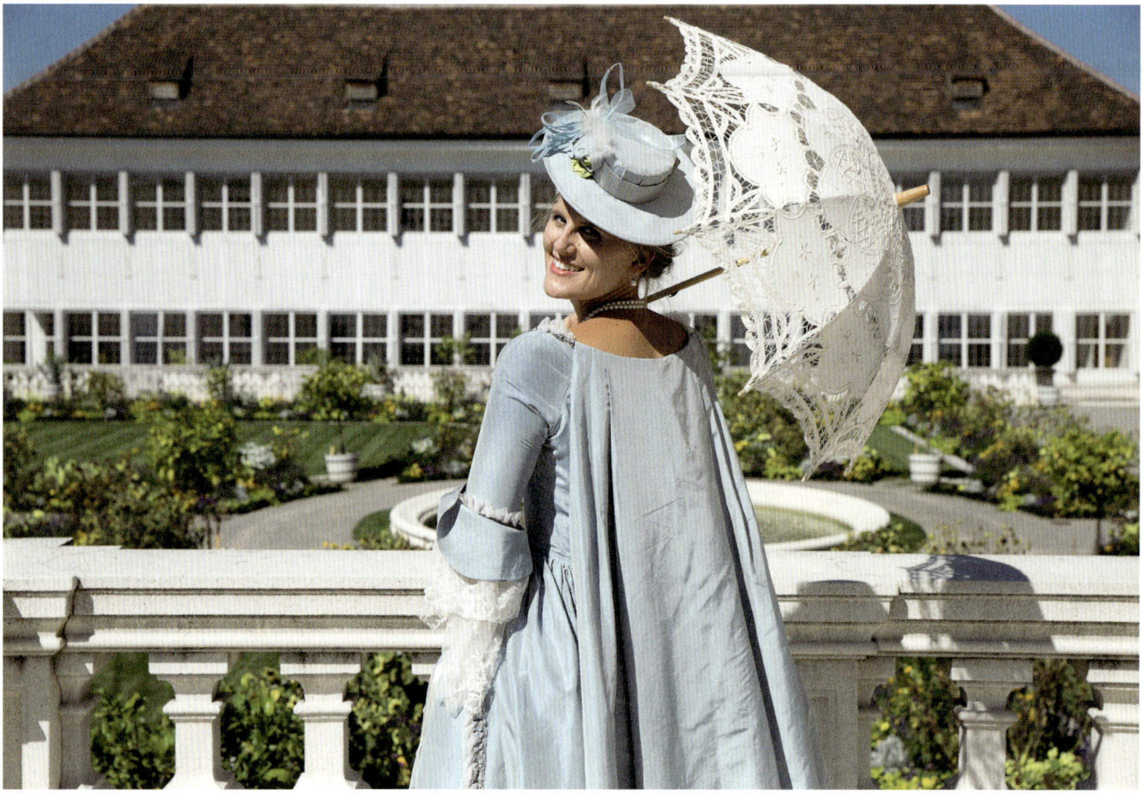

Sonne, Licht und Wärme für exotische Pflanzen: die Orangerien

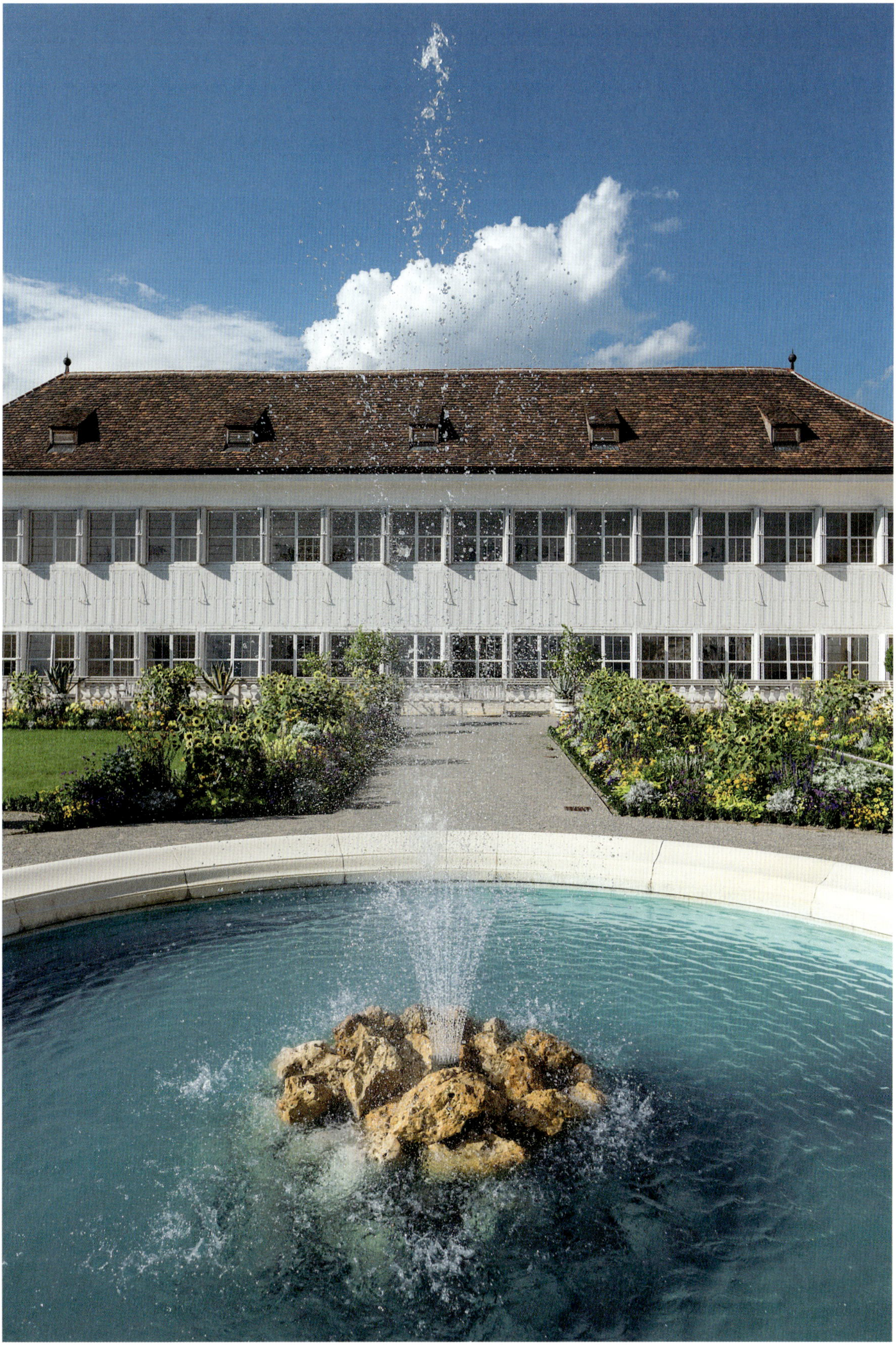

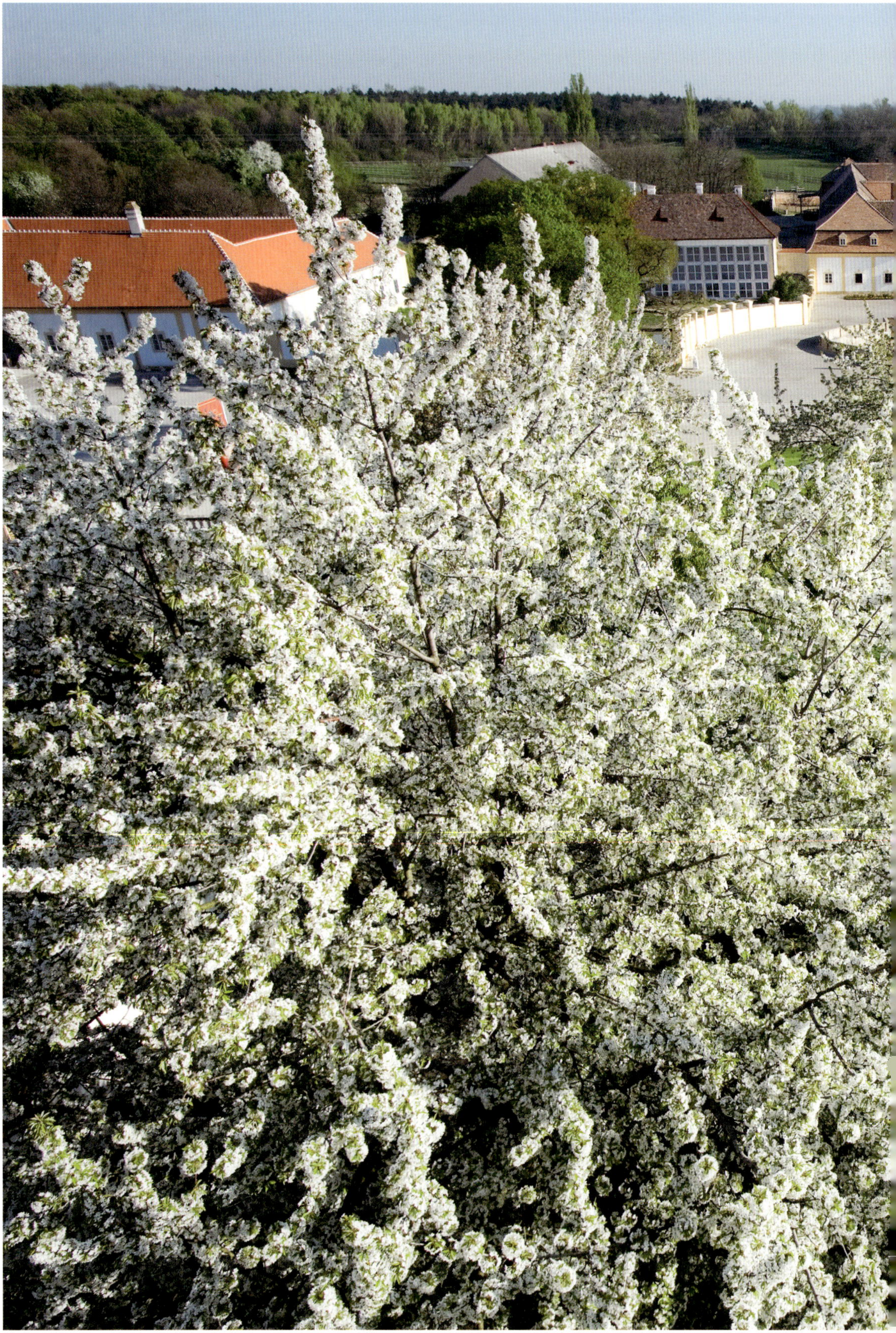

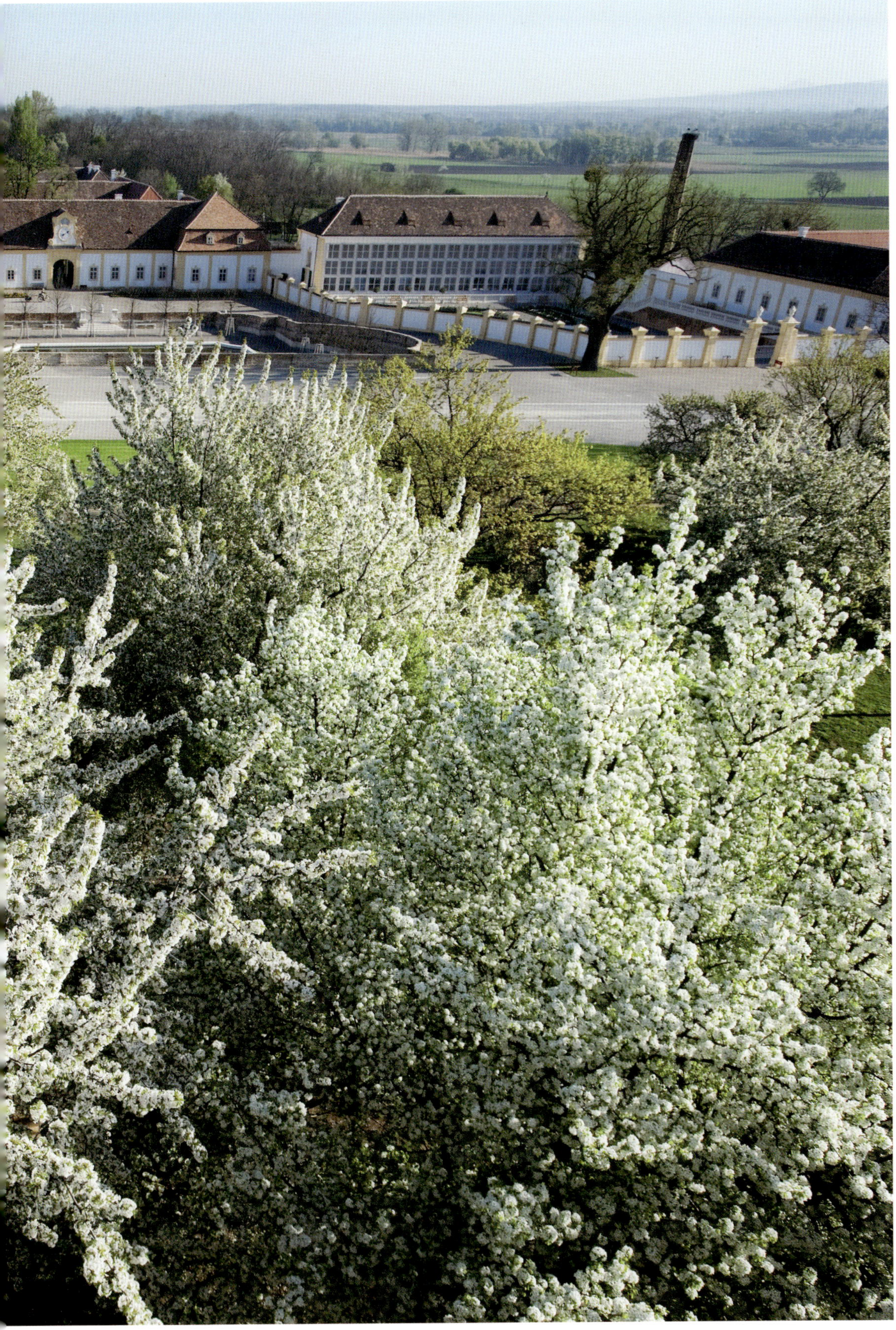

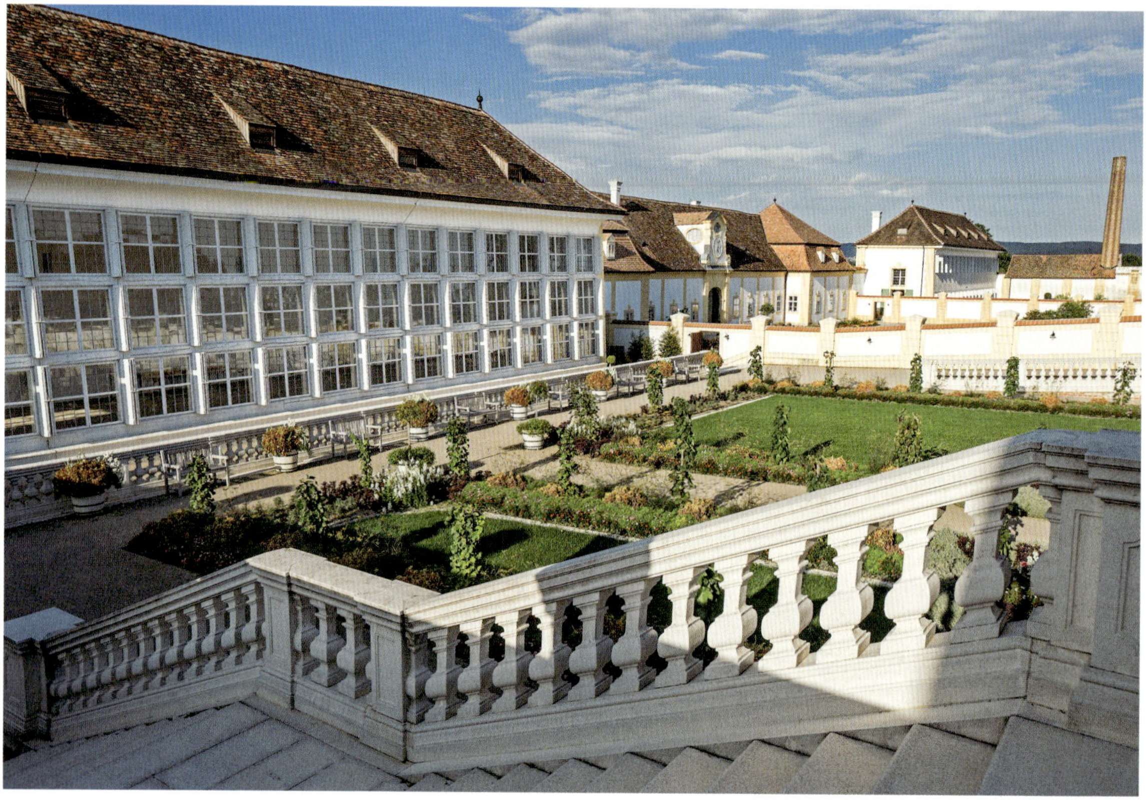

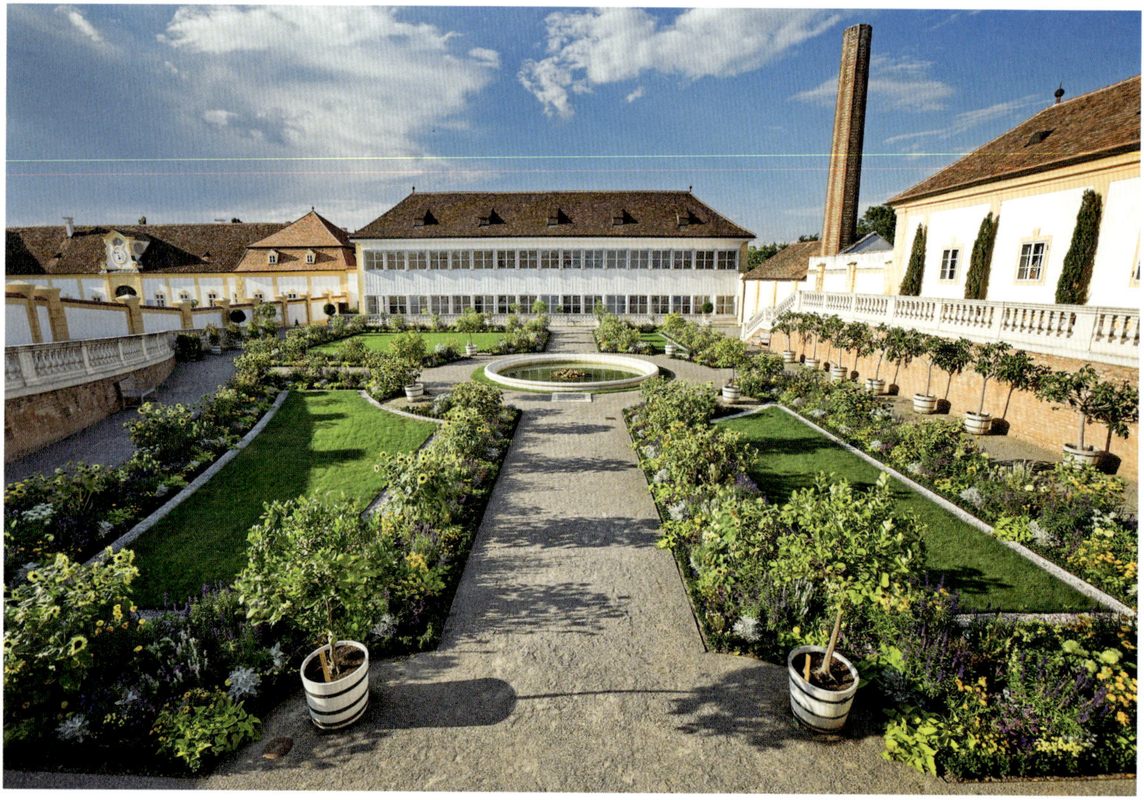

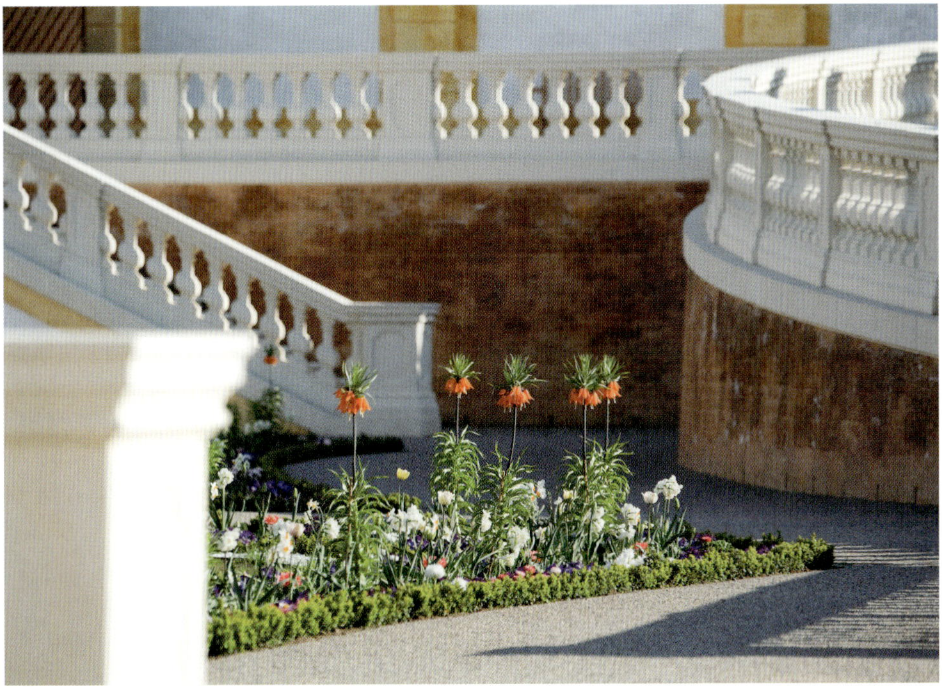

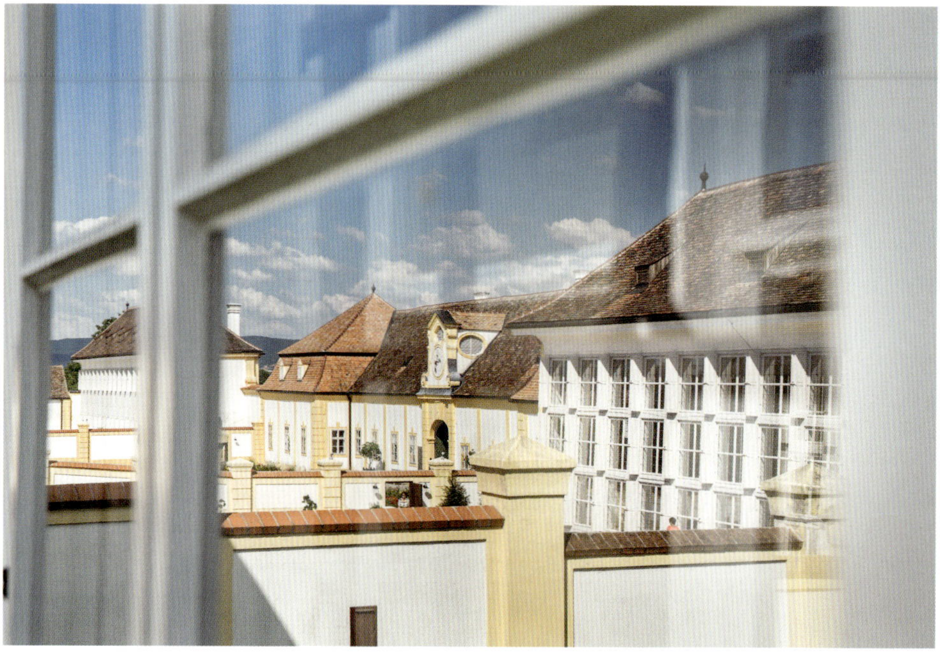

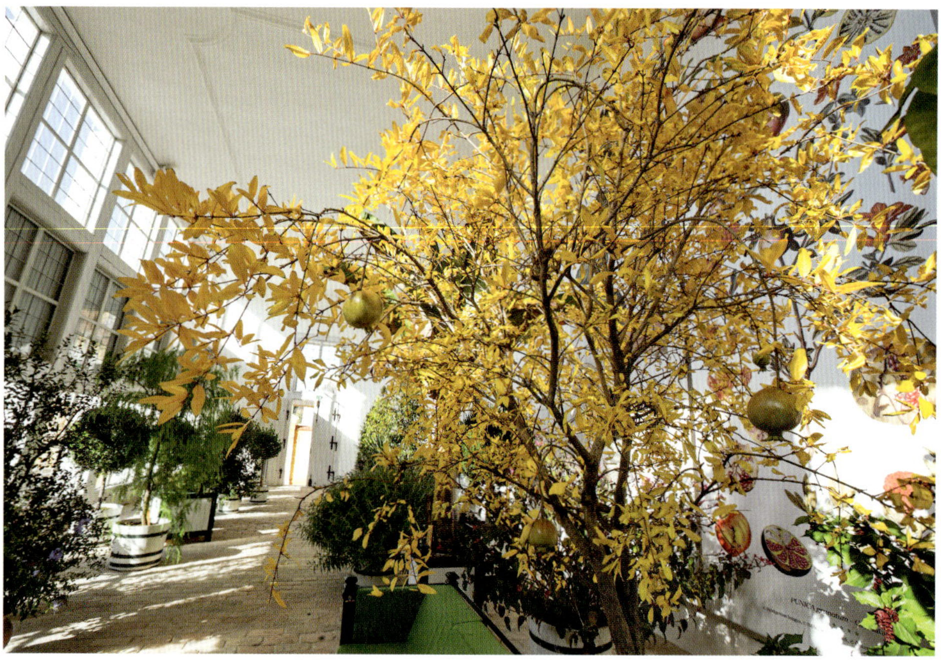

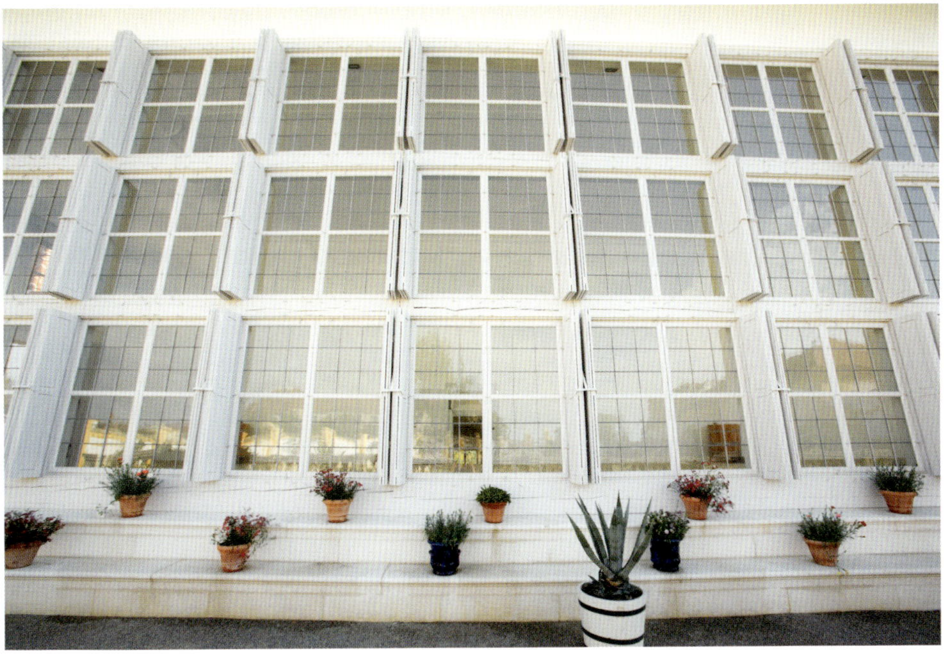

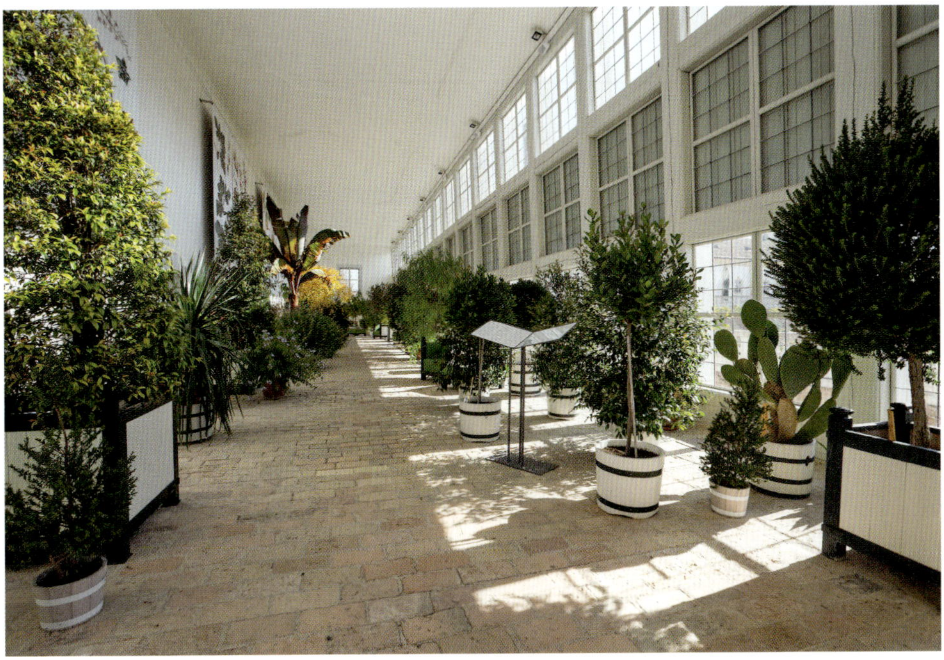

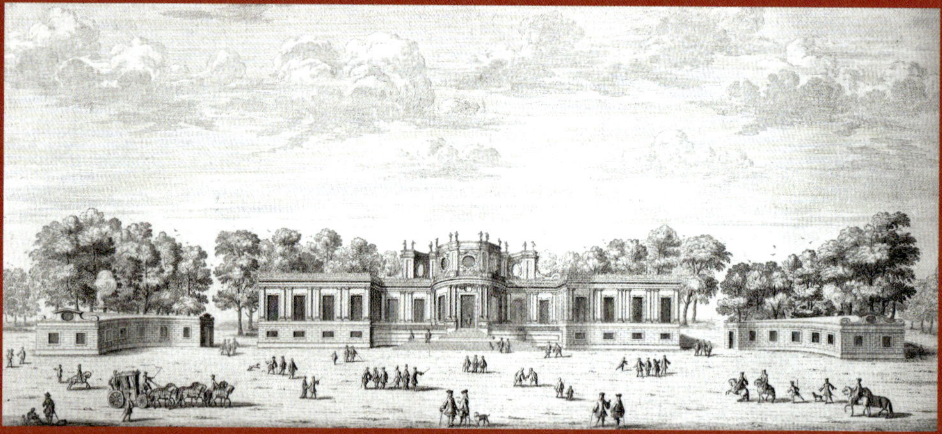

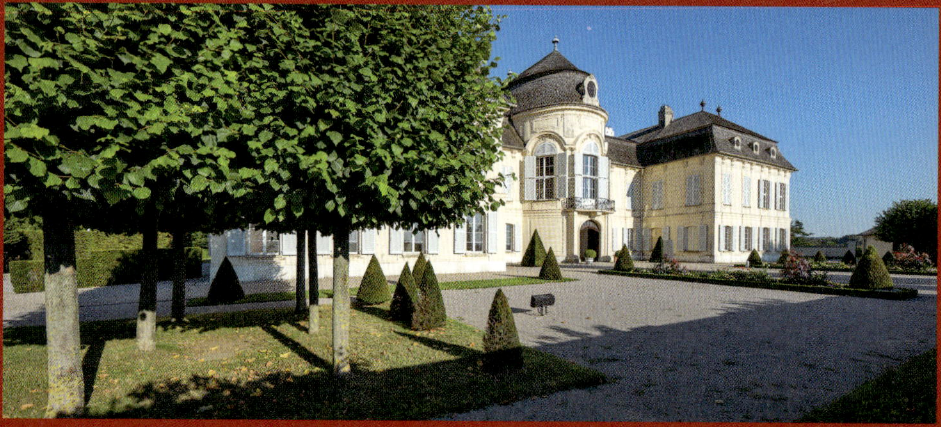

Schloss Niederweiden

Rokokojuwel, Pavillon Chinois, Porzellanschlösschen: Derartige Bezeichnungen, fast Kosenamen, charakterisieren das zierliche Landschloss, dessen behaglicher Atmosphäre sich niemand entziehen kann und dem in seiner dunkelsten Zeit sogar ein literarisches Denkmal gesetzt wurde. Die Leichtigkeit seiner Architektur übt einen unverwechselbaren wie unwiderstehlichen Reiz aus. Sein ovaler Festsaal im chinesischen Stil und die funktionstüchtige barocke Wildküche machen Schloss Niederweiden zur europäischen Besonderheit. Entdecken Sie das Kleinod, das benachbart zu Schloss Hof liegt!

Von Katrin Harter

Fluchtburg mit gewaltigem Wall und Wassergraben. In der Nähe des heutigen Schloss Niederweiden befand sich bereits im Hochmittelalter ein imposantes, 740 Meter langes und 400 Meter breites Befestigungsareal, über dem sich die Burg Grafenweiden erhob. Diese Fluchtburg mit der gewaltigen Wallanlage und mit doppeltem Wassergraben bewachte sowohl die Furt über die March als auch die berühmte Bernsteinstraße. Sie war Teil der zahlreichen Burgen, die entlang der Ostgrenze gegen feindliche Angriffe errichtet wurden. Nahe der Burg gab es auch eine Kirche sowie eine Siedlung mit einigen Häusern. Im Laufe der Zeit wechselten mehrmals die Besitzer. Auch der damals gefürchtete Räuber Lienhart Arberger, der später in Wien hingerichtet werden sollte, nahm einige Jahre Besitz von Grafenweiden. Im Laufe der Zeit verfiel die Burg mitsamt den Nebengebäuden und wurde bald als *Öde Veste* bezeichnet. Heute noch sind im Walddickicht Reste der einst so gewaltigen Anlage erkennbar.

Von der Burg zum Schloss. 1685 erwarb Ernst Rüdiger Graf von Starhemberg die Herrschaft Engelhartstetten mitsamt dem Dorf *Niderwaiden* und ließ um 1693 in der Nähe der verfallenen Burg Grafenweiden ein zier-

Linke Seite, oben: Christian Engelbrecht und Johann Andreas Pfeffel, Schloss Niederweiden, Stich um 1696
Linke Seite, unten: Schloss Niederweiden 2016

liches Jagdschloss errichten. Der beauftragte Architekt Johann Bernhard Fischer von Erlach plante ein einstöckiges Gebäude mit vier Nebengebäuden. Über eine monumentale Freitreppe vor dem Schloss gelangte man gleich in den ersten Stock. An den mittigen Saal schlossen zwei große rechteckige Räume an, die wiederum in die vier Wohnappartements führten. Der Saal, dessen Attika mit Statuen geziert war, überragte die daran anschließenden Gebäudeteile mit Flachdach. Von den ursprünglich geplanten vier ebenerdigen Nebengebäuden wurden nur jene zwei, die dem Schloss vorgelagert sind, tatsächlich gebaut.
Prinz Eugen von Savoyen kaufte 1726 von der Witwe Maria Josepha Gräfin Starhemberg die Herrschaft samt dem Schloss Niederweiden. Er veränderte am Gebäude selbst nichts, lediglich die Zimmer an der Nordostseite wurden für ihn neu eingerichtet. Östlich des Schlosses aber wurde ein spektakulärer Garten angelegt. Der Savoyer nutzte Niederweiden für gelegentliche Jagdaufenthalte mit seinen Freunden. Nach dem Tod Prinz Eugens erbte seine Nichte zusätzlich zu Schloss Hof auch Schloss Niederweiden und schenkte beide Schlösser ihrem Gemahl Prinz Joseph Friedrich von Sachsen-Hildburghausen. Nach der Trennung der beiden verblieben die Güter in dessen Besitz, und er veranstaltete dort rauschende Feste. Das größte Fest richtete er im Jahr 1754 aus, bei dem die Ehrengäste – Herrscherin Maria Theresia und ihr Gemahl Kaiser Franz I. Stephan von Lothringen – auch nach Niederweiden geladen wurden. Der Grund dieser mehrtägigen Veranstaltung war freilich jener, dem Kaiserpaar die beiden Güter möglichst gewinnbringend zu verkaufen. Und tatsächlich erwarb die Monarchin ein Jahr später beide Schlösser und schenkte sie ihrem Mann.

Veränderungen unter Maria Theresia. Zehn Jahre, bis zum Tod von Kaiser Franz I. Stephan im Jahr 1765, blieben dem Kaiserpaar, die Schlösser

gemeinsam zu nutzen. In den 1760er-Jahren erfuhr Schloss Niederweiden durch den kaiserlich-königlichen Oberhofarchitekten Nikolaus von Pacassi markante bauliche Veränderungen. Der Grund dieses Umbaus lag zum einen im veränderten Zeitgeschmack des nun modernen Rokokostils, zum anderen konnten die Räume im Erdgeschoß besser genutzt werden. Fischer von Erlach hatte den Bau als kleines Sommerschloss mit Flachdach, erhöhtem Mittelsaal und nur im ersten Stock nutzbaren Räumen geplant. Das Erdgeschoß diente lediglich als Blindgeschoß, das die Wohnräume des ersten Stockes unter anderem vor den häufigen Überschwemmungen der in unmittelbarer Nähe fließenden Bäche schützte.
Pacassi entfernte die große Freitreppe an der Straßenseite und integrierte stattdessen an der Nordseite ein Stiegenhaus. Zusätzlich öffnete er die kleinen Erdgeschoßfenster zu großen Balkontüren und Fenstern. Die augenscheinlichste Veränderung betraf das Dach. Ein französisch inspiriertes, mit Schindeln gedecktes Mansardendach ersetzte das Flachdach des Baues von Fischer von Erlach. Mit diesem relativ geringen baulichen Eingriff konnte die Anzahl der Nutzräume verdoppelt werden.

Pavillon Chinois. Bis zum Ankauf durch das Kaiserhaus 1755 hatten sich die damals 16 Wohnräume im ersten Stock wenig verändert. In den 1760er-Jahren erfolgten nicht nur an der Außenseite des Schlosses Veränderungen, sondern auch in den Räumen des ersten Stockes. Maria Theresia ließ die Wände der drei größten Zimmer mit Blumendekor ausmalen. Einen Eindruck dieser Wandmalereien vermittelt noch der zentrale kuppelüberwölbte Saal mit seinen rekonstruierten Malereien.
Fantasievolle Bäume und Blumen wachsen gleichsam an den Wänden empor und erstrecken sich bis in die Kuppel mit dem Himmelsgewölbe. Die Fensternischen sind als Laubengitter gemalt, und in vier großen Wandfel-

dern sitzen chinesische Musikanten. Durch diese luftige, idyllische Landschaftsmalerei und die großen Fenster entsteht der Eindruck, in einem Pavillon mitten in der Natur zu sein – und nicht in einem gemauerten Gebäude. Die rustikalen Lambrien – die Holzverkleidungen im unteren Wandbereich – imitieren Felsen. Für die illusionistischen Wandmalereien beauftragte Maria Theresia den französischen Maler und Grafiker Jean-Baptiste Pillement, der auch Mitglieder der kaiserlichen Familie, etwa Erzherzogin Maria Christina, Tochter von Maria Theresia, im Zeichnen unterrichtete. In Folge sollte Pillement nach Frankreich zurückkehren und persönlicher Maler von Marie-Antoinette, der jüngsten Tochter von Maria Theresia und späteren Königin von Frankreich, werden.
Die vier großen quadratischen Zimmer ließ Maria Theresia mit chinesischen Papiertapeten, die heute verschollen sind, versehen. Das Ausspalieren der Räume mit Papiertapeten, auf denen chinesische Szenerien gezeigt wurden, zählte zu den großen Modeerscheinungen des 18. Jahrhunderts. Die Wände der vier kleinen rechteckigen Kabinette wurden mit zahlreichen Kupferstichen in vergoldeten Eichenrahmen geschmückt. Die mehr als 500 Kupferstiche waren Darstellungen nach französischen und niederländischen Meistern. Aus der Ausstattungsphase des späten 18. Jahrhunderts haben sich, neben den Malereien des Saales und einigen Kupferstichen, auch vereinzelte Möbel erhalten. Sie weisen eine ähnliche Gestaltung auf wie jene in Schloss Hof. Diese klassizistischen Sitzmöbel waren vorwiegend aus Rohrgeflecht und in den Farben Gelb oder Grün-Weiß gestrichen. Zu Zeiten Maria Theresias befand sich auch eine Vielzahl von verschiedensten Spieltischen in den Räumen.

Weitere Geschichte nach dem Tod der Monarchin. Mit dem Tod Maria Theresias im Jahr 1780 endete auch die Blütezeit von Schloss Nieder-

weiden. Große Investitionen wurden nicht mehr vorgenommen, obwohl sich der kaiserliche Hof zumindest einmal im Jahr zur Jagd in den beiden Marchfeldschlössern Hof und Niederweiden aufhielt. Später wurden auch diese gelegentlichen Aufenthalte nahezu eingestellt. Gegen Ende des 19. Jahrhunderts wurde Schloss Niederweiden nicht mehr genutzt. Kurzzeitig, 1894, wurde ein Abriss des Schlosses überlegt. Sporadisch wurden einige Möbelstücke nach Schloss Hof zur Weiterverwendung überstellt.
Mit der Übergabe von Schloss Hof an die Heeresverwaltung 1898/99 begann man, auch aus Schloss Niederweiden sämtliche wertvolle Inventargegenstände nach Wien zu transportieren. Möbel, Tapeten, Wandverkleidungen und Türen – kurz, alles, was von Wert war, wurde eingepackt und weggebracht. Wenige Teile der ursprünglichen Ausstattung haben sich in anderen Schlössern und Museen erhalten. Das leere, ungenutzte Gebäude verblieb bis zum Ende der Monarchie im Besitz der Habsburgerfamilie.
Für den prekären Zustand des Schlosses spricht auch die Tatsache, dass während des Ersten Weltkrieges das Erdgeschoß der Unterbringung von Pferden diente. Der angehende Architekt Robert Buchner schilderte 1937 in seiner Dissertation die triste bauliche Situation: »[…] Tritt man in das Innere des Gebäudes, so sieht man zuerst Schutthaufen […] Teilweise sind die Decken und die Plafonds eingestürzt […]«
Der Zweite Weltkrieg brachte weitere Schäden am Bauwerk mit sich. Welch trauriges Bild das Schloss im Jahr 1954 abgab, vermittelt ein Zeitungsartikel: »Derzeit laufen selbst Ratten und Mäuse Gefahr, mit ausbröckelnden Mauer- und Holzteilen in die Tiefe zu stürzen. Aus gähnenden Maueröffnungen wachsen Akazien und durch das Dach kommt Sonnenschein, Schnee und Regen.«
Wiederherstellungsarbeiten in den 1950er-Jahren wurden zudem unterbrochen, als ein Brand das Dach zerstörte. Das Schloss war nun endgültig zur

Ruine geworden und inspirierte den Schriftsteller Gerhard Fritsch in seinem Roman *Moos auf den Steinen* zum fiktiven Schloss Schwarzwasser.

Die Rettung des Porzellanschlösschens. Das Gebäude wurde jedoch nicht aufgegeben. Die Bauarbeiten begannen von Neuem, und so konnte bereits 1956 eine Feier zum Fischer-von-Erlach-Jahr in Schloss Niederweiden abgehalten werden. Umfassende Renovierungsarbeiten begannen in den 1970er-Jahren. Vor allem die Innenräume wurden wiederhergestellt. Durch neue Fenster, Türen, Holzverkleidungen sowie Parkettböden wurde aus der Ruine abermals ein schmuckes Landschlösschen. Auch die rudimentär erhaltenen Wandmalereien im ovalen Saal wurden gesichert und ergänzt. Die »Wildküche« konnte weitgehend instand gesetzt werden, und das andere Nebengebäude, in dem sich einst die Zuckerbäckerei befunden hatte, wurde neu gebaut.
1986 war Schloss Niederweiden, neben Schloss Hof, Schauplatz der Niederösterreichischen Landesausstellung *Prinz Eugen und das barocke Österreich*. Die darauffolgenden Ausstellungen durch den neu gegründeten Marchfelder Schlösserverein, vielfach zum Thema »Glas und Porzellan«, brachten die Bezeichnung »Porzellanschlösschen« für Niederweiden auf. Unter der Verwaltung der im Jahr 2002 gegründeten Machfeldschlösser Revitalisierungs- und Betriebsgesellschaft diente Niederweiden vor allem als Veranstaltungsort für Hochzeiten und andere Feste. Seit der Eingliederung in die Schloß Schönbrunn Kultur- und Betriebsgesellschaft 2015 wird Niederweiden wieder für Ausstellungen genutzt.

Das verlorene Gartenparadies. Die große Attraktion östlich des Schlosses war der »Prinz Eugen'sche Garten«, der bereits die Kennzeichen eines Rokokogartens trug und bis ins späte 18. Jahrhundert kaum verändert wurde. Spiegelbildlich angelegte Bereiche, wie sie der Barockgarten in Schloss Hof auch heute aufweist, fehlten hier vollkommen. In Niederweiden wurde die neueste Mode in der Gartenkunst – eine kleinteilige Durchgliederung der Fläche mit kompliziert angelegten Alleen und Wegsystemen – angewandt. Durch eine Allee, die vom Saal des Schlosses ausgeht, war das Gelände in einen Spaziergarten und einen landwirtschaftlich genutzten Bereich getrennt.

Nördlich der mittigen Allee befanden sich »[…] ein über der maaßen schöner und sehr großer Baumgartten, mit vill schönen Fruchtbahren Bäumen ein absonderlicher Krautgartten, ein schöner Wurzgartten […]« und eine Fasanerie. Eine Gaststätte, zwei Eisgruben, zwei Käsereien und etwas weiter entfernte landwirtschaftliche Gehöfte komplettierten die Anlage. Vielfach bewundert wurde der südlich der Mittelachse gelegene Spazierwald: »[…] ist ein mit lauter grossen Bäumen dergestallt bewachsenes Terrain, dass man in der allerwärmsten Mittagszeit im heissen Sommer allda spazieren gehen und unausgesetzt den schönsten Schatten haben kann. Sothaner Wald ist mit Alleen, die mit Spalieren besetzt sind, fast wie ein Irrgarten […]«. Das *Lustwäldel* war einem Labyrinth ähnlich angelegt. Verschlungene Wege führten von einer Überraschung zur anderen, zu variantenreich gestalteten Rasenflächen, zu frei stehenden Bäumen, zu einem luftigen Pavillon und zu Brunnenanlagen.

Dieser Gartenteil wurde durch den späteren Besitzer, Prinz Joseph Friedrich von Sachsen-Hildburghausen, noch um ein Heckentheater bereichert. Es war »[…] mit einer solchen Finesse angelegt worden, dass man das ganze Wäldel ausgehen, ja dicht bei erwähntem Theater vorbei passieren, und gleichwohl dasselbe nicht ehender vermerken kann, bis man wirklich den Platz der Zuschauer betreten hat«. Bei dem prächtigsten aller Feste 1754 zu Ehren von Maria Theresia und ihrem Gemahl, Kaiser Franz I. Stephan von

Lothringen, wurde unter der Leitung des Komponisten und Dirigenten Christoph Willibald Gluck die Huldigungskantate *Il vero omaggio* aufgeführt. Dabei erschienen am Ende, aufgefordert durch zwei Opernsängerinnen, aus dem Wald verkleidete Bauern, Bäuerinnen und Kinder, die in den Huldigungsgesang einstimmten. Dieses Schauspiel wurde vom Publikum mit größtem Wohlgefallen aufgenommen.
Maria Theresia ließ später den Garten unverändert. Lediglich die zentrale Allee wurde durch den Schönbrunner Hofgärtner Louis Flechier bis nach Schloss Hof verlängert. Nach dem Tod der Monarchin wurde die Instandhaltung des Gartens mehr und mehr reduziert. Später dienten die zunehmend verwilderten Bereiche nur noch zur Jagd. Heute wachsen dichtes Gestrüpp und Wald auf den Flächen dieses nur noch auf Plänen sichtbaren Gartenparadieses.

Die Wildküche – eine europäische Besonderheit. Von den beiden Nebengebäuden vor dem Schloss ist die »Wildküche« weitgehend authentisch erhalten geblieben. Der Vierkantbau beherbergt sechs um einen kleinen Lichthof gruppierte Räume, von denen drei Küchenräume sind. Vom Vorraum gelangt man rechter Hand in die Bratküche mit den großen Bratspieß-Aufhängungen. Diese Küche ist wie die beiden anderen zeittypisch als Rauchküche mit großen Rauchfängen gestaltet.
Im linken Teil des Gebäudes befindet sich die große Hauptküche mit langgestreckter Herdzeile, bestehend aus zwei offenen »Tisch-Herden«, einem »Topf-Herd« und einem Backofen. Auf den »Tisch-Herden« wurden auf den gemauerten Flächen offene Feuer entfacht, in deren Glut die Töpfe direkt oder auf Eisengestellen Platz fanden.
Der »Topf-Herd« ist eine barocke Weiterentwicklung der mittelalterlichen Herdtechnik. Die Töpfe konnten in die Öffnungen der runden Herdfläche

abgesenkt werden, wodurch der Topf gleichmäßig erwärmt wurde. Nach der französischen Bezeichnung für die eingesetzten Töpfe – *casseroles* – wurde diese barocke Herdform auch Castrolherd genannt. An die Hauptküche schließt noch eine Backküche an.

Der Betrieb dieses Küchengebäudes ist einer heutigen Großküche vergleichbar. An den verschiedenen Herdstellen wurden zeitgleich die barocken Speisen von mehreren Köchen zubereitet. Der große Tisch in der Hauptküche diente als reine Arbeitsfläche. Die fertigen Speisen wurden anschließend in die Schlossküche im ersten Stock transportiert, um dort für das Servieren an die Tafel vorbereitet zu werden.

Das heute als »Wildküche« bezeichnete Küchengebäude ist eines der wenigen weitgehend im ursprünglichen Zustand erhaltenen barocken Küchengebäude in Europa und nach wie vor bei Veranstaltungen in Verwendung.

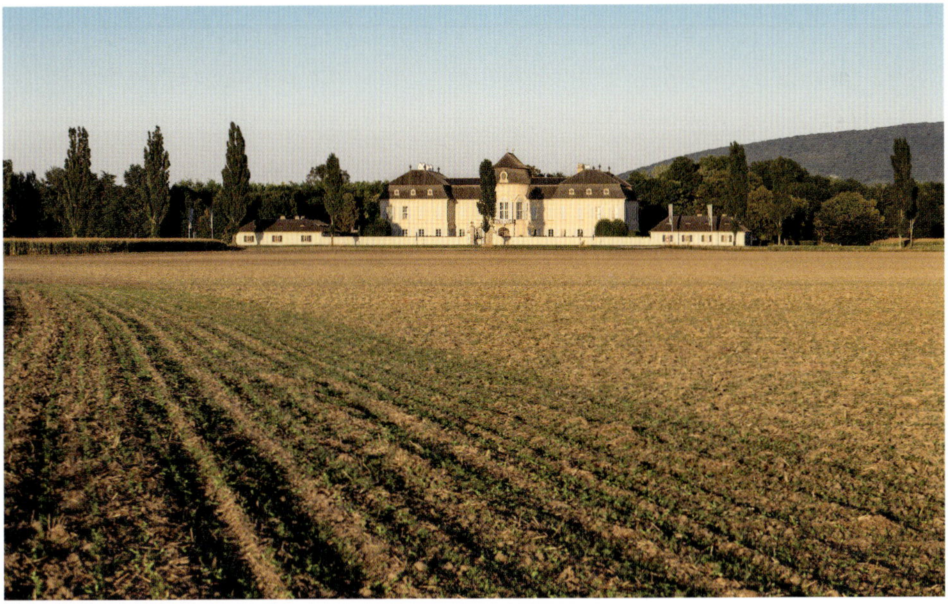

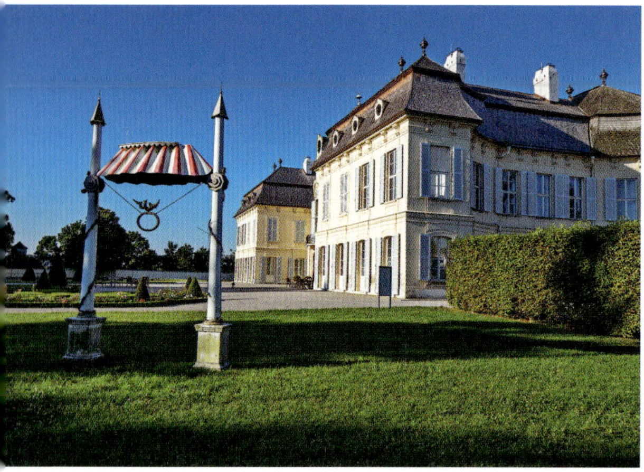

Filigranes Baujuwel:
das Porzellanschlösschen
Niederweiden

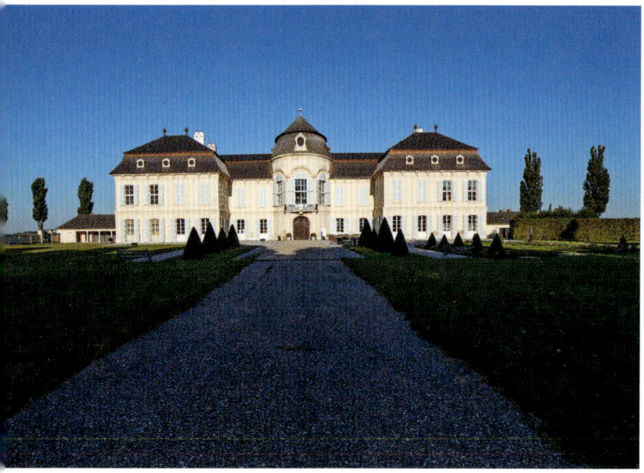

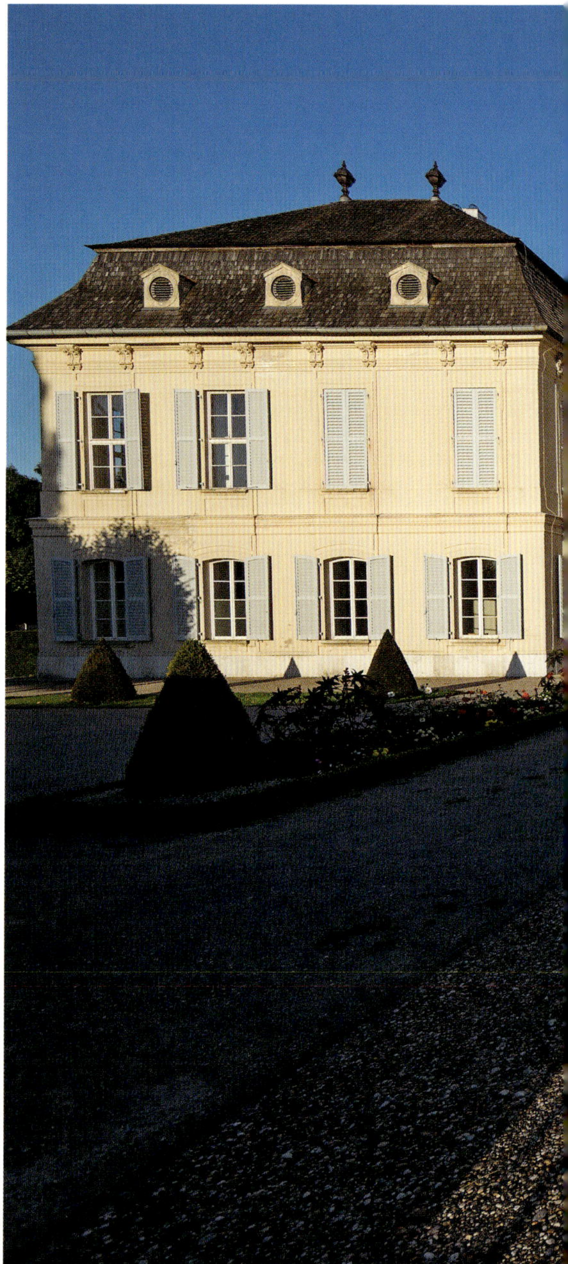

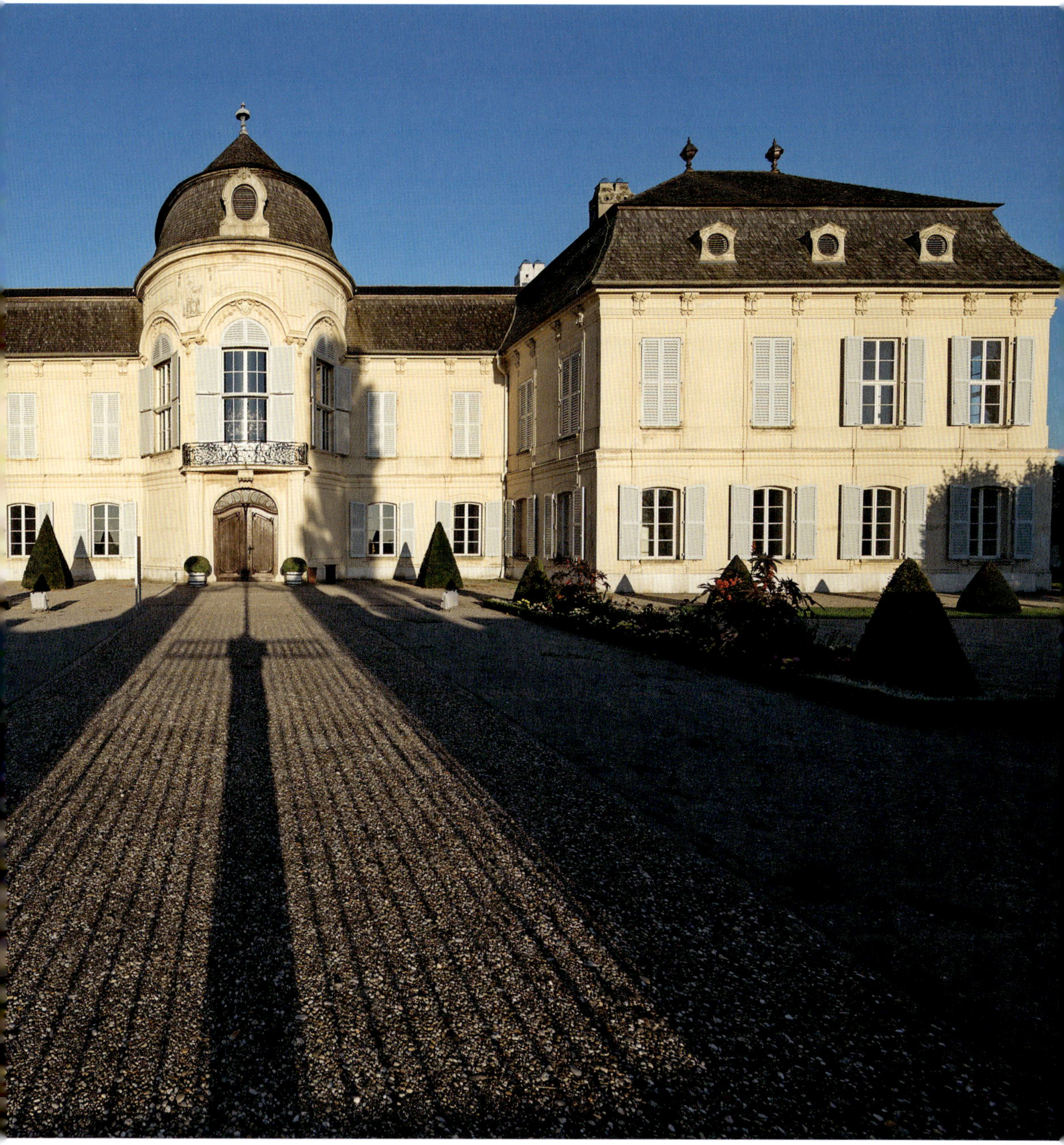

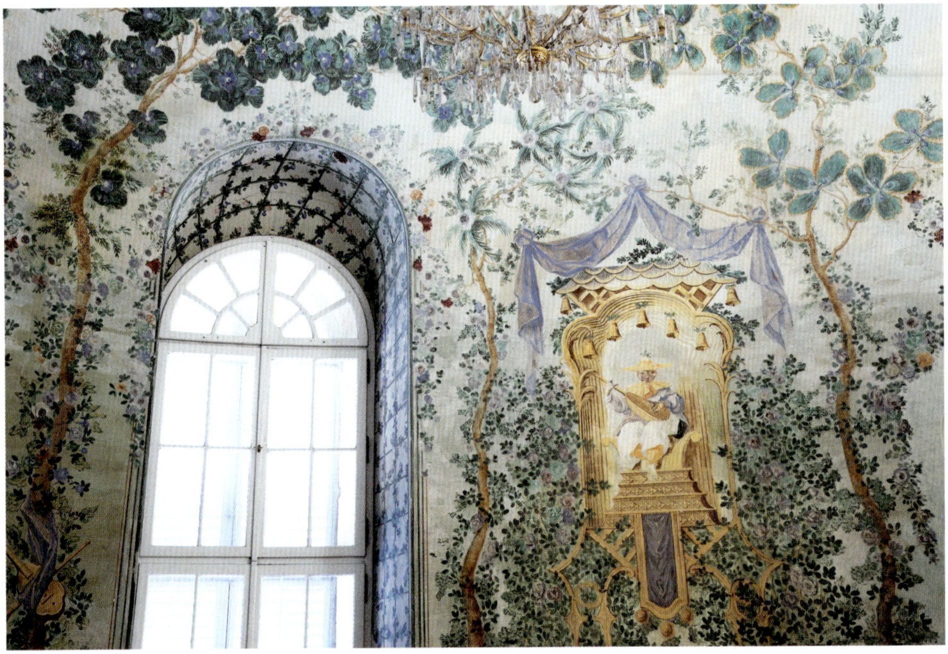

Chinaflair im Festsaal:
illusionistische Wandmalereien von Jean-Baptiste Pillement

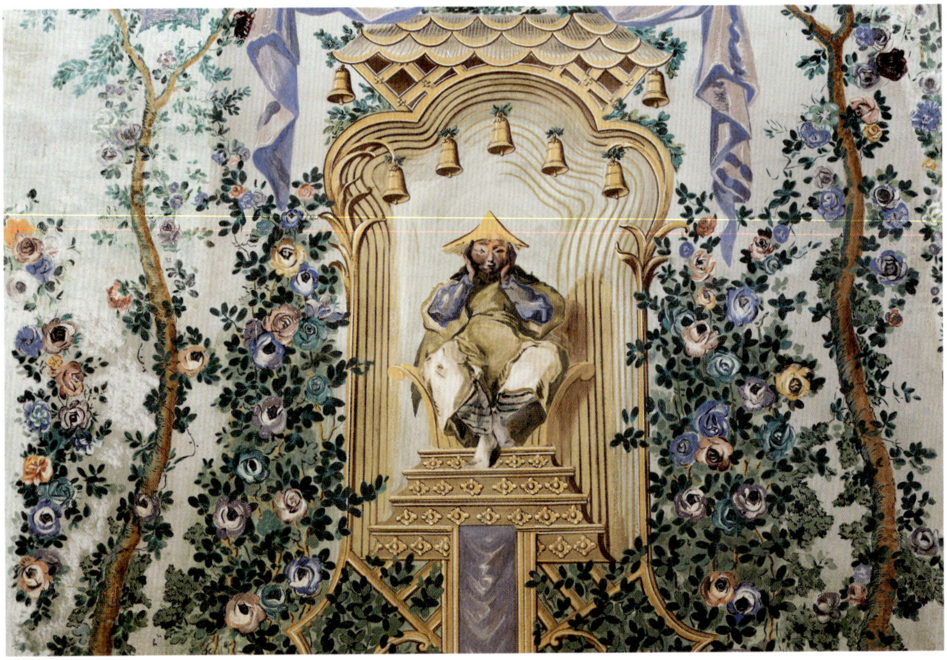

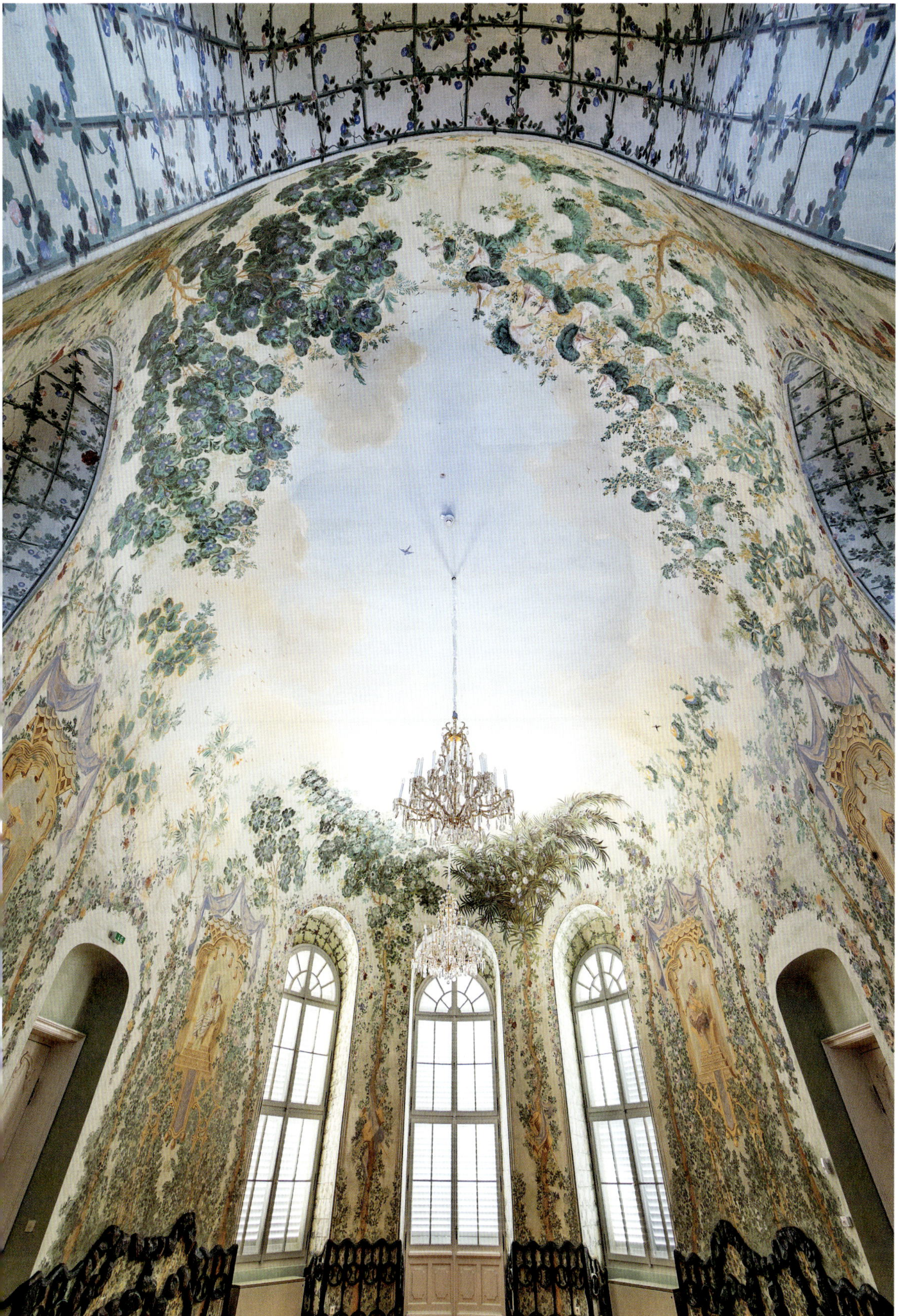

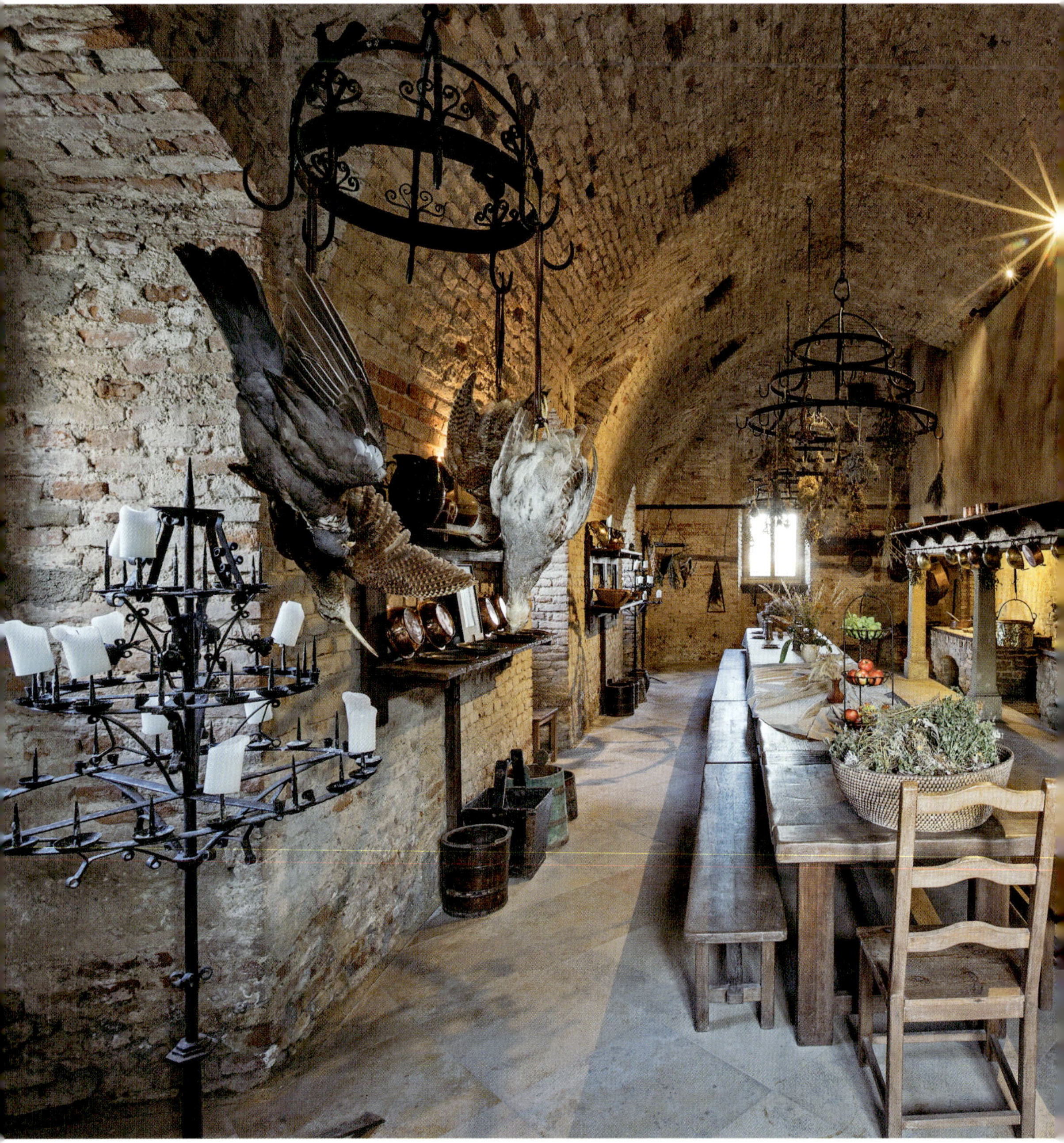

Die barocke Wildküche:
opulente Speisen von barocken Tisch- und Topfherden

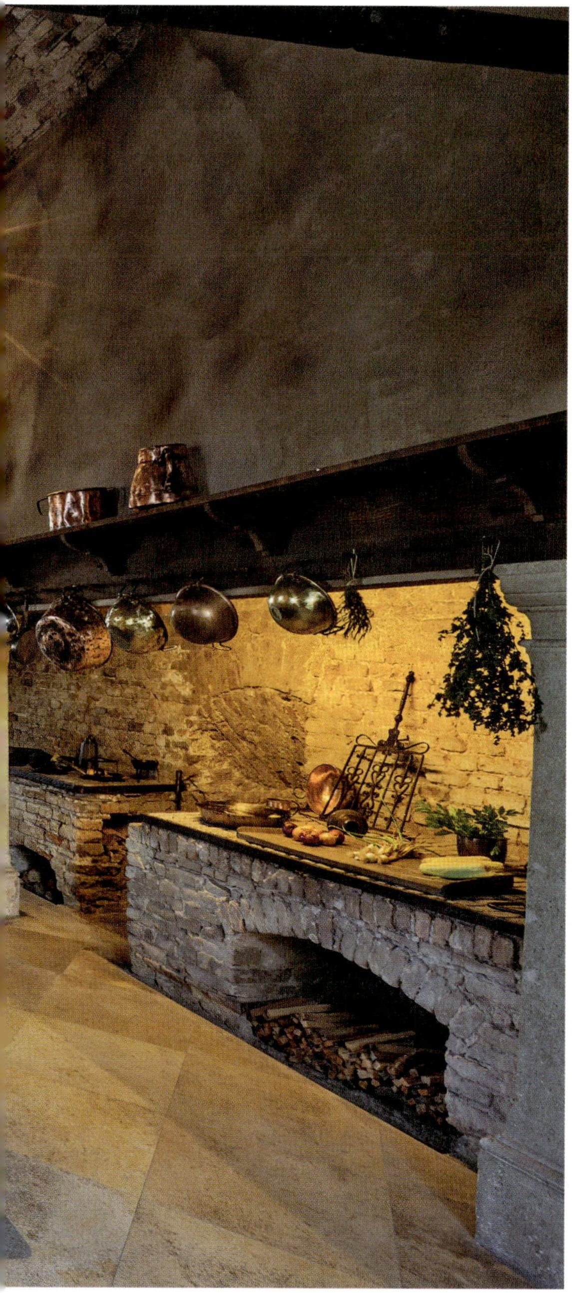

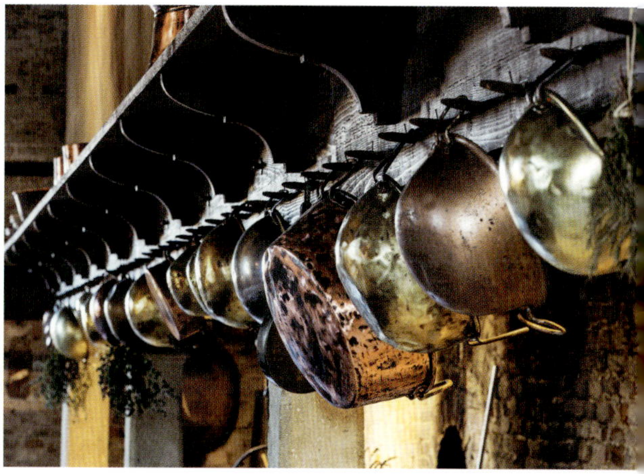

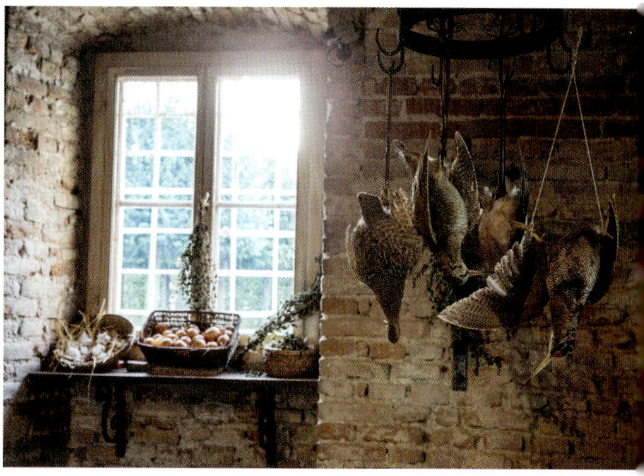

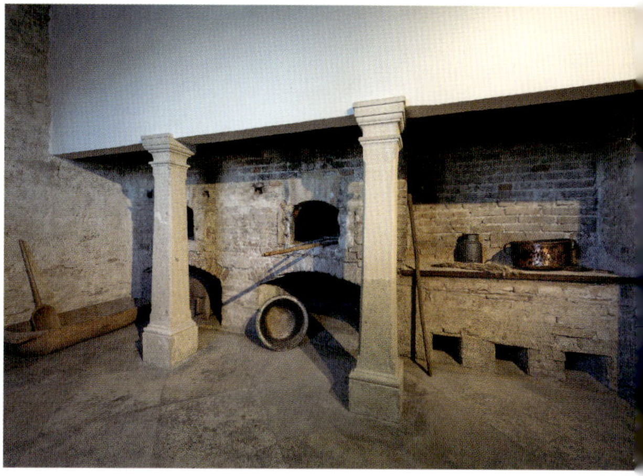

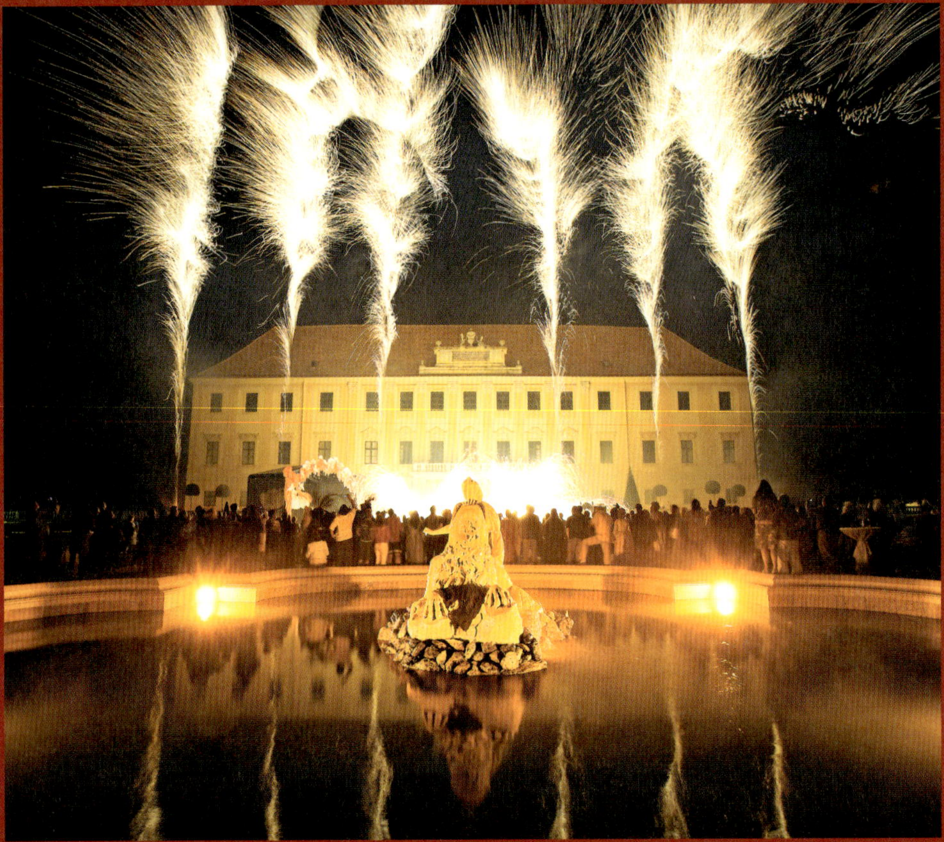

Feste einst und heute

Die Zeit des Barock war geprägt von Darstellung und Inszenierung. Opulente Festlichkeiten standen an der Tagesordnung. Auch Schloss Hof und Schloss Niederweiden waren Ausdruck von Reichtum sowie Macht ihrer Besitzer, allen voran Prinz Eugen von Savoyen, und dienten der Repräsentation. Die Festkultur hat sich bis heute erhalten. Spielen Sie in Gedanken an der Seite von Herrscherin Maria Theresia Zaungast bei einem der berühmtesten und gleichzeitig einem der letzten Barockfeste Österreichs im Jahr 1754 – und besuchen Sie ganz real die heute für alle Gäste angebotenen Lustbarkeiten!

Von Birgit Lindner und Mario Feigl

Opulente Inszenierung. Feste im Barock dauerten Tage, sogar Wochen – und wurden als Spiel der Abwechslung und Verwandlung inszeniert, um der Übersättigung und Langeweile der Gäste vorzubeugen. Die Festanlässe hatten oftmals religiösen Ursprung wie Ostern, Pfingsten oder Weihnachten. Kostümbälle, Jagden, Reiterspiele, Theater-, Ballett- und Opernaufführungen spiegelten den weltlichen Zugang zur kirchlichen Festkultur wider. Im Mittelpunkt der Festlichkeiten standen Ehrungen von gekrönten Häuptern, die Gründe waren unterschiedliche – Taufen, Hochzeiten, Geburts- und Namenstage, Krönungen, aber auch Begräbnisse wurden pompös begangen. Die Feste setzten sich dabei stets aus verschiedenen künstlerischen Disziplinen zu einer durchgängigen Komposition, einem Gesamtkunstwerk, zusammen. Nicht selten übten sich Mitglieder der kaiserlichen Familien an den Künsten der Schauspielerei, des Musizierens oder des Gesanges und wirkten an der Aufführung mit.

Gesamte Schlossanlage als Bühne. Für die Inszenierung der Feste reichten einzelne Räume nicht aus, die Spektakel erstreckten sich daher über die gesamte Schlossanlage oder sogar über die dazugehörenden Lände-

Linke Seite: neuzeitliches Barockfest 2005

reien bis zu den Siedlungen des Volkes. Die streng symmetrisch angelegten Außenanlagen boten große gestalterische Spielräume – wie etwa der Ehrenhof vor dem Schloss oder üppig verzierte Brunnenanlagen und Heckenlabyrinthe. Im Ehrenhof wurden die Gäste symbolisch »mit allen Ehren« willkommen geheißen. Treffpunkt für die festlichen Höhepunkte war der über und über dekorierte Festsaal. Mehr als 140 Kerzen erhellten dann in Schloss Hof den Saal und verstärkten seinen Glanz.

Erlesenste Kulinarik war bei der höfischen Festkultur ein zentrales Element. Im Festsaal wurden nach peniblem Zeremoniell die Tafeln für die höchsten Gäste bereitet. Das Fremde und Unbekannte waren Zeichen von Reichtum. So waren die Speisen reichlich mit vor allem exotischen Gewürzen veredelt. Zucker als Prestigeprodukt am Hof wurde nicht bloß zum Süßen der Speisen verwendet, es entstanden daraus wahre Kunstwerke, plastische Szenerien. Farbenprächtige exotische Früchte wie Zitronen, Orangen, Pomeranzen und Pampelmusen durften als Dekorationselemente nicht fehlen.

Das berühmte Fest von 1754. Eines der bekanntesten Beispiele für ein rauschendes Barockfest und zugleich eines der letzten großen Barockfeste Österreichs ist das Fest 1754 in Schloss Hof und Schloss Niederweiden. Prinz Joseph Friedrich von Sachsen-Hildburghausen war durch seinen Lebensstil in große finanzielle Nöte geraten und hoffte mit dem Fest für das Kaiserpaar Maria Theresia und Franz I. Stephan von Lothringen, die Majestäten zum Kauf der beiden Schlösser zu überreden. Im *Wienerischen Diarium* vom 12. Oktober 1754 wurde über das viertägige Fest in einer eigenen Beilage detailliert berichtet. Das Titelblatt lautete:

Beschreibung
Deren
Bey Anwesenheit
Beyder
Kaiserl. Königl. Majestäten, [...]
Gehaltenen prächtigen Festivitäten.

Dem Bericht zufolge befanden sich Maria Theresia und ihr Gemahl, Kaiser Franz I. Stephan von Lothringen, mit den Kindern Erzherzog Karl, Erzherzogin Maria Anna und Erzherzogin Maria Christina auf einer Reise in Böhmen und machten auf der Heimreise Station in Schloss Hof.

12 Monate aus Zuckerguss und Opern aus vollen Kehlen. Am 23. September gegen Mittag trafen »beyde Kaiserl. Königl. Majestäten [...] alda« mit großem Gefolge in Schloss Hof ein, wurden vom Prinzen »bey dem Absteigen aus denen Kutschen empfangen, und gerade in das für Ihro Majestäten zugerichtete Paradeappartement hinauf geführet [...]«.
Das Mittagsmahl wurde für die kaiserliche Familie im Festsaal gerichtet. Es wurde natürlich das Feinste vom Feinen aufgeboten, eine Besonderheit stellte immer das Dessert dar, eine unfassbar aufwendige süße Inszenierung. In diesem Fall wurden »die 12. Monate« gereicht, süße Kunstwerke aus Zuckerguss und allerlei Beiwerk.
Nach dem Essen begab man sich nach Schloss Niederweiden, wo im Wald hinter dem Schloss ein raffiniertes Heckentheater angelegt worden war und die Kantate *Il vero omaggio* von Pietro Metastasio mit berühmten Sängerinnen aufgeführt wurde. Am Ende forderten die Diven »alle Einwohner der Wälder« auf, dem Herrscherpaar zu huldigen, und die Überraschung gelang: Der Wald antwortete. Hinter Büschen und Bäumen traten Hun-

derte festlich gekleidete Bauern und Bäuerinnen hervor und sangen die letzten Worte der Huldigung »Tutt' in Omagio il cuor« lautstark mit. Vor allem die Kinder, die aus voller Kehle sangen, berührten das erlauchte Publikum. Nach einer kleinen Erfrischung begab sich die Gesellschaft zurück nach Schloss Hof in das dortige Theater, das heute nicht mehr existiert. Dort wurde abends von Giuseppe Bonno und Pietro Metastasio *L' isola disabitata* dargeboten, wiederum mit den berühmtesten Sängerinnen und Sängern. Beim anschließenden Abendmahl wurde erneut vor allem das Dessert bestaunt, das die »Glory des Allerdurchleuchtigsten Erzhauses Oesterreich« in raffiniert gestaltetem Konfekt darstellte.

Eine kolossale Jagd – Triumphbögen, venezianische Barken und 800 Hirsche. Am Dienstag, 24. September, war eine Jagd geplant, die man in dieser Form noch nie gesehen hatte. Schauplatz war das Marchufer Höhe Thebener Kogel, auf den Prinz Joseph Friedrich von Sachsen-Hildburghausen 800 Stück Hirsche und anderes Wildbret treiben ließ. Mitten im Fluss war mit vielfach verschlungenen Bögen eine monumentale Triumphpforte errichtet, auf der auf einem Sockel eine Dianastatue zum Stehen kam, flankiert von einem Orchester mit Trompeten und Pauken. Von der Pforte führte eine Brücke bis an den Felsen des Berges. Gegenüber, am rechten Marchufer, war der Schießstand als blumenumrankte Gloriette für die »[...] Allergnädigsten Herrschaften, nebst Deren Gefolg von Dames und Cavaliers [...]« eingerichtet.

Der kaiserliche Hof kam auf einem Schiff nach Art einer venezianischen Barke mit vielen goldenen und silbernen Verzierungen, Fransen und Teppichen herangefahren, flankiert von weiteren Schiffen. Auf einem waren ein riesiger Chor und Musiker postiert, ein anderes diente als Serviceschiff für das leibliche Wohl. Diesen folgten sechs kleinere Ruderboote mit Ruder-

knechten in prunkvollen Kostümen in venezianischem Stil. Die Musiker trugen Masken, Kostüme und Federschmuck auf den Häuptern, die Sängerinnen waren wie Nymphen gekleidet. So wurden, von Musik begleitet, die Majestäten zum Schießstand gebracht.
Am Zielort gab der Prinz das Zeichen zum Jagdbeginn: Etliche hundert rotgelb gekleidete Bauern mit rotweißen Fahnen trieben das Wild vom Berg herunter über die Brücke und durch die Triumphbögen, wo es leichtes Ziel sein sollte. Aber der Prinz hatte nicht mit dem mitleidigen Herzen von Maria Theresia gerechnet, sie verbot, zu schießen, und schenkte allen Tieren die Freiheit. Damit war die Jagd aber nicht zu Ende. In einer prächtigen Kulisse in Gestalt eines Gartenpalastes befanden sich noch mehr als 1000 Hasen, etliche Füchse und Wildschweine, die nun über Stufen und Treppenanlagen in Panik der Gesellschaft vor die Jagdläufe liefen. Nun gab es kein Halten, und die Tafeln wollten ja auch mit Speisen gedeckt sein – es wurde das »[…] ein und andere Stücke von diesem Wild in vollen Lauf […]« erlegt. Die abendliche Oper *Le cinesi* von Pietro Metastasio wurde von Kapellmeister Christoph Willibald Gluck in Szene gesetzt und erntete so großen Beifall, dass die Majestäten die Darsteller und Bühnenbildner nicht nur reichlich belohnten, sondern das Stück im Theater nächst der Burg in Wien wiederholen ließen. Mit einem rauschenden Ball im Festsaal, der mit vielen Spiegeln und kristallenen Leuchtern »[…] auf das herrlichste ausgeziert und ungemein prächtig […]« beleuchtet war, ging der Tag zu Ende.

Wasserschlacht, griechisches Spektakel und Feuerwerk. Der Mittwoch, der 25. September, begann mit einer Jagd in den umliegenden Gärten. Als mittägliches Dessert präsentierte der Prinz eine süße Nachstellung der Jagd vom Thebener Kogel vom Vortag. Am Nachmittag lud der Prinz die Gesellschaft zu den nahegelegenen Teichen von Groißenbrunn. Dort waren

Lusthäuser auf kleinen künstlichen Inseln angelegt, verbunden mit Brücken dienten sie als Zuschauerraum. Auf der gegenüberliegenden Seite sah man ein Amphitheater, auf dem mehr als 500 Personen saßen.
In der Mitte des größten Teiches erhoben sich ein Gebäude aus scheinbar schwebenden Bögen, auf denen Musiker spielten, und Felsengruppen, auf denen als Menschen verkleidete (!) Tiere – Bären, Ziegenböcke, Füchse und Wölfe – postiert waren. Der Prinz stellte eine *Naumachie* nach, eine bei den alten Griechen und Römern beliebte inszenierte Seeschlacht. Anstelle von tödlichem Ernst kippte die Darstellung aber in eine skurrile Parodie. Auf Schiffen bekämpften einander Ritter mit Wasserspritzen. Schlugen sie auf die künstlichen Felsen, öffneten sich Tore, und weiteres kostümiertes *Viehzeug* stürmte und flatterte schreiend, kreischend, grunzend, blökend in die Szene. Diese wechselte unerwartet in eine Schäferidylle, mit einer schwimmenden Insel als Paradies. Dort tummelten sich allegorische Figuren von Justitia und Clementia – für die Gerechtigkeit und Mildtätigkeit der kaiserlichen Hoheiten – sowie jede Menge anderer Allegorien von Herkules über Pallas Athene bis zu den personifizierten Flüssen Donau und March. Auf den paradiesischen Bäumen wuchs nicht nur echtes Obst, sondern auch Naschwerk. Fünf prächtig gewandete Gärtner luden die Majestäten auf die Insel zum Naschen von den Früchten. Den jungen Herrschaften wurden indes silberne Fischnetze gereicht, mit denen sie Karpfen und Forellen in Überfluss fingen.
Abends fand man sich bei der Schießstätte beim Schloss ein. Tausende im Gebüsch verborgene Lichter erhellten den Platz. Jeder Treffer ins Schwarze zündete Feuerwerksraketen, mit denen die Namen des Herrscherpaares und ihrer Kinder in den Himmel geschrieben wurden: »Vivat Maria Theresia!«

Barock-Picknick und Bacchus-Defilee. Für Donnerstag, den 26. September, war die Abreise vorgesehen. Begleitet von Herolden, Trompetern, Nymphen und Satyren defilierte Bacchus unter den Schlossfenstern des Kaiserpaares. Ochsen mit vergoldeten Hörnern zogen einen Triumphwagen, der ein Schiff darstellte. Auf diesem saßen edel gekleidete Musikanten. Mastbaum und Segelzeug waren gespickt und behangen mit Würsten, Speck, Käse und Brot, aber auch mit teils lebenden, teils gebratenen Gänsen, Hühnern, Enten, Wildschweinen, Rebhühnern. Im Ehrenhof angelangt, wurde ein *Carousel comique* dargeboten, welches viel Gelächter erntete. Hunderte Untertanen formierten sich so, dass die Initialen der Majestäten zu lesen waren, ehe sie den Festwagen plündern und die Fässer des Bacchus leeren durften. Ein abschließendes Festmahl beendete das viertägige Spektakel, das das *Wienerische Diarium* als »noch nie dagewesene Invention« lobte. Das Fest erfüllte seinen Zweck, der Aufwand hatte sich gelohnt. Am 8. März 1755 kaufte Maria Theresia die beiden Schlösser und schenkte sie ihrem Gemahl, damit er »solche innhaben, nutzen, und genüssen köennen, und mögen«.

Die Festkultur heute. Überfluss und Verschwendungssucht wie einst zur Barockzeit wird heute nicht mehr nachgegangen. Die aktuellen Festivitäten sind auch nicht mehr bloß elitären Gesellschaftsschichten vorbehalten. Tore und Türen von Schloss Hof und Schloss Niederweiden sind nun für alle Gäste weit geöffnet, und abwechslungsreiche Veranstaltungen im Jahreskreis offerieren für jedes Alter und Interesse Spannendes, Erholsames sowie Wissenswertes.

Ostermarkt zum frühlingshaften Saisonbeginn. Den Auftakt im Jahr bildet – durchaus in traditioneller Weise – der Ostermarkt. An den beiden

Wochenenden vor dem Osterfest sind im idyllischen Gutshof zu Schloss Hof die Dekorationsarbeiten sowie der Frühjahrsputz abgeschlossen und haben sich an die 70 Ausstellerinnen und Aussteller versammelt. Ihr Marktangebot reicht von österlichem Kunsthandwerk bis zu exquisiten regionalen Köstlichkeiten aus Küche und Keller. Handbemalte Ostereier, Dekoratives in bunten Farben, mit floralen Mustern oder aus Naturmaterialien sind kreative und geschmackvolle Geschenke.
Damit ein Besuch, ganz wie im Barock, zum Gesamtkunstwerk wird, verführt der Garten zu ausgedehnten Spaziergängen, lassen sich im klimatisch begünstigten Marchfeld meist schon erste Frühlingsboten wie Tulpen, Narzissen oder Kaiserkronen entdecken. In den kunstvoll gestalteten, wie ein Teppich anmutenden *Parterres de broderie* des barocken Terrassengartens sprießen an die 35 000 Blumenzwiebel zum beeindruckenden Farbenspiel. Familien, allen voran Kindern, schenkt Schloss Hof stets ein besonderes Augenmerk. Da darf eine eigens eingerichtete Osterhasenwerkstatt nicht fehlen: Ostereier bemalen oder verzieren, Kerzen formen, Palmbuschen binden oder Osterkekse backen sind nur einige Aktivitäten im Programm.

Parade der Gutshoftiere und Tanz um den Maibaum. Der Festreigen von Schloss Hof setzt sich traditionell am 1. Mai fort. Premiere feierte der Tierumzug, als 2005 edle Pferde- und altösterreichische Haustierrassen als neue Bewohner feierlich den frisch revitalisierten Gutshof bezogen. Die Freude bei Kindern und Erwachsenen an diesem Tag war damals so groß, dass sich dieses Spektakel nun Jahr für Jahr symbolisch wiederholt. Im Maiaufmarsch stolzieren also die Gutshoftiere in einer Parade über das Gelände von Schloss Hof. Nicht minder stolz ist das Tierpflegeteam, das, in historische Kostüme gewandet, seine lieb gewonnenen Kameraden den Gästen präsentiert. Prachtvolle Pferde und seltene Weiße Barockesel, Schafe, Zie-

gen, exotische Trampeltiere, Lamas und Alpakas sind mit dabei – es wird geritten, geführt oder mit der Kutsche gefahren.
Da auf kulturelle Traditionen in Schloss Hof besonderer Wert gelegt wird, ist am 1. Mai der Maibaum Pflicht. Nach dem tierischen Umzug finden sich die Menschen rund um den Baum zum geselligen Teil des Nachmittages ein. Eine Volkstanzgruppe führt jährlich den bekannten »Bandltanz um den Maibaum« vor. Und die Zuschauerinnen und Zuschauer tanzen nach Belieben einfach mit. Dass Kulinarisches für Stärkung und Genuss kredenzt wird, versteht sich von selbst.

Gartentage mit bunt sprießenden Inspirationen. Die Gärten der Gesamtanlage von Schloss Hof, vor allem im Bereich Gutshof, hatten immer schon für die Versorgung der Menschen mit Lebensmitteln einen besonderen Stellenwert. Wenngleich die Produktion von Lebensmitteln heute in Schloss Hof an Bedeutung verloren hat, lädt Schloss Hof schon seit vielen Jahren gemäß dem allgemeinen Trend zum selbst gepflanzten und geernteten Obst sowie Gemüse zu einer speziellen Veranstaltungsreihe – den Gartentagen. An drei bis vier Tagen im Mai ist Schloss Hof die beste Adresse für Inspirationen rund um den Gartenkult. An die 50 Ausstellerinnen und Aussteller bieten heimische und exotische Pflanzen sowie Pflanzenraritäten an. Kunsthandwerk aus unterschiedlichsten Materialien wie etwa Keramiken und Accessoires für den Garten vervollständigen das umfassende Angebot.
An diesen Tagen sind die Gärtnerinnen und Gärtner von Schloss Hof sprichwörtlich sehr gefragt. Sie stehen für sämtliche Auskünfte gerne zur Verfügung und lassen sich bei der Arbeit beobachten. Bei Führungen oder Workshops in den unterschiedlich bepflanzten Themengärten des Gutshofes erfahren Gartenfans und solche, die es noch werden wollen, Altbe-

währtes und Neues rund um die Gartenarbeit. Ein paar Blumenzwiebeln, die mit ihrer Blühkraft noch vor Kurzem die historischen Beete vor dem Schloss zierten, für den eigenen Garten mit nach Hause zu nehmen, ist mittlerweile ein lieb gewordener Brauch.

Überraschungsreicher Mitmachspaß in der Kinder- und Familienwelt. 2012 wurde als weiterer Meilenstein in der Erhaltung und Restaurierung von Schloss Hof eine Kinder- und Familienwelt geschaffen. Der »Bäckenhof«, dessen Name sich von der einst darin befindlichen historischen Bäckerei ableitet, war fertiggestellt und wurde in seiner neuen Nutzung dem jüngsten Publikum gewidmet. Neben einer kindgerechten Ausstellung, die das barocke Alltagsleben in all seinen Facetten zeigt, bringen eine Backwerkstatt, ein barockes Kindertheater und großzügige Workshop-Räume mit viel Platz für kreatives Entfalten Kinder und Jugendliche und somit auch deren Eltern zum Jubeln. Seit 2016 animieren zudem zwei interaktive Erlebnispfade mit lebensgroßen Figuren auf dem gesamten Gutshofareal zu einer Zeitreise ins 18. Jahrhundert. Gäste erproben sich als Magd Johanna und/oder Stallbursch Paul in »Tagewerken« (Spielen) und lernen so unterschiedlichste Berufe und Tätigkeiten aus der damaligen Zeit kennen. Nach getaner »Arbeit« ist eine kleine Belohnung gewiss.

Jeweils in den Sommerferien verwandelt sich speziell der »Bäckenhof« in ein barockes Reich für Kinder. Beim großen Ferienspaß überraschen tägliche Workshops und Aktivprogramme Kinder mit aufregenden Mitmachaktionen. Vom Basteln bis zum Backen, vom Gärtnern bis zum Tanzen. Und auch Verkleiden ist erlaubt und sogar erwünscht. Die Wochenenden bereichern kulturelle Programme für Junge und Junggebliebene. Renommierte Künstlerinnen und Künstler laden zu Theater sowie Musik auf höchstem Niveau und verzaubern ihr Publikum in vielfältiger Manier. An ausgewählten Terminen erarbeiten zusätzlich regionale und überregionale Künstler sowie Handwerker mit den Kindern kreative und nützliche Dinge für zu Hause.

Dressurreiten und Gespannfahren beim großen Pferdefest. Der perfekten Fertigkeit in der Reiterei, historisch betrachtet immer schon eine elementare Disziplin auf Schloss Hof, zollt das große Pferdefest gebührenden Tribut. Jedes Jahr im September zeigen Tier und Mensch in einem spektakulären Showprogramm Pferdesport vom Besten. Schon Prinz Eugen von Savoyen wusste besonders edle und ungewöhnliche Pferde zu schätzen und führte viele davon in seinem Bestand auf Schloss Hof. Bei diesem Fest sind auch heute noch hofeigene Pferde im Einsatz. Intensives Training und lange Vorbereitungszeiten sind erforderlich, um die hervorragenden Darbietungen, von der hohen Kunst des Dressurreitens bis zum fordernden Gespannfahren, zeigen zu können. Da Vergnügen und Unterhaltung auf Schloss Hof ebenso immer im Mittelpunkt stehen, ganz wie im Barock, ist bei diesem Festprogramm eine Vielzahl an kurzweiligen und amüsanten Einlagen ebenfalls gewiss.

Weihnachtsmarkt in imperial rustikaler Stimmung. In den Zeiten, als Prinz Eugen und Herrscherin Maria Theresia Schloss Hof zu ihren Besitzungen zählten, war die Anlage ein wunderbarer Landsitz für die wohltemperierten Monate im Jahr. Die schwer zu heizenden Räume und die beschwerliche Anreise mit der Kutsche ließen einen Aufenthalt in den Wintermonaten kaum zu. Der heutige Stand der Technik bietet wesentlich komfortablere Möglichkeiten und erlaubt daher einen ganzjährigen Betrieb. An fünf Wochenenden vor den Weihnachtsfeiertagen hüllt sich Schloss Hof in romantisch stimmungsvolles vorweihnachtliches Ambiente und bittet zum

Weihnachtsmarkt. Ein ganz besonderer Glanz liegt dann über dem imperialen Arkadenhof des Schlosses, wo Ausstellerinnen und Aussteller aus der Region und darüber hinaus hochwertiges Kunsthandwerk und ausgefallene Geschenkideen anbieten. In den Prunkräumen des Schlosses betreten Besucherinnen und Besucher sprichwörtlich die »gute Stube« der kaiserlichen Familie und hören, wie im Hause Habsburg das Fest gefeiert wurde. Im Festsaal erklingt konzertante Musik und verstärkt die weihnachtliche Vorfreude.

Der Gutshof präsentiert sich in traditionellem, ländlich-barockem Weihnachtsflair. In den heimelig dekorierten Räumen zeigen rund 90 Ausstellerinnen und Aussteller ihre Produkte, die sie mit viel Liebe und handwerklichem Geschick gefertigt haben. In der Schmiedewerkstatt entstehen direkt vor den Augen der Besucherinnen und Besucher Objekte aus Metall. Traditionsgemäß ist die Weihnachtskrippe ein zentraler Blickfang. In Schloss Hof, wo auf qualitätsvolle Inszenierung seit jeher großer Wert gelegt wird, ist für die Krippe die Tierwelt des Gutshofes im Einsatz und posiert als besonders schöne »lebende« Krippe. Um die Wartezeit bis zum Weihnachtsfest zu verkürzen, finden Familien ein umfangreiches und einladendes Programm vor. In der Bastelwerkstatt schreiben Mädchen und Buben Briefe mit den eigenen Wünschen an das Christkind und stellen Geschenke her, um auch anderen Menschen Freude zu bereiten. An unterschiedlichen Workshop-Stationen backen Kinder und Jugendliche Kekse, verzieren Kerzen oder entwerfen Weihnachtskarten.

Wechselausstellungen und Kochevents. In Schloss Niederweiden eröffnen wechselnde Ausstellungen neue Blickwinkel. In dem weitgehend barock erhaltenen Küchengebäude, europaweit eine Rarität, erleben kulinarisch und historisch interessierte Feinspitze exquisite Stunden.

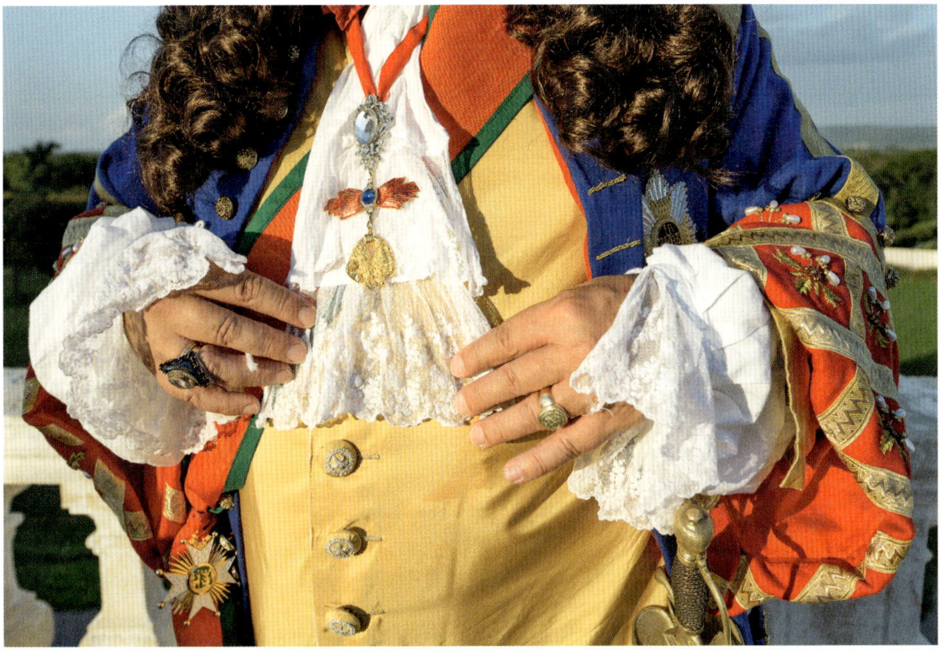

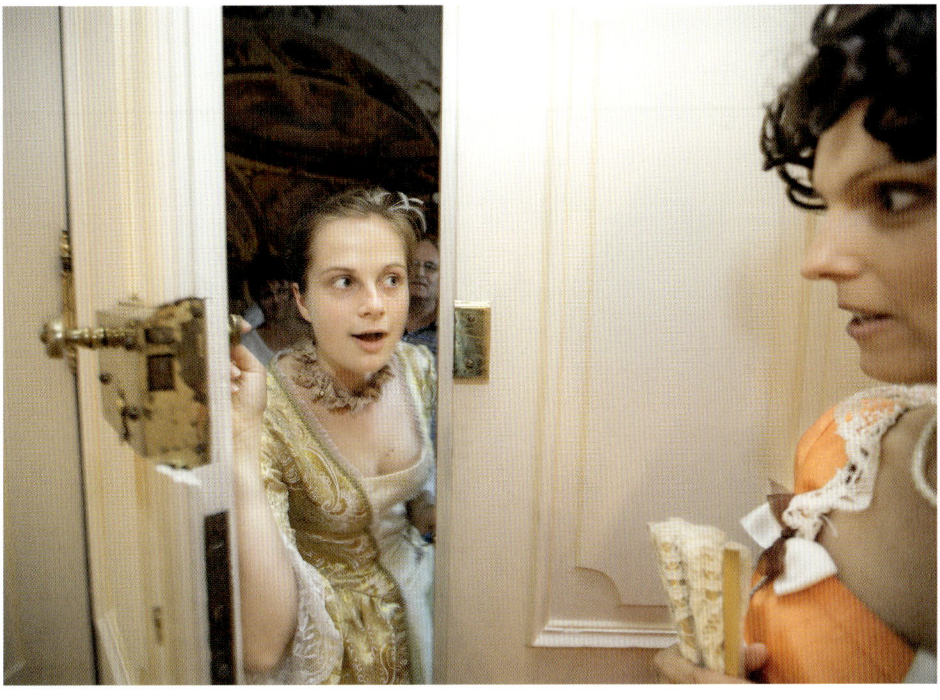

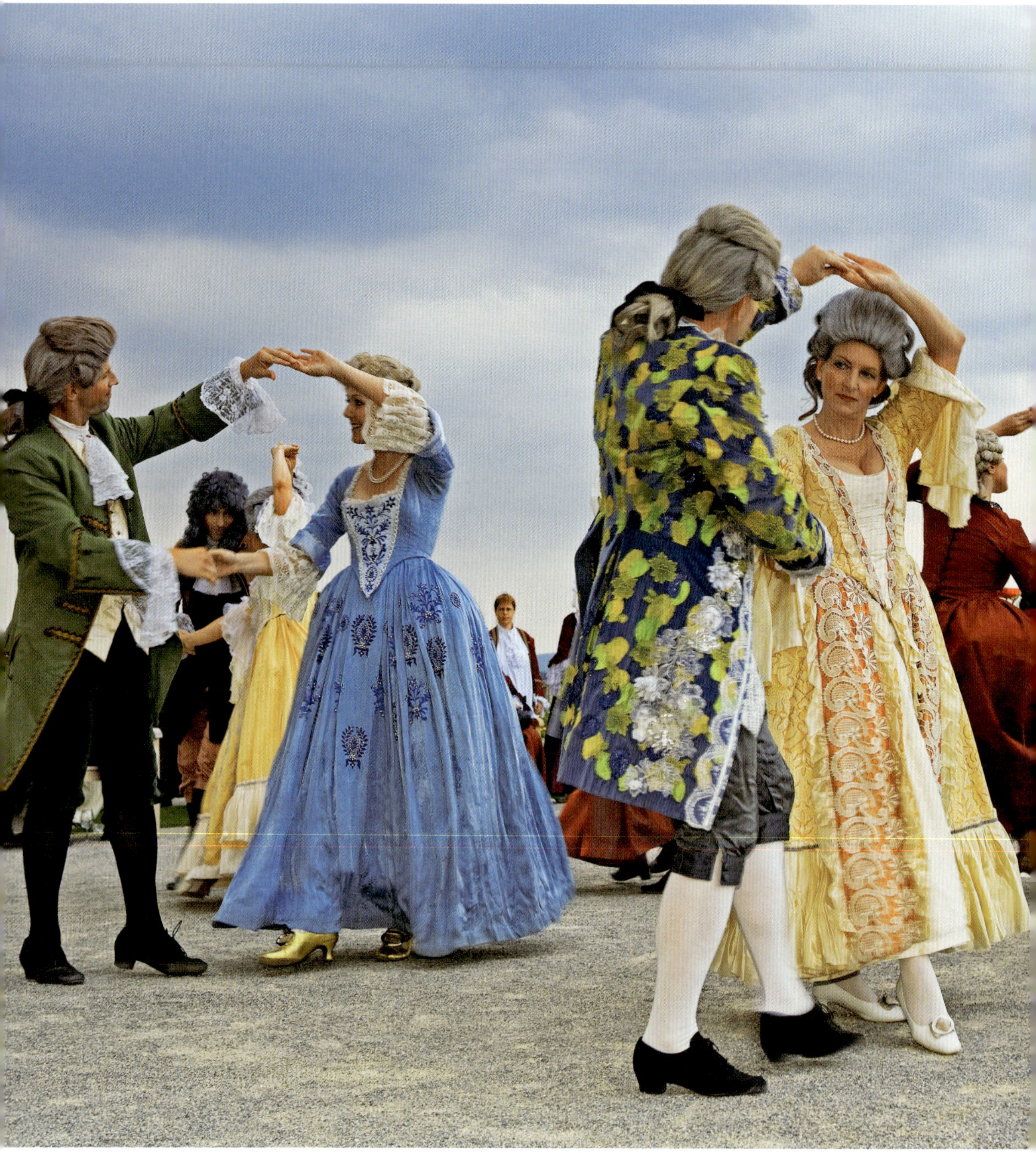

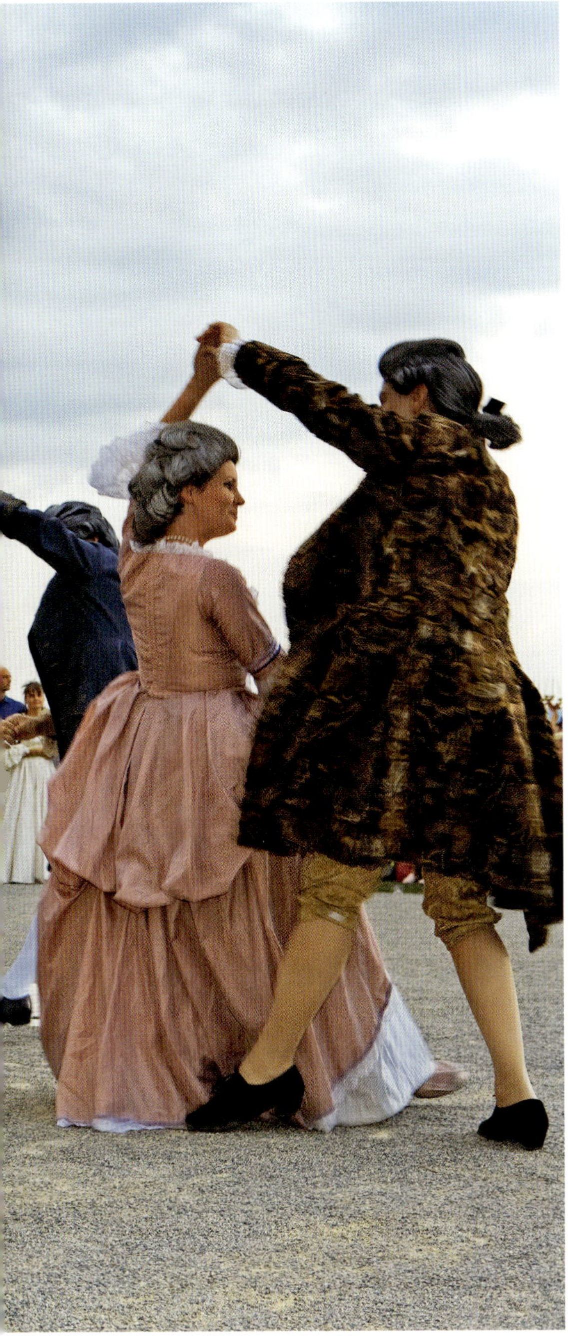

Feiern wie im Barock:
Kostüme, Tanz und Picknickerlebnis
(folgende Seite)

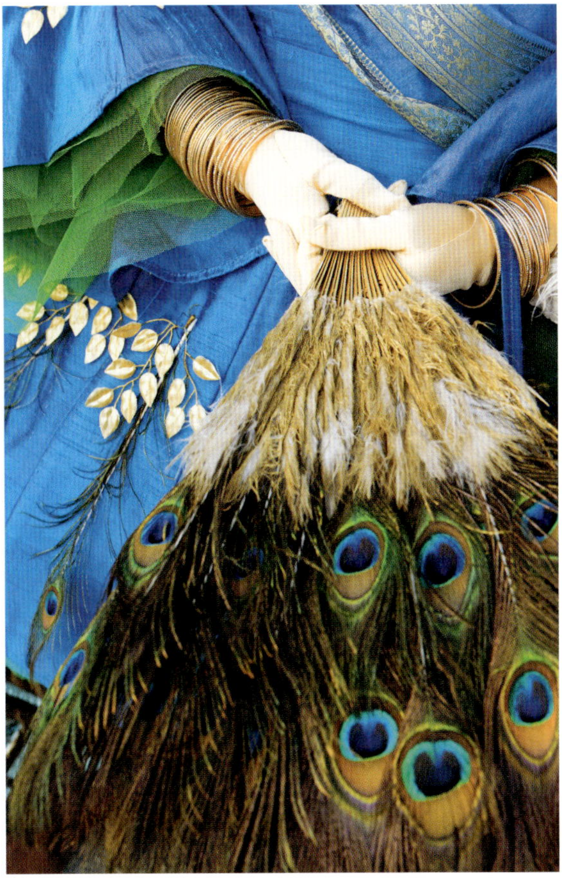

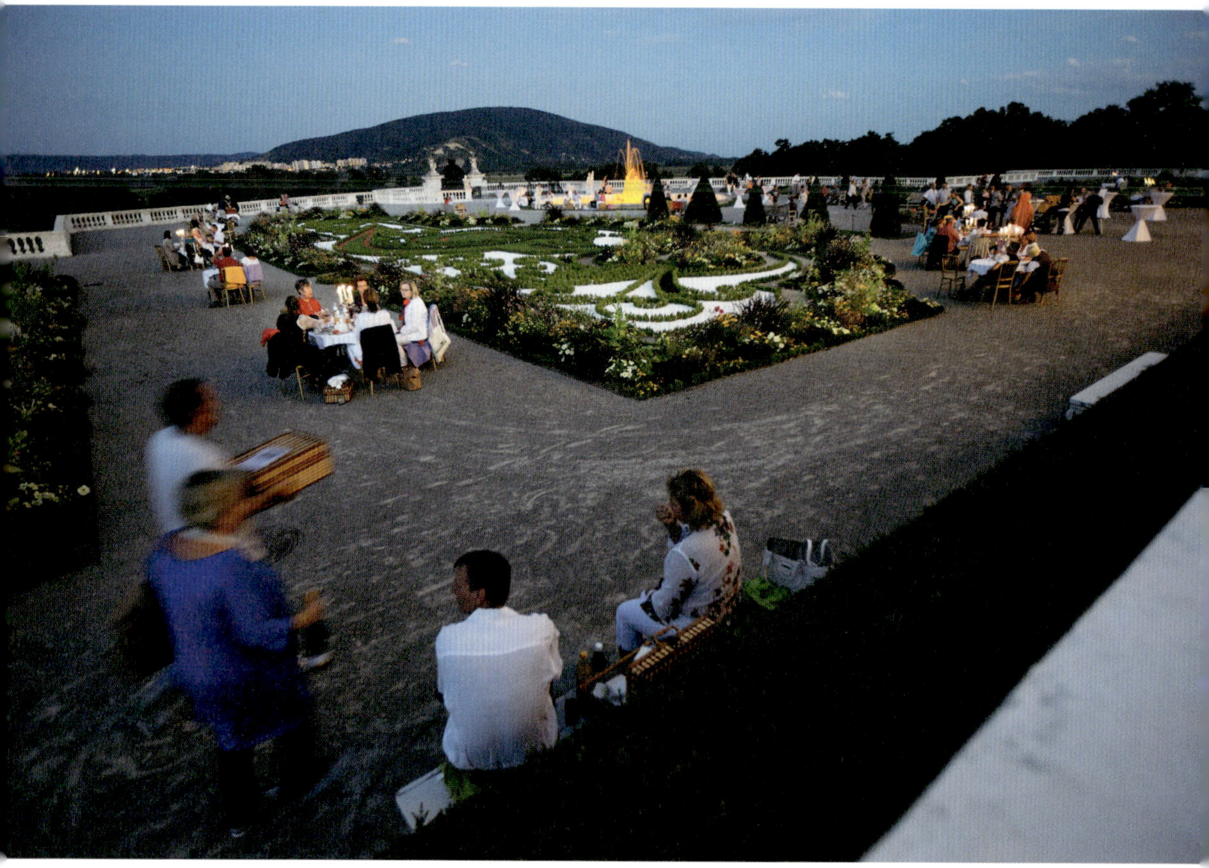

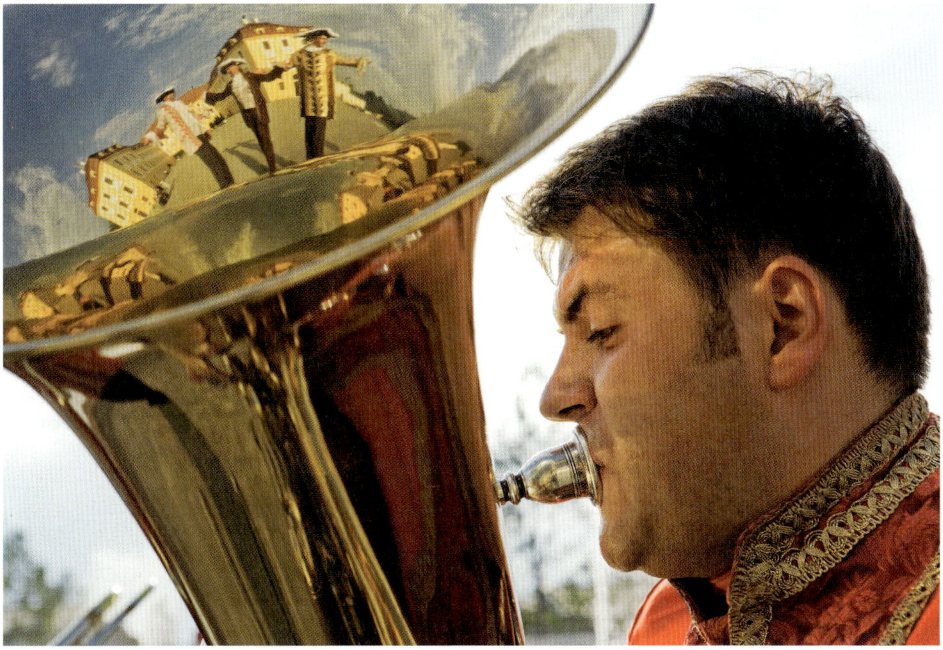

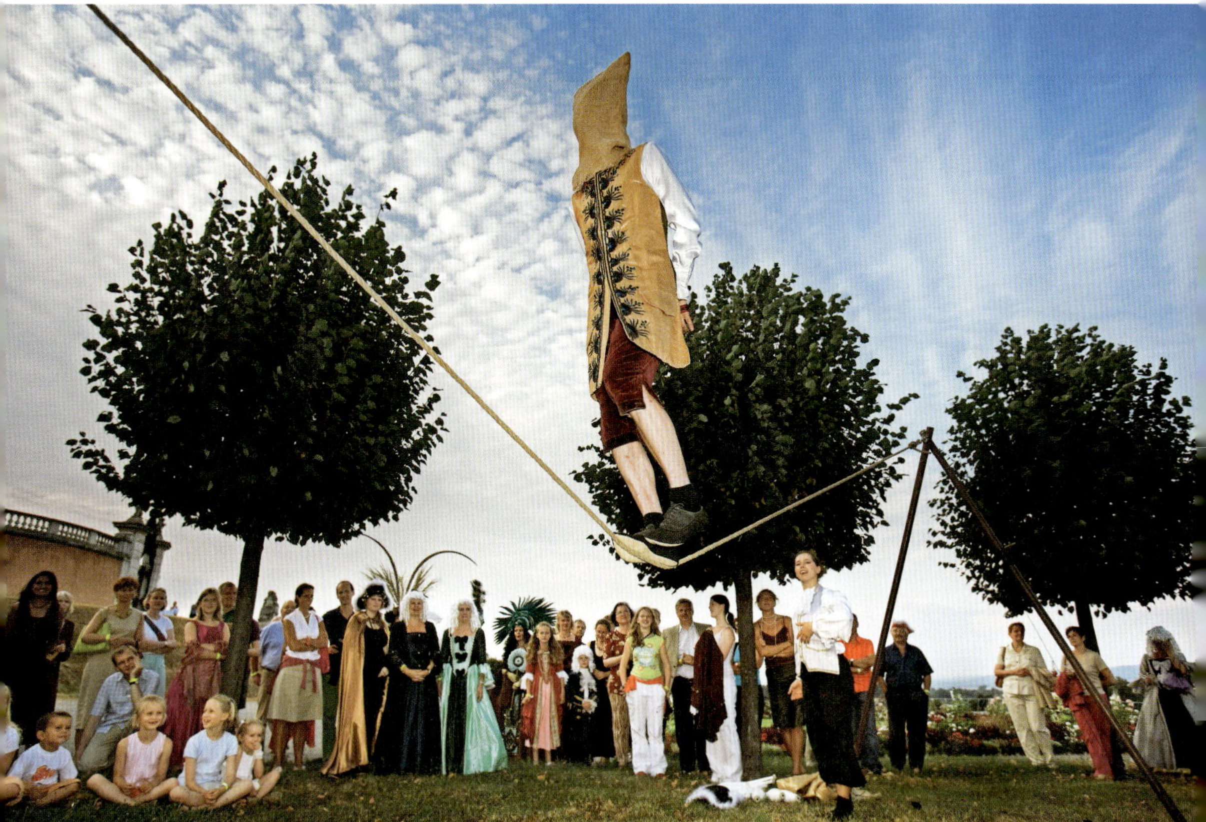

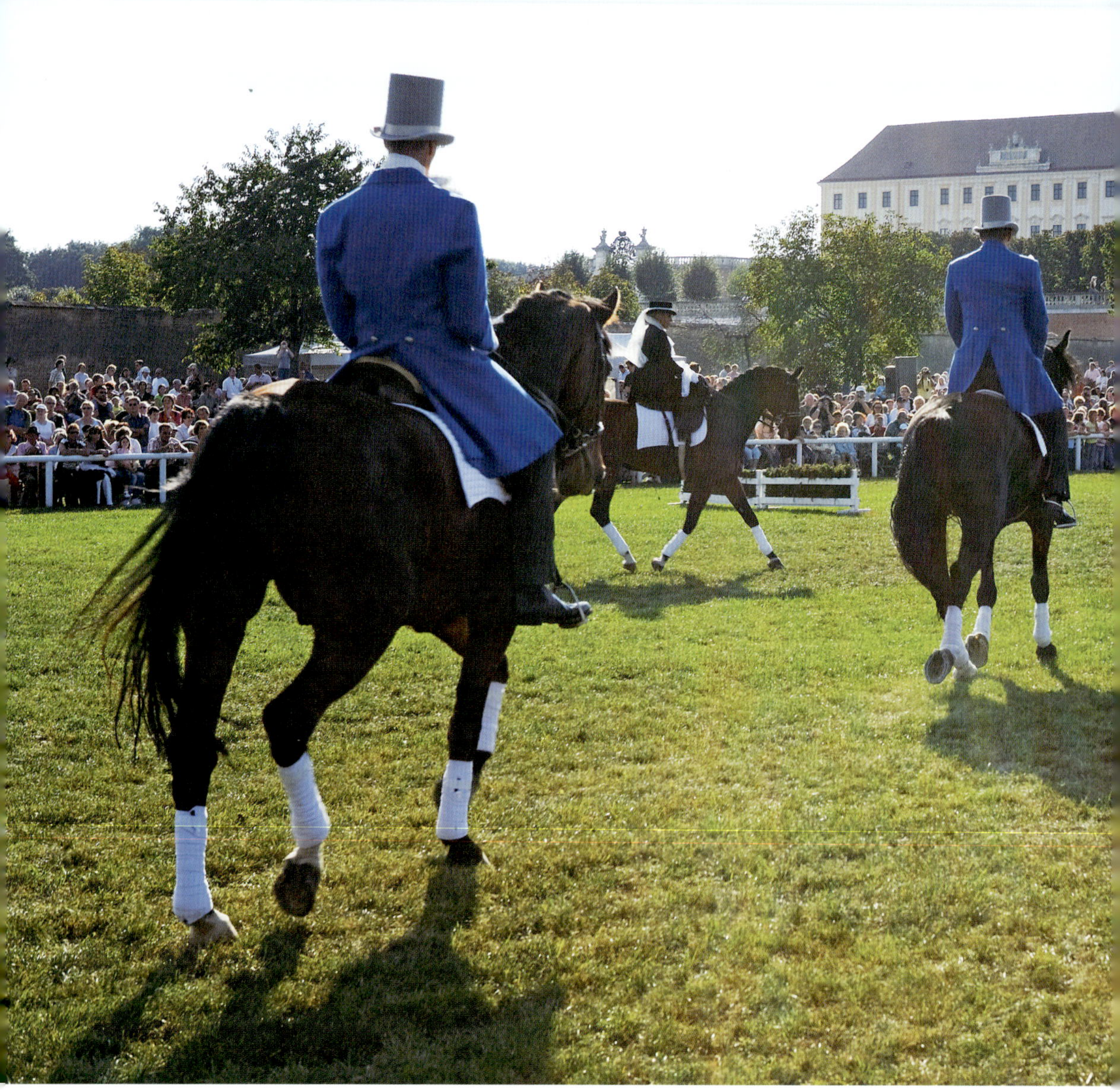

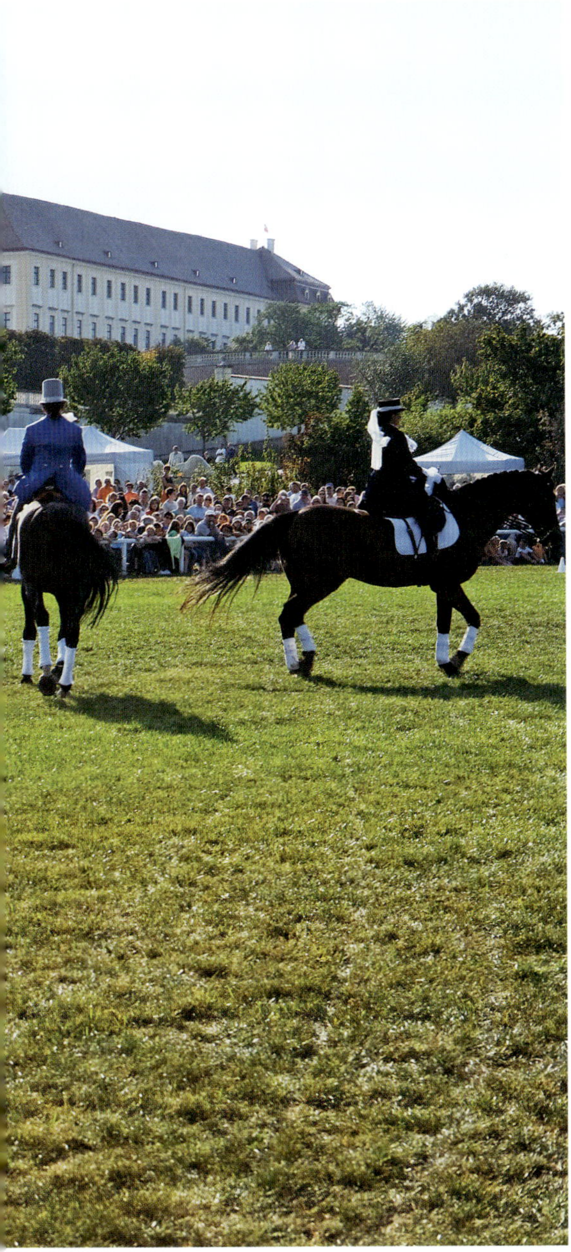

Das große Pferdefest:
die Hohe Schule der Reitkunst
mit Quadrille-Reiten und
Friesenvorführung (unten)

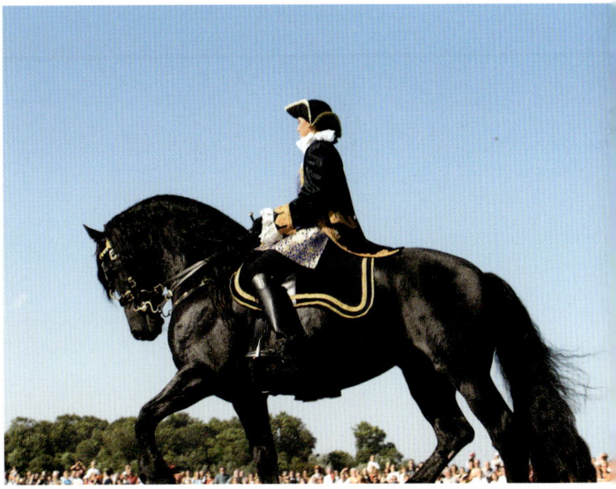

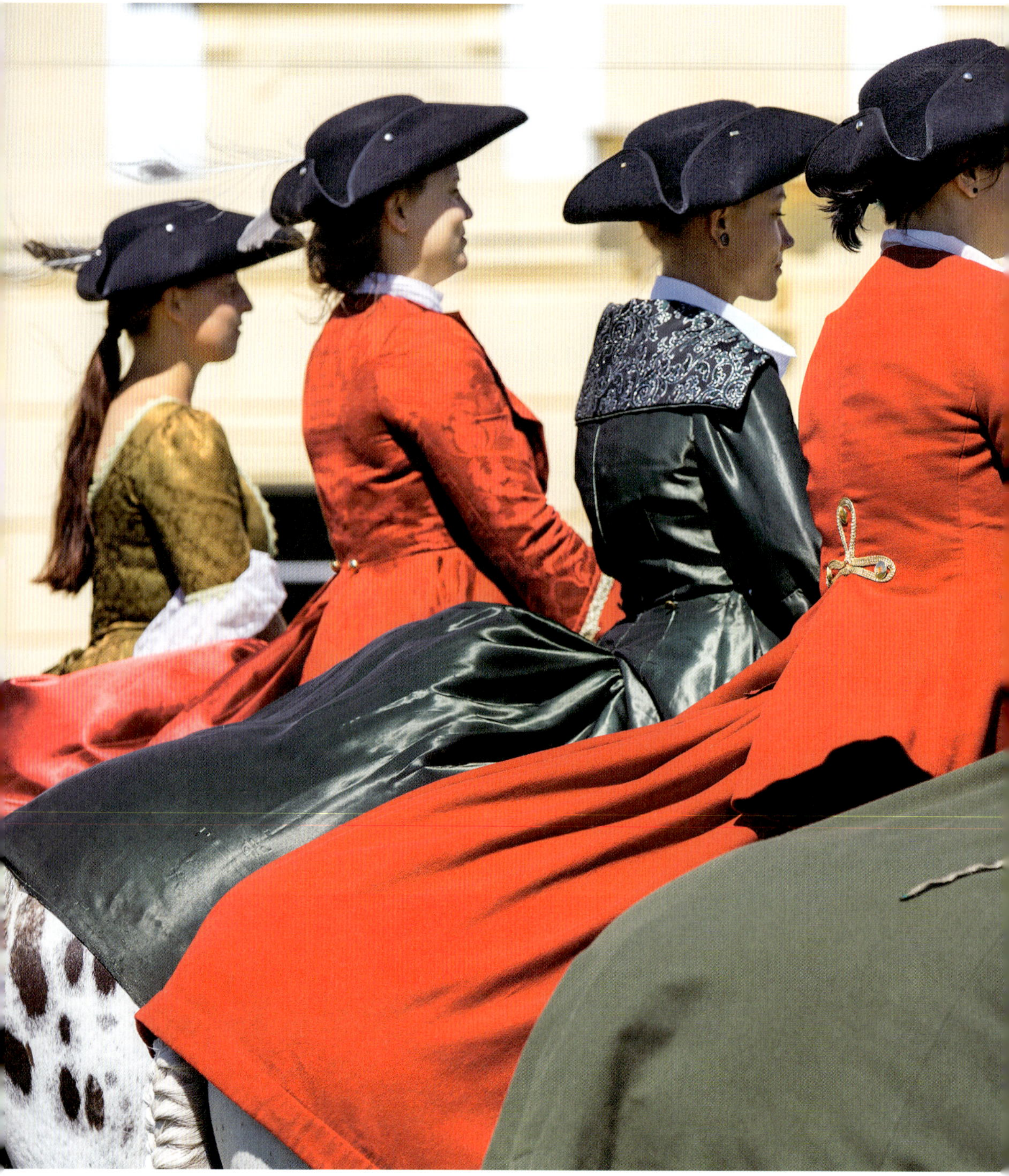

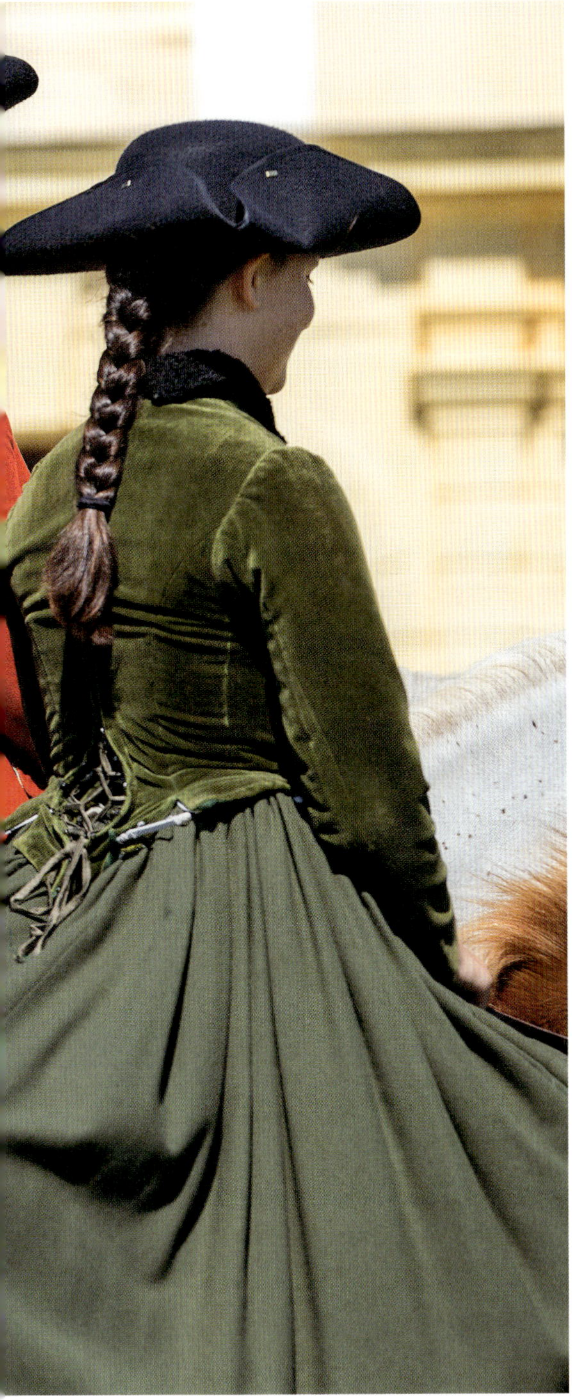
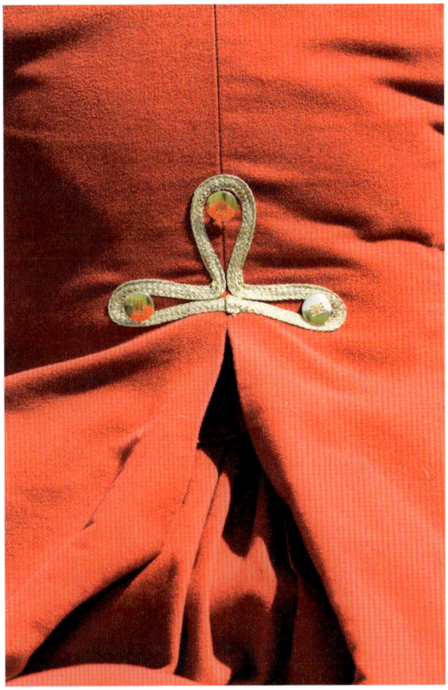
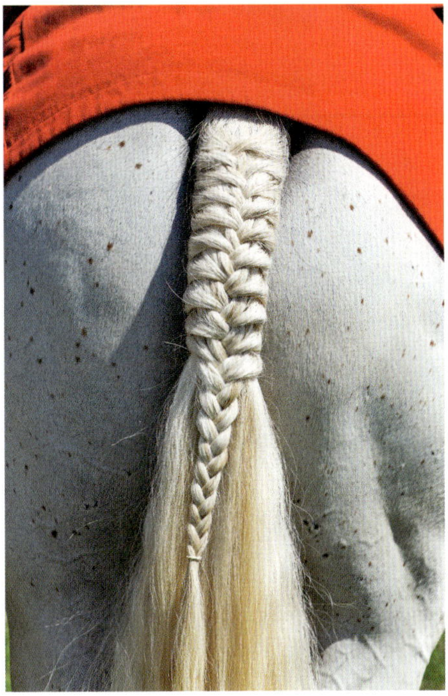

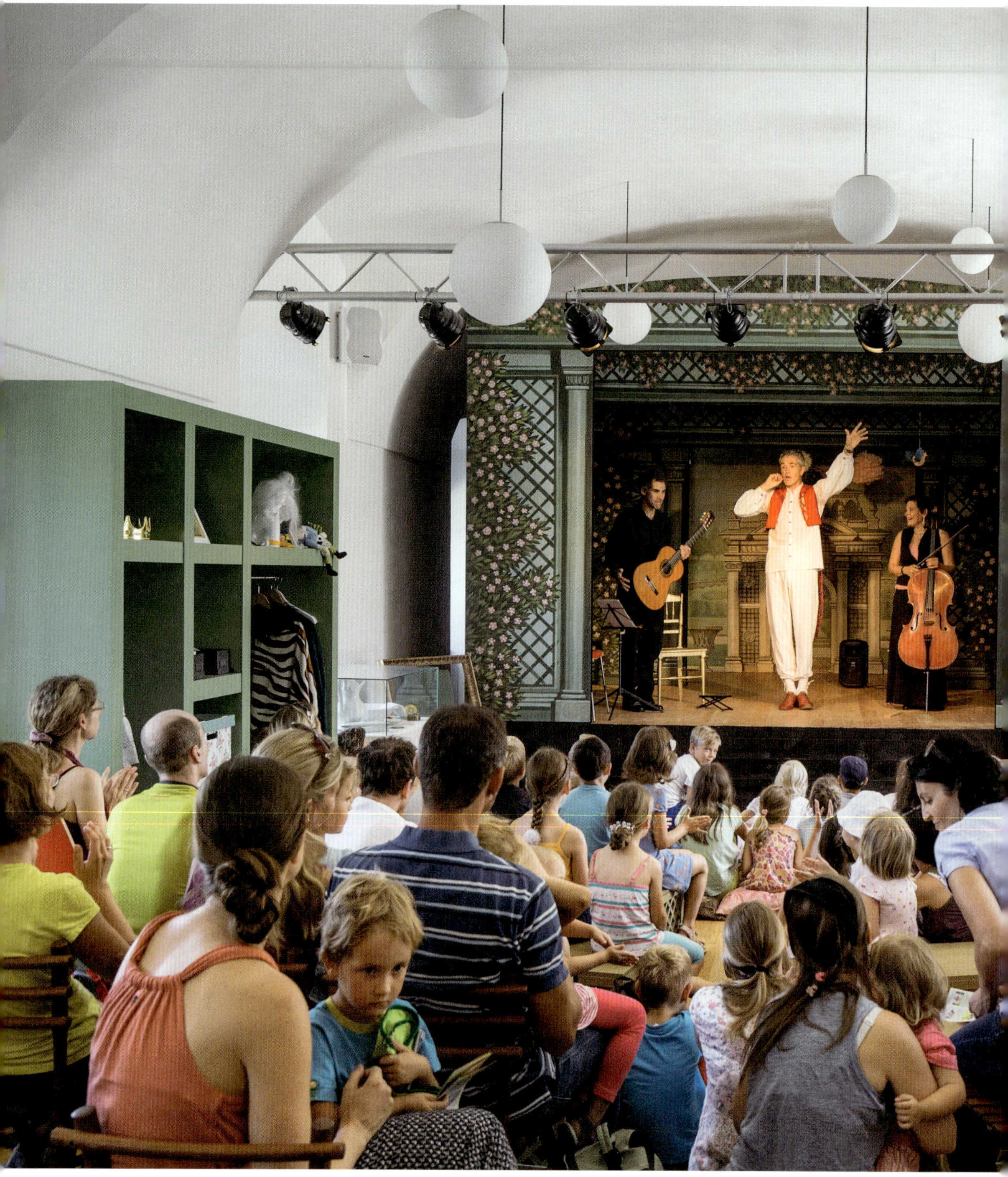

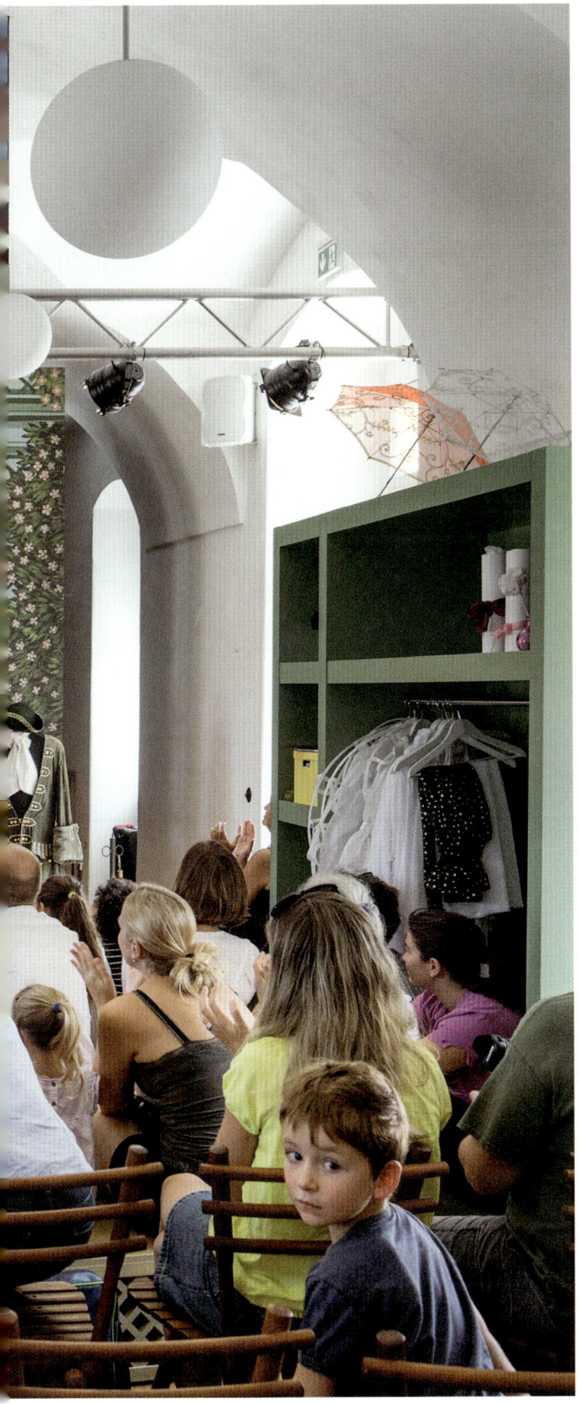

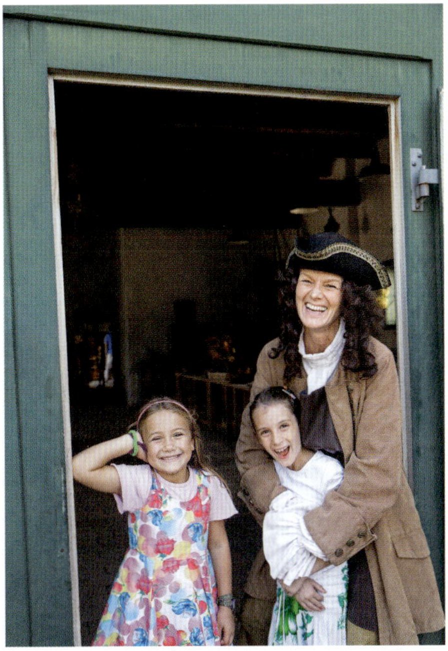

Der Bäckenhof:
Paradies für Kinder und Familien

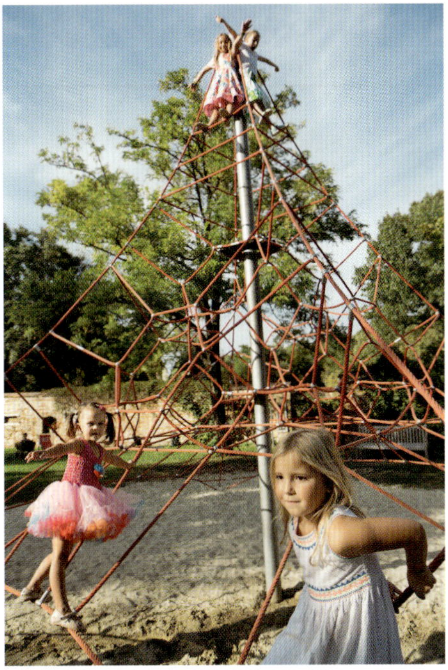

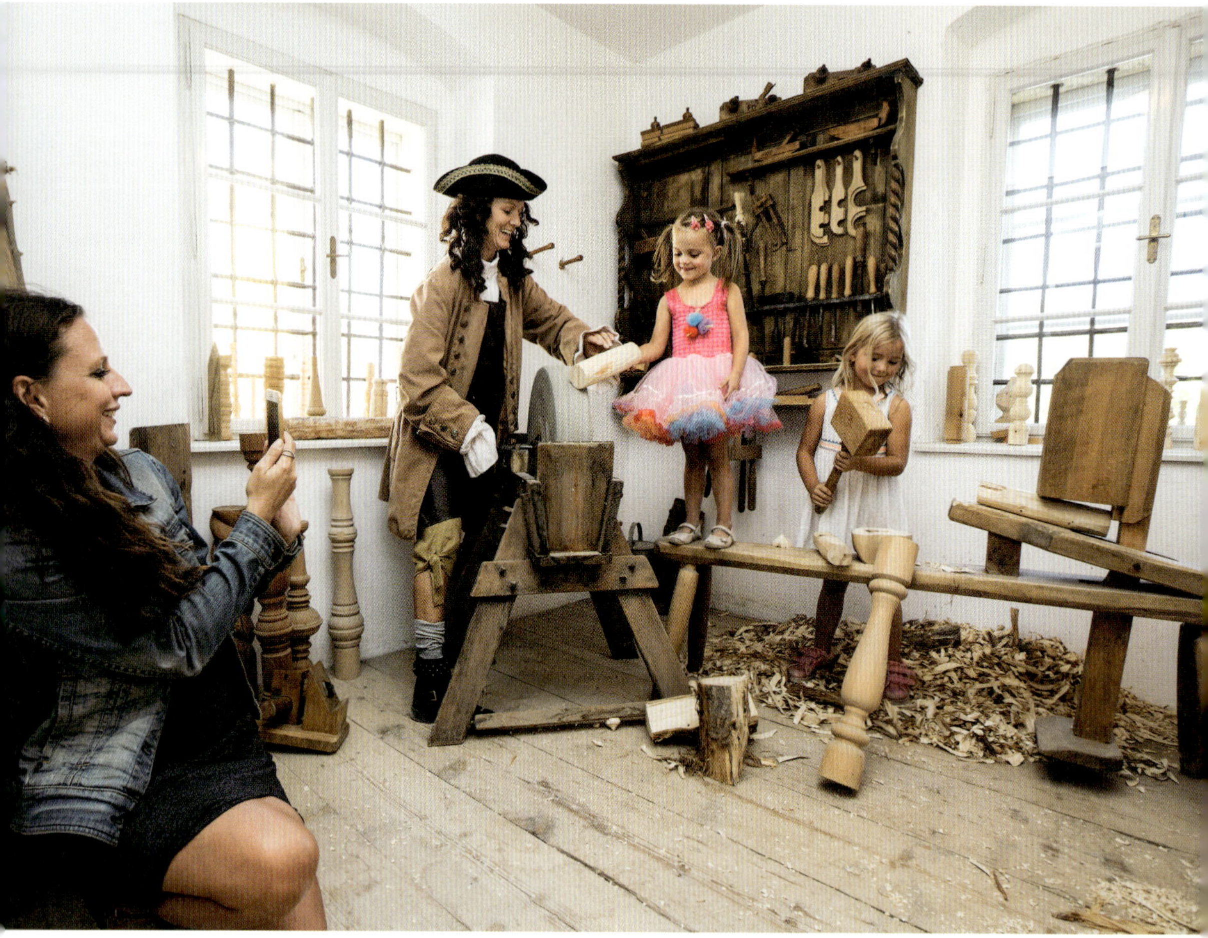

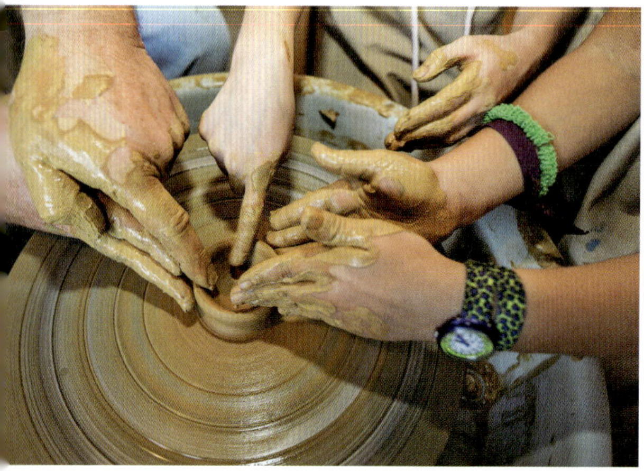

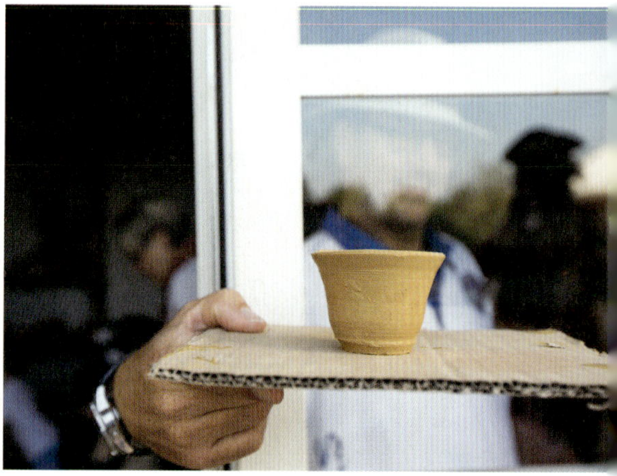

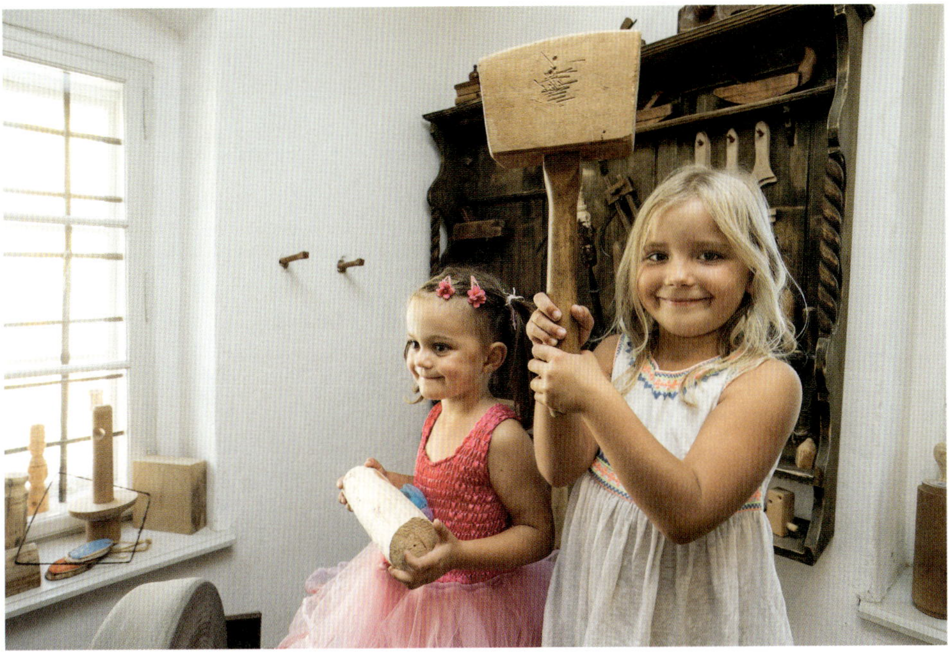

Altes Handwerk neu entdeckt:
Drechslerei und Töpferei

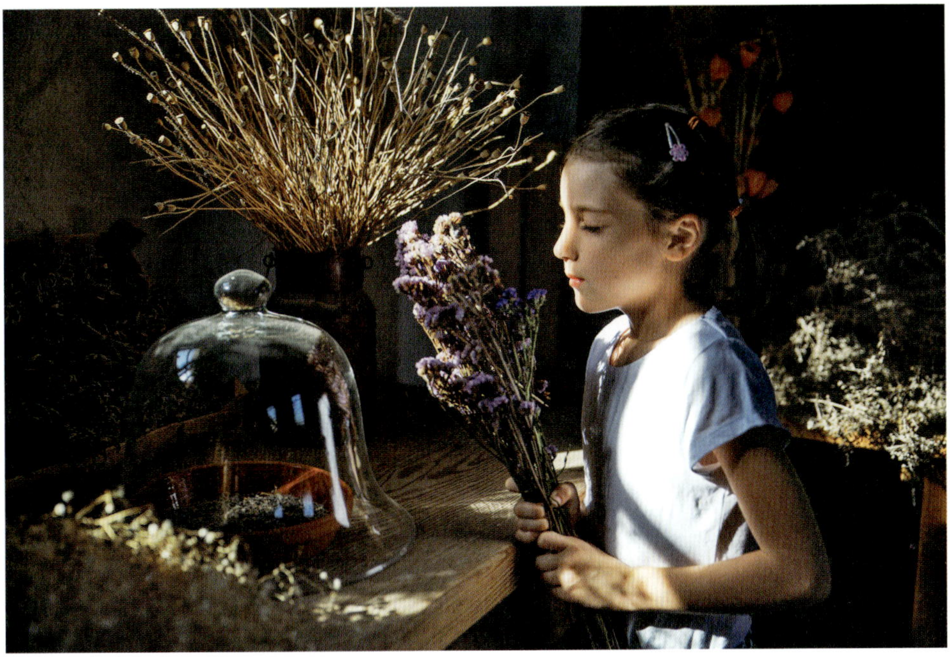

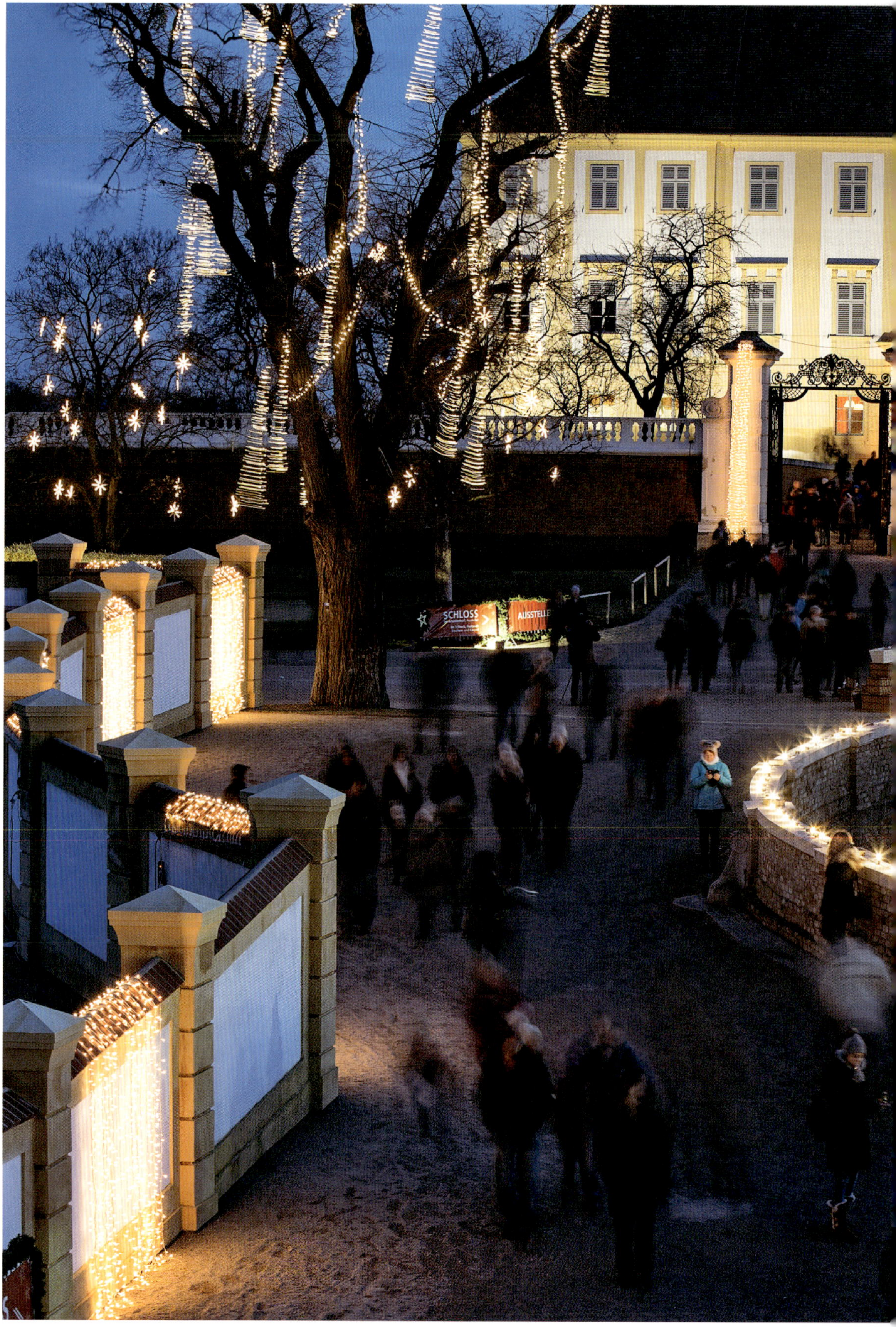
SCHLOSS

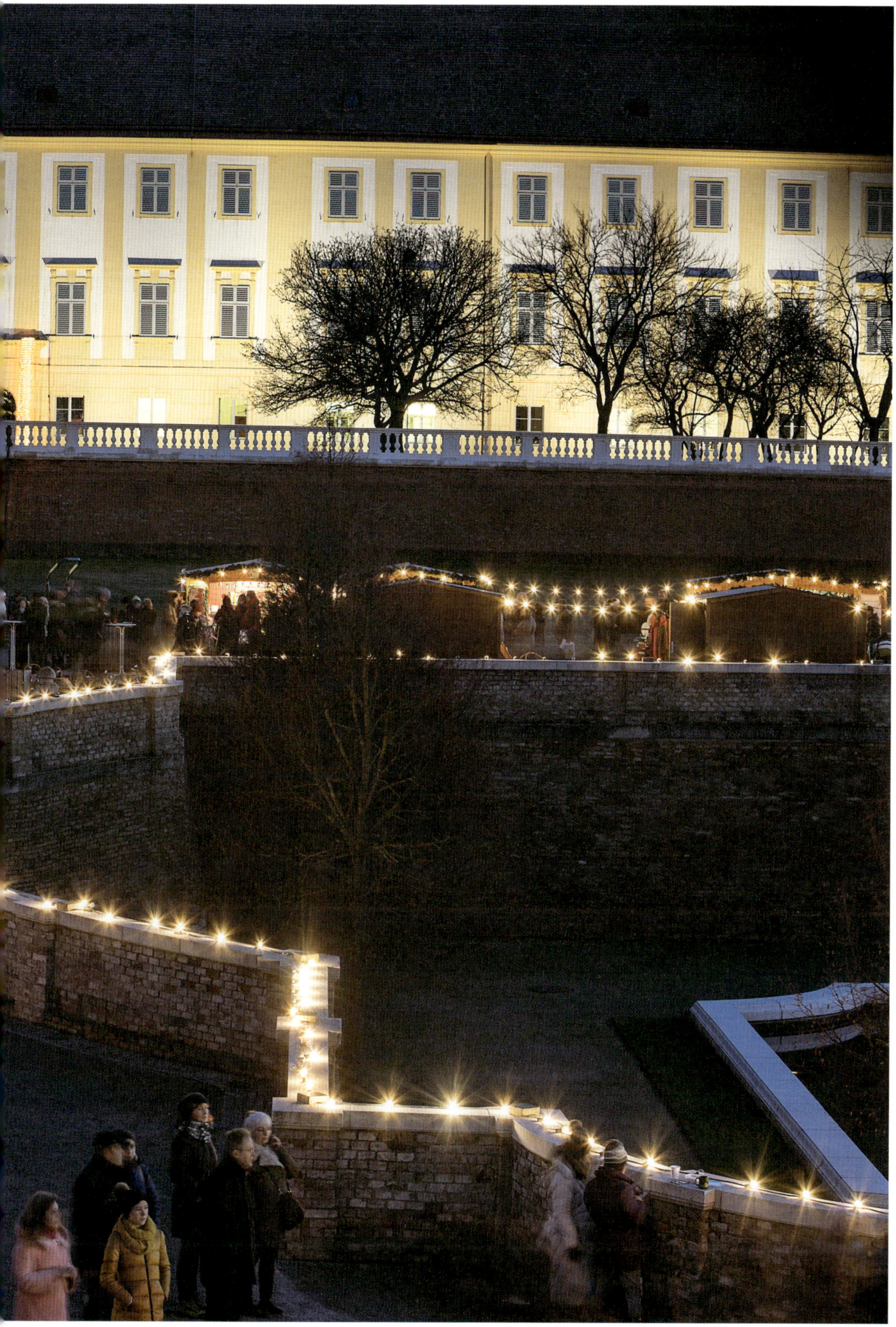

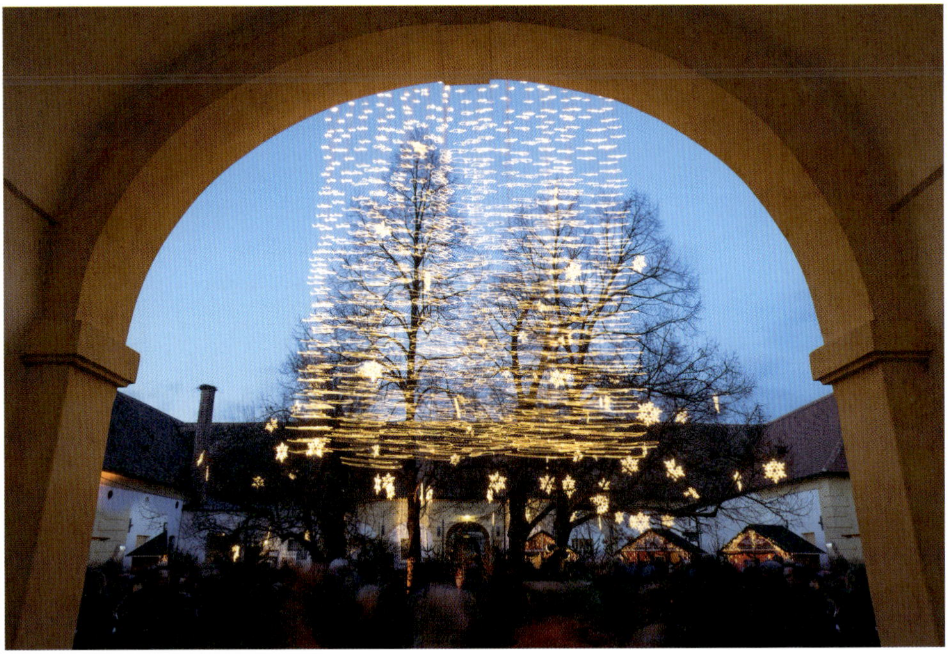

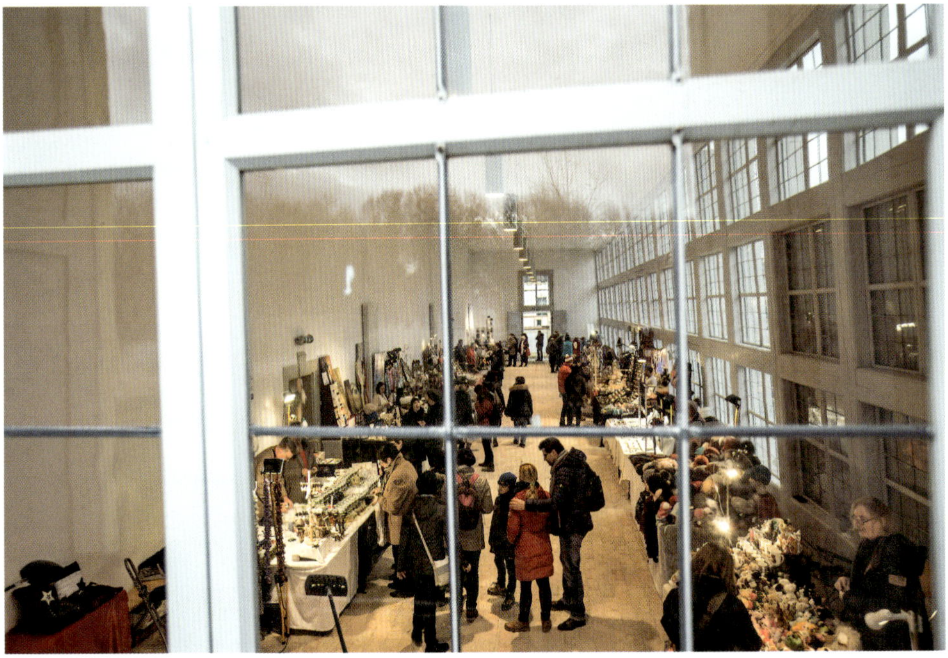

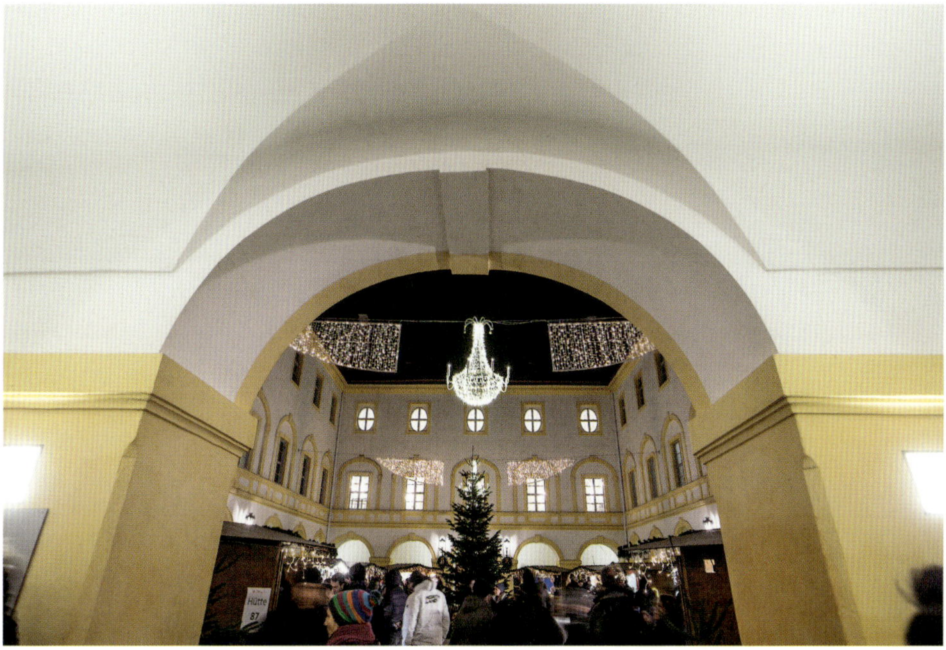

Impressionen vom Weihnachtsmarkt:
glitzerndes Ambiente in Erwartung des Christkinds

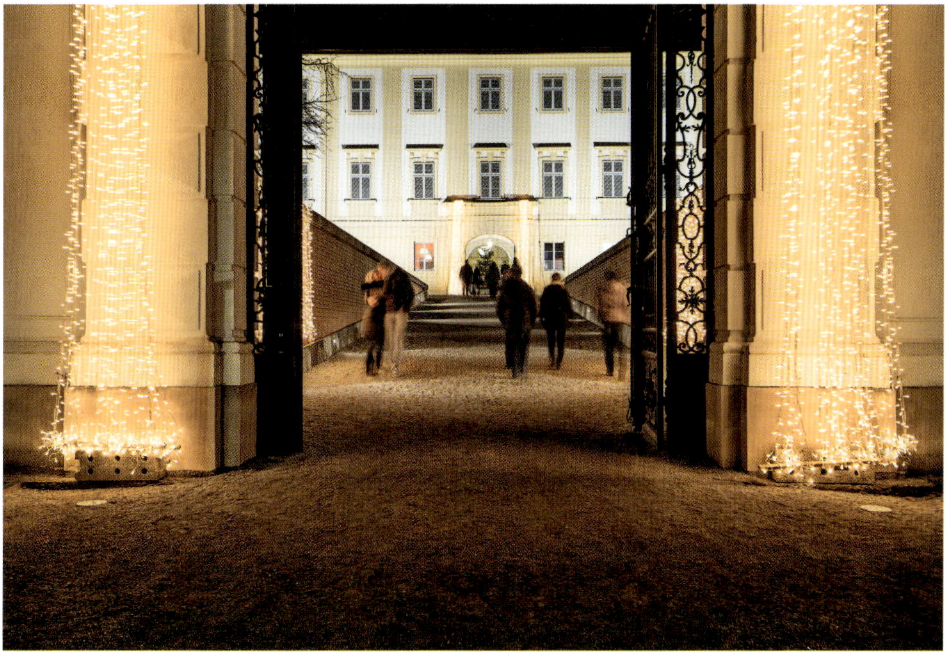

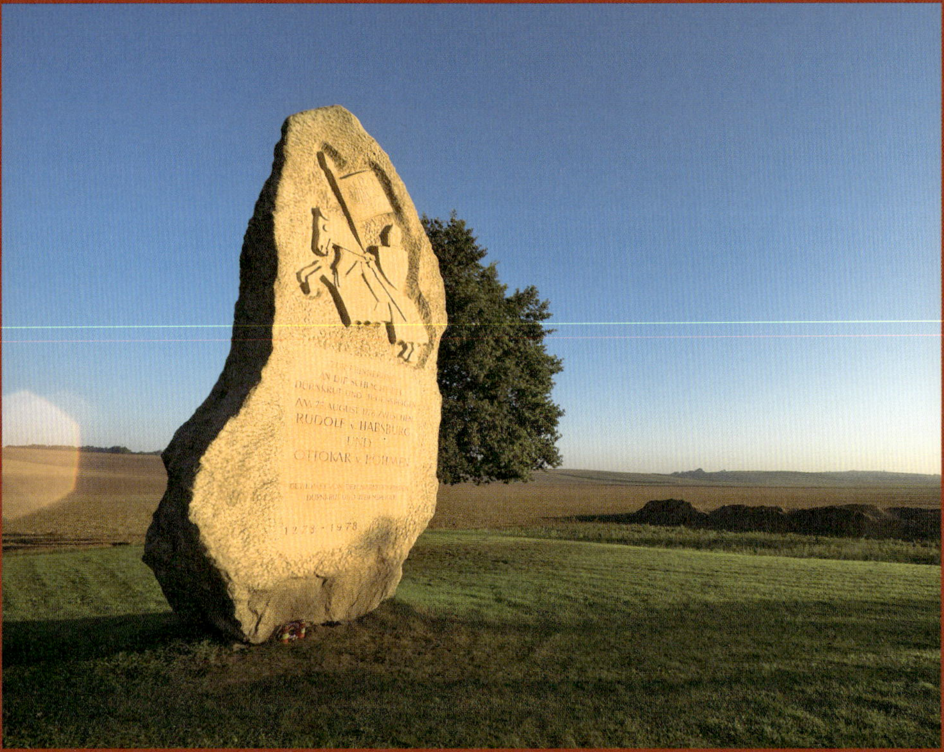
RUDOLF v. HABSBURG
UND
OTTOKAR v. BÖHMEN
1278 - 1978

Kulturraum Marchfeld

Historische Kulturlandschaft, paradiesisches Biotop für seltene Fauna und Flora, abwechslungsreiches Ausflugs-Dorado: Das Marchfeld, die Korn- und Gemüsekammer Österreichs, verspricht Genussfreudigen, Wissensdurstigen und Abenteuerlustigen gleichermaßen beste Ernte. Zahllose Sehenswürdigkeiten sind auf dichtem Raum gesät. Das kaiserliche Jagdschloss Eckartsau, die einstige Grenzfestung Marchegg, das Donaujuwel Schloss Orth, der Nationalpark Donau-Auen und das WWF-Auenreservat sowie der Brückenschlag in die Slowakei sind nur einige davon. Kommen Sie auf Touren!

Von Elisabeth Jonasch-Preyer

Jahrtausendealte Spuren. Eine Fahrt durch das Marchfeld: Abhängig von der Jahreszeit eröffnen sich dem Auge satte Gelbtöne in Form blühender Rapsfelder oder üppig wogender Getreideähren, die sich zielstrebig gegen den Himmel strecken. Golden glänzende Zwiebel und fleischig rote Kürbisse lachen den Reisenden an, tuckernde Traktoren zwingen den Eilenden zum Verweilen. In der Ferne grüßen die Schlote der Zuckerfabrik, der Duft der Zuckerrüben, die zum kostbaren weißen Süß werden, verzückt die Nase. Die fruchtbare Ebene des Marchfeldes gilt als »Korn- und Gemüsekammer« Österreichs. Abseits landwirtschaftlicher Vorzüge ist der Landstrich im Osten Österreichs auch ein mehrere Jahrtausende alter Kulturraum.

Bedingt durch seine Grenzlage und Topografie wurde das Marchfeld Austragungsort blutiger Schlachten und schicksalhafter Begegnungen wie der zwischen dem Böhmenkönig Ottokar II. Přemysl und dem römisch-deutschen König Rudolf I. im Jahr 1278. Viele Jahrhunderte später sollten sich bei Aspern und Wagram österreichische und französische Heere gegen-

Gedenkstein zur Schlacht bei Dürnkrut und Jedenspeigen 1278

überstehen. Doch erzählen prächtige Schlösser auch von der Leichtigkeit des Seins und von barockem *Savoir vivre*. Die Adelsgesellschaft der Barockzeit entdeckte das Marchfeld. Abweisend wirkende Burgen erhielten zierliche Fassaden von einnehmendem Wesen, hinter den Schlössern erstreckten sich weitläufige Gartenanlagen, die zum Lustwandeln einluden. Das »Schlösserreich« zu erkunden heißt, zusätzlich zu den barocken Lebenswelten von Schloss Hof und Schloss Niederweiden in Schloss Eckartsau das Schicksal gekrönter Häupter mitzuerleben, in Schloss Marchegg von großen Herrschern und gefiederten Schönheiten zu erfahren oder in Schloss Orth die vielfältige Fauna und Flora der Donauauen zu erspüren.

Schloss Eckartsau – Freud' und Leid. Eckartsau lag immer nahe am Wasser – die Redewendung »nahe am Wasser gebaut haben« bedeutet, leicht in Tränen auszubrechen. Tränen der Freude, Tränen des Leids hat das bezaubernde Schloss über die Jahrhunderte erlebt. Aus einer Wasserburg an der Donau wurde unter dem böhmischen Hofkanzler Franz Ferdinand Graf Kinsky im 18. Jahrhundert eine repräsentative barocke Residenz. Der Hausherr beschäftigte die Elite der damaligen Zeit – wie den Architekten Joseph Emanuel Fischer von Erlach, den Bildhauer Lorenzo Mattielli oder den Maler Daniel Gran. Ihre künstlerischen Leistungen sind bis heute im Schloss zu bewundern.
Mit dem Ankauf durch den Gemahl von Herrscherin Maria Theresia, Kaiser Franz I. Stephan von Lothringen, wurde Eckartsau zum kaiserlichen Jagdschloss. Im Festsaal stehend und dabei die Fresken Daniel Grans bewundernd kann man sich lebhaft vorstellen, welch rauschende Bälle hier einst stattfanden. Nachhaltig geprägt wurde das Schloss durch Erzherzog Franz Ferdinand. Der jagdbegeisterte Thronfolger ließ Eckartsau umbauen und modernisieren, um das Schloss entstand der weitläufige Landschafts-

park. Im Schloss selbst zeugen das komfortable Badezimmer sowie der riesige Staubsauger vom fortschrittlichen Haushalt, die Jagdtrophäen von der unersättlichen Jagdlust des Thronfolgers. Freud' und Leid lagen damals schon nah beieinander – dem Tod Franz Ferdinands in Sarajevo folgte der Erste Weltkrieg, und wenige Jahre später sollte Kaiser Karl I. in Eckartsau seine letzte Zuflucht auf österreichischem Gebiet finden.
Heute ist Schloss Eckartsau ein Refugium für Geschichts- und Kulturinteressierte. Park und nahe Donauauen aber sind Heimstätte für viele seltene Tierarten. Schloss und Garten werden durch die Österreichischen Bundesforste betreut.

Schloss Marchegg – am Rande und doch im Zentrum gelegen.

Der böhmische König Ottokar II. Přemysl gründete im Jahr 1268 Stadt und Burg Marchegg als Grenzfestung. Der Großteil der Stadtmauern ist bis heute gut erhalten und vermittelt einen Eindruck von der einstigen Wehrhaftigkeit. Schlachten und Kriege sind an Marchegg trotzdem nicht ohne Zerstörungen vorübergezogen. Im 16. Jahrhundert tauchte mit Niklas Graf Salm ein weiterer großer Name auf. Salm war ein alter Haudegen, an dessen Zähigkeit Prinz Eugen von Savoyen wohl großen Gefallen gefunden hätte. Als Stadtverteidiger Wiens im Türkenjahr 1529 zog sich der 70-jährige Salm eine Verletzung zu, an deren Folgen er im Jahr darauf in Marchegg verstarb. Die Neuzeit brachte dem Schloss Beständigkeit und Blüte in Gestalt der ungarischen Fürstenfamilie Pálffy. Der Bau legte seine Trutzigkeit ab und verwandelte sich in ein anmutiges Barockschloss. Die Familie Pálffy bewohnte das Anwesen bis über das Ende der Monarchie hinaus. Die schwerste Stunde sollte dem Schloss noch bevorstehen – massiv zerstört und geplündert drohte im Jahr 1953 die Demolierung. Die Marchegger Bevölkerung kämpfte für den Erhalt ihres Schlosses – mit Erfolg. Die Stadtgemeinde konnte den Abriss verhindern, erwarb das Schloss und renovierte es. Geografisch mag das Schloss am Rande der Stadt liegen, doch kulturell ist es zum Mittelpunkt geworden. In den ehemaligen Prunkräumen finden Gäste Ausstellungen zum Thema Schlossgeschichte und Auwald. Die Nebentrakte beherbergen ein Heimatmuseum, und Naturliebhaber kommen ebenfalls auf ihre Kosten. Direkt hinter dem Schloss kann man Marcheggs gefiederten Bewohnern einen Besuch abstatten. Eine große Kolonie von baumbrütenden Weißstörchen hat im Auwald schon lange ihren Zweitwohnsitz gefunden.

Schloss Orth – Treffpunkt an der Donau. Orth an der Donau ist seit Generationen ein beliebtes Ausflugsziel. Wenn sich nach langen, kalten Wintertagen die ersten Schneeglöckchen ihren Weg an die Oberfläche bahnen, zieht es viele Familien hinaus in die Natur. Mittelpunkt von Orth ist seit Jahrhunderten das Schloss, das auf eine äußerst wechselvolle Geschichte zurückblicken kann. Die alten Gemäuer erzählen von den Anfängen im Mittelalter, einer Zeit, in der Burgen vor allem wehrhaft sein mussten, bis zu den Zerstörungen durch osmanische Truppen im Jahr 1529. Besitzer des Schlosses war damals Niklas Graf Salm der Ältere. Unter seinem Sohn wurde aus der Burg ein repräsentatives Renaissanceschloss. Prächtiger Terrakottadekor, eine steinerne Wendeltreppe und ein hölzernes Renaissanceportal legen bis heute Zeugnis davon ab, dass Salm keine Kosten scheute.

Späterer Besitzer der Anlage war Theodor Heinrich Graf von Strattmann, Hofkanzler Kaiser Leopolds I. Dessen Tochter Eleonore von Batthyány-Strattmann wurde eine enge Freundin des greisen Prinzen Eugen. Die Familie Strattmann machte sich um den Ausbau des Schlosses Orth verdient und hinterließ mit der Errichtung der Mariensäule vor dem Schloss und der

Erweiterung der Pfarrkirche bis heute sichtbare Spuren. Seit Ende der Monarchie ist Schloss Orth Eigentum der Republik. Besucherinnen und Besucher des Schlosses erleben eine Symbiose aus Natur, Kunst und Kultur. Als Besucherzentrum des Nationalpark Donau-Auen ist Schloss Orth Ausgangspunkt zahlreicher Begegnungen mit der Natur, die bereits im Erlebnisgelände auf der Schlossinsel beginnen. In die Ortsgeschichte vertiefen kann man sich im »museumORTH«, in dem auch das prachtvolle hölzerne Renaissanceportal aus dem Schloss präsentiert wird.

Rund ums Schlösserreich – Brücken zu verborgenen Schönheiten. Paradiesische Zustände herrschen nicht nur im Marchfelder Schlösserreich. Auch rund um einst adelige Jagdschlösser und Gartenanlagen eröffnen sich dem Ruhesuchenden grüne Oasen in den Donau- und Marchauen, werden Neugierige in die Vergangenheit oder in die Nachbarschaft entführt. In der Au warten Fauna und Flora, in Obersiebenbrunn möchte eine Schönheit entdeckt werden. Über die March führt die »Brücke der Freiheit« zum Nachbarschaftstreffen in die Slowakei, und über die Donau gelangt man bei Carnuntum ins alte römische Imperium. Ein Dorado für Wissensdurstige und Abenteuerlustige.

Königreiche der Natur. Donau und March sahen in vergangenen Jahrhunderten zuhauf Kaiser, Königinnen, Grafen und Baronessen vorbeiziehen. Doch ist deren große Zeit längst vorüber. Aus Monarchien wurden Republiken, aus Adeligen Bürgerliche. Und doch sind sie noch da, die Königreiche. Sie heißen heute Nationalpark Donau-Auen und March-Thaya-Auen. Im Reich der Au gibt es eine unangefochtene Herrscherin: die Natur. Ihr Hofstaat heißt Fauna und Flora und ist bunter und artenreicher, als die exklusivste barocke Jagdgesellschaft es je war.

Viele Kämpfe hatte sie auszufechten, die Natur. Ihre Residenzen waren bedroht, vor allem ab dem 19. Jahrhundert. Die Donau wurde vielerorts reguliert, um die Navigation zu erleichtern und die Überschwemmungsgefahr zu bannen. Später sollten auch noch Flusskraftwerke entstehen, die den Lebensraum Donau für Flora und Fauna weiter dezimierten. Doch gab es immer Menschen, die sich für ihren Erhalt einsetzten: Bei der Besetzung der Hainburger Au protestierten Tausende gegen den Bau eines Kraftwerkes bei Hainburg. Mit Erfolg. Der Nationalpark Donau-Auen wurde schließlich im Jahr 1996 aus der Taufe gehoben. In diesem etwa 9300 Hektar großen Reich zwischen Wien und Bratislava ist die Natur Alleinherrscherin. Im Auwald, in den Alt- und Seitenarmen, Tümpeln und Wiesen tummelt sich ein riesiger Hofstaat von Säugetieren, Vögeln, Fischen und Pflanzen.
Ähnlich unberührte Gebiete findet man in den March-Thaya-Auen, die sich zwischen Vranovice in Tschechien und der Mündung der March in die Donau bei Devin erstrecken. Auwälder, Wiesen und Gewässer offerieren mannigfaltige Lebensräume für gefährdete Arten wie Wachtelkönig, Rotmilan oder den König der Lüfte, den Kaiseradler. Und im WWF-Auenreservat Marchegg bitten, wie erwähnt, nobel gefiederte Weißstörche zur Audienz auf der Schlosswiese. Bis zu 50 Paare sind es, die jährlich auf den alten Eichen brüten.

Brücke der Freiheit. Wer den barocken Garten von Schloss Hof hinter sich lässt, bewegt sich geradewegs auf die Marchauen zu. Felder gehen über in Sträucher und Bäume, und plötzlich taucht sie unvermutet auf: die »Brücke der Freiheit«. Viel Aufmerksamkeit zog sie auf sich, die Fahrrad- und Fußgängerbrücke, als sie im September 2012 eröffnet wurde. Es war nicht der erste Brückenschlag über die March, aber wohl der historischste. Bereits 1771 ließ die praktisch veranlagte Maria Theresia eine steinerne

Brücke errichten, damit sie von Schloss Hof sehr rasch per Kutsche zu ihrer Lieblingstochter Erzherzogin Maria Christina nach Preßburg reisen konnte. Naturgewalten und Kriege rüttelten am Bauwerk, bis schließlich nur noch Überreste stumm in den Himmel ragten. Zur Außengrenze der westlichen Welt geworden, durfte die March nicht überschritten werden. An eine Verbindung zwischen Ost und West war an dieser Stelle lange nicht zu denken. Der Fall des Eisernen Vorhanges sollte ein langsames Umdenken bringen. Die fast ein Kilometer lange und vier Meter breite Brückenkonstruktion aus Stahl verbindet nun schon seit einigen Jahren Österreich und die Slowakei, und sie ist längst Begegnungszone geworden zwischen Menschen dies- und jenseits der March.

Brücke zur Vergangenheit. Zur selben Zeit, als Maria Theresia und ihr kaiserlicher Gemahl Franz I. Stephan von Lothringen im Marchfeld die Freuden des barocken Landlebens zelebrierten, schlummerten nicht weit entfernt große Teile der antiken Stadt Carnuntum unter dicken Erdschichten und harrten ihrer Entdeckung. Das Legionslager entstand im 1. Jahrhundert nach Christus. Römische Soldaten überwachten einst hier wie andernorts den Limes, die Nordgrenze des Römischen Reiches entlang der Donau. Auch wirtschaftlich war der Standort schlau gewählt, trafen doch bei Carnuntum mit Donau und Bernsteinstraße zwei wichtige Handelswege aufeinander. Abseits des militärischen Lagers entwickelten sich Lagervorstadt und Zivilstadt. Und so wurde aus dem kleinen Flecken an der Donau eine ansehnliche Stadt.
Sie wussten zu leben, die alten Römer. Die Bewohner von Carnuntum statteten ihre Häuser mit vielen Raffinessen aus, eine Therme offerierte angenehmes Badevergnügen, der Besuch des Amphitheaters versprach Abwechslung im Alltag. Auch Imperatoren ließen sich blicken – der

bekannteste unter ihnen, Marc Aurel, sollte während der Markomannenkriege fast drei Jahre in Carnuntum weilen und hier auch Teile seiner philosophischen Schriften verfassen. Der Niedergang des Römischen Imperiums besiegelte auch das Ende des antiken Carnuntum. Die einst stolze Stadt wurde zum Steinbruch degradiert, steter Forschergeist erweckte sie aber zu neuem Leben. Dass Geschichte lebendig und packend präsentiert werden kann, beweist die Römerstadt Carnuntum: Ungläubig bestaunt man die rekonstruierten Häuser im Wohnviertel, die Einblicke in römische Wohnkultur geben, das Amphitheater oder das riesige Heidentor. Eine großartige Auswahl an Funden versammelt darüber hinaus das Museum Carnuntinum in Bad Deutsch-Altenburg.

Prinz Eugens vergessenes Jagdschloss. Mit dem Namen Prinz Eugen von Savoyen werden vor allem die Schlösser Hof und Niederweiden verbunden. Doch liegt im Herzen des Marchfeldes noch ein ehemaliges Schloss des Prinzen verborgen: Obersiebenbrunn. Kaiser Karl VI. selbst war es, der seinem treuen Feldherrn im Jahr 1725 die Herrschaft Obersiebenbrunn zum Geschenk machte. Der kaiserliche Hof hatte sie zuvor von Erzbischof Sigismund Graf Kollonitsch erworben. Ein barocker Umbau des Schlosses war bereits unter dem Kirchenfürsten durchgeführt worden, also richtete Eugen sein Hauptaugenmerk auf die Gestaltung des Schlossparks. Die Ausführung legte er in die bewährten Hände des französischen Gartenarchitekten Dominique Girard, der bereits im Belvedere für ihn tätig gewesen war.
Es entstand eine beeindruckende Parklandschaft aus weitläufigen Alleen, kunstvoll angelegten Kanälen und Teichen. Blickfang des Gartens war ein zierlicher Pavillon. Die Entwürfe dazu stammten von Architekt Johann Lucas von Hildebrandt. Im Inneren führte der Augsburger Künstler Jonas Drentwett filigrane Groteskenmalereien aus. Im Schloss befindet sich heute

das St.-Antonius-Kloster der koptisch-orthodoxen Kirche. Der frei zugängliche Schlosspark hat im Laufe der Zeit an Glanz verloren, doch immer noch vermag er das Publikum in seinen Bann zu ziehen. So lohnt es, Blicke in verwunschen anmutende Alleen zu werfen und beim Gartenpavillon zu verweilen. Das Auge erfreut sich damals wie heute an den Fresken, die barockes Landleben und höfische Jagd zum Thema haben. In luftiger Höhe schwebt eine Vielzahl mythologischer Figuren. Schließt man die Augen und lauscht in die Stille, so scheint es, als könne man das fröhliche Treiben der Jagdgesellschaft tatsächlich hören.

Der steinerne Löwe von Aspern als Wächter am Eingang zum Marchfeld

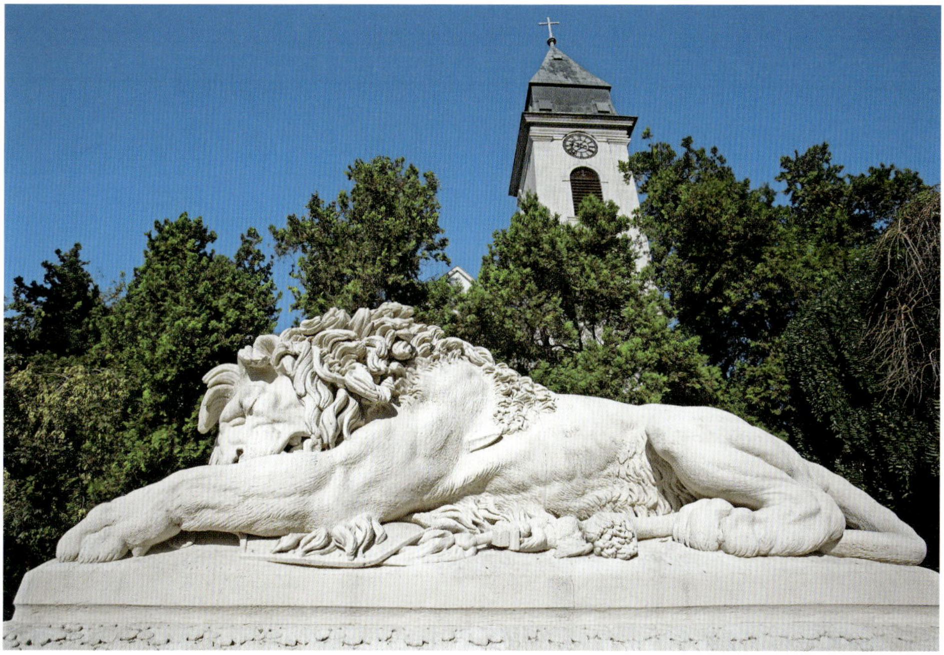

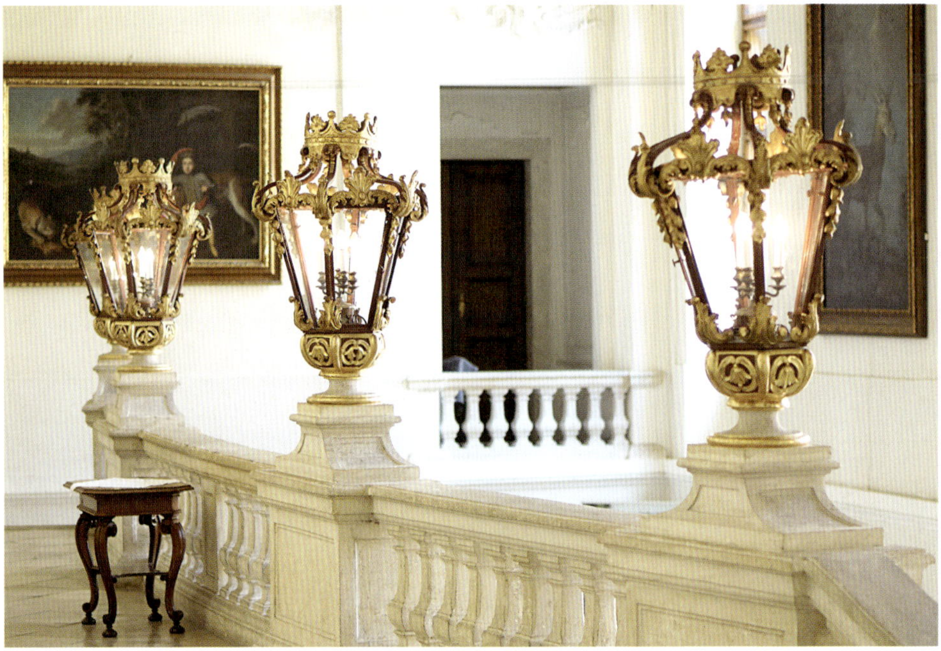

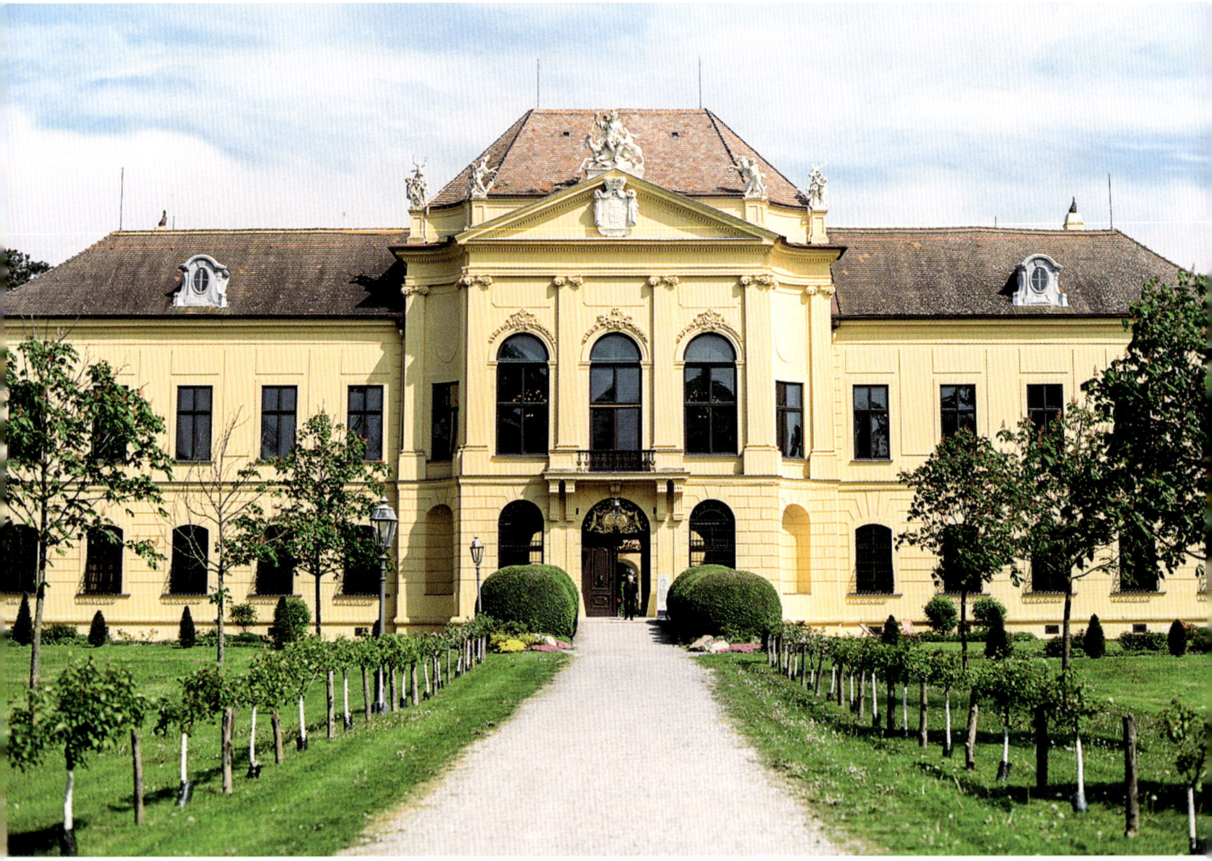

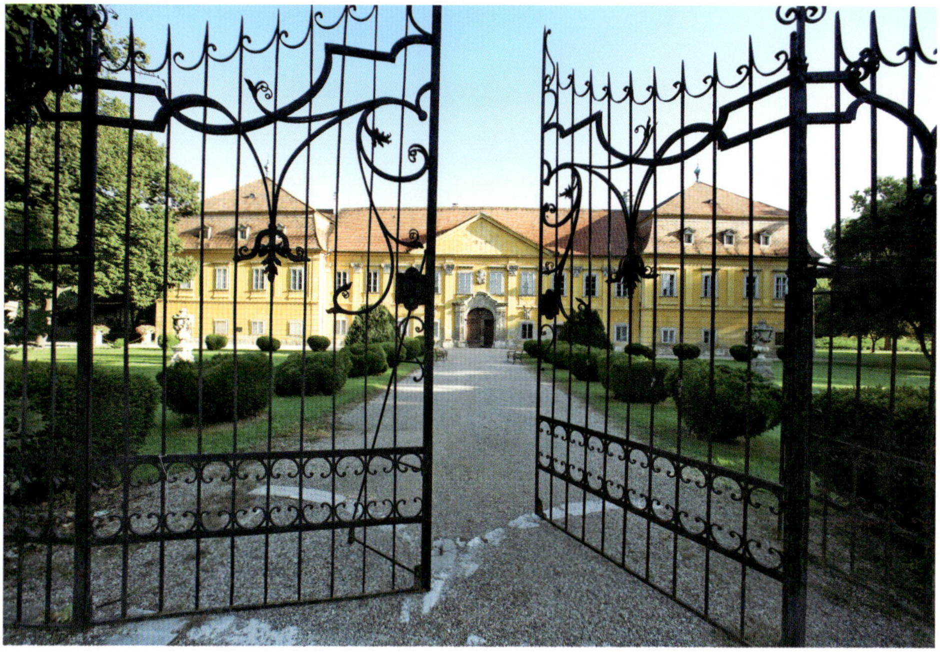

Nah am Wasser gebaut:
Schloss Eckartsau (links) und Schloss Marchegg (oben)

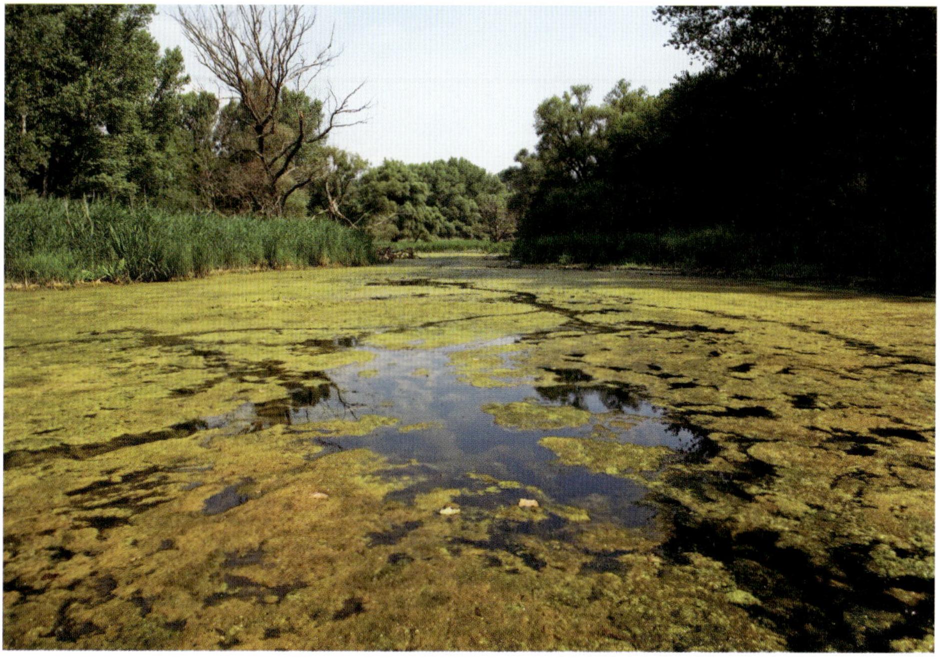

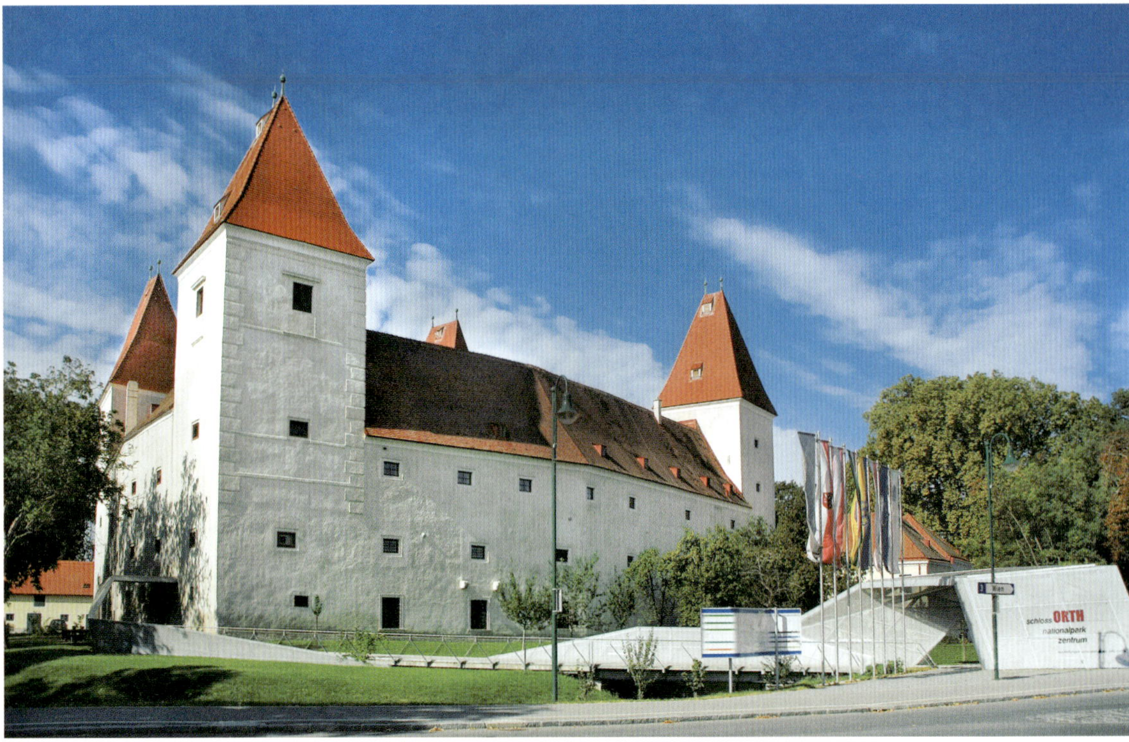

Grenzenloses Ausflugsvergnügen:
Schloss Orth im Nationalpark (oben),
die Thebener Burgruine (rechts oben)
und die Brücke der Freiheit über die March (rechts unten)

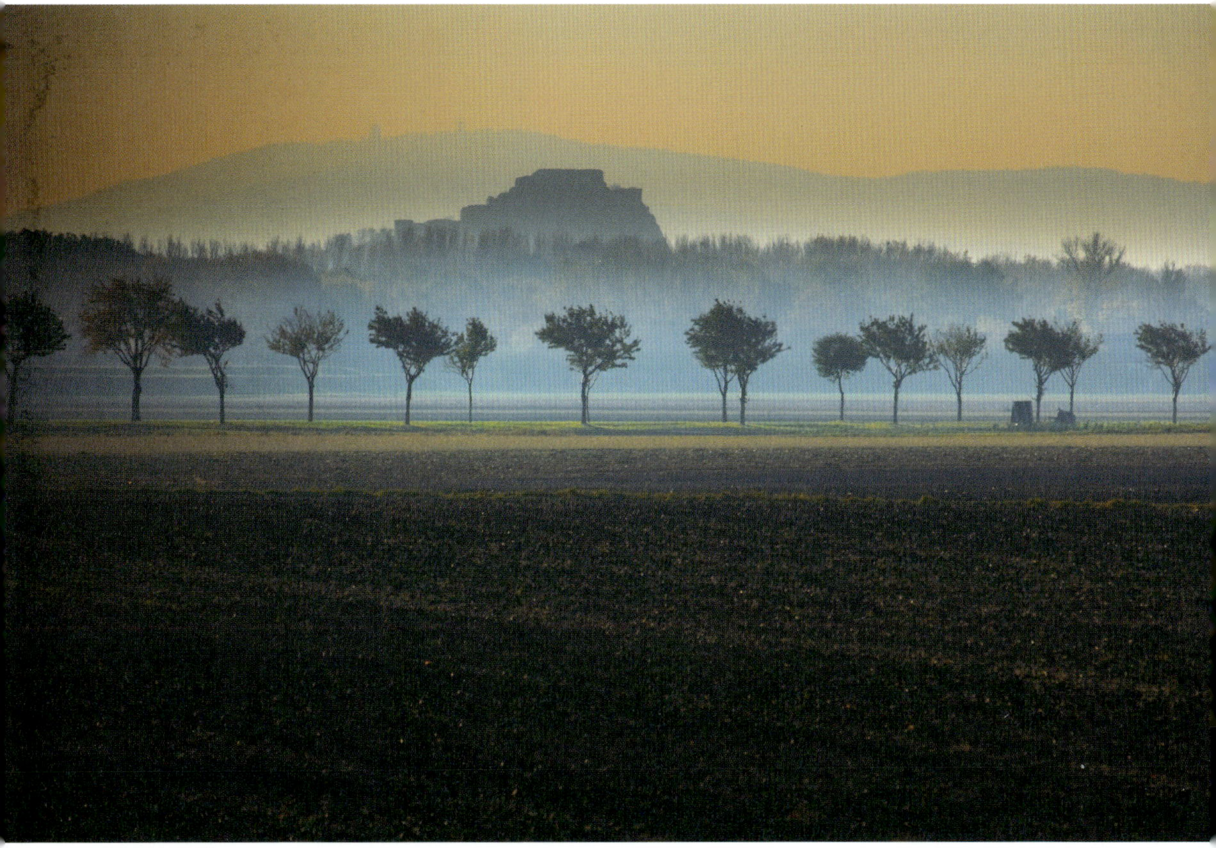

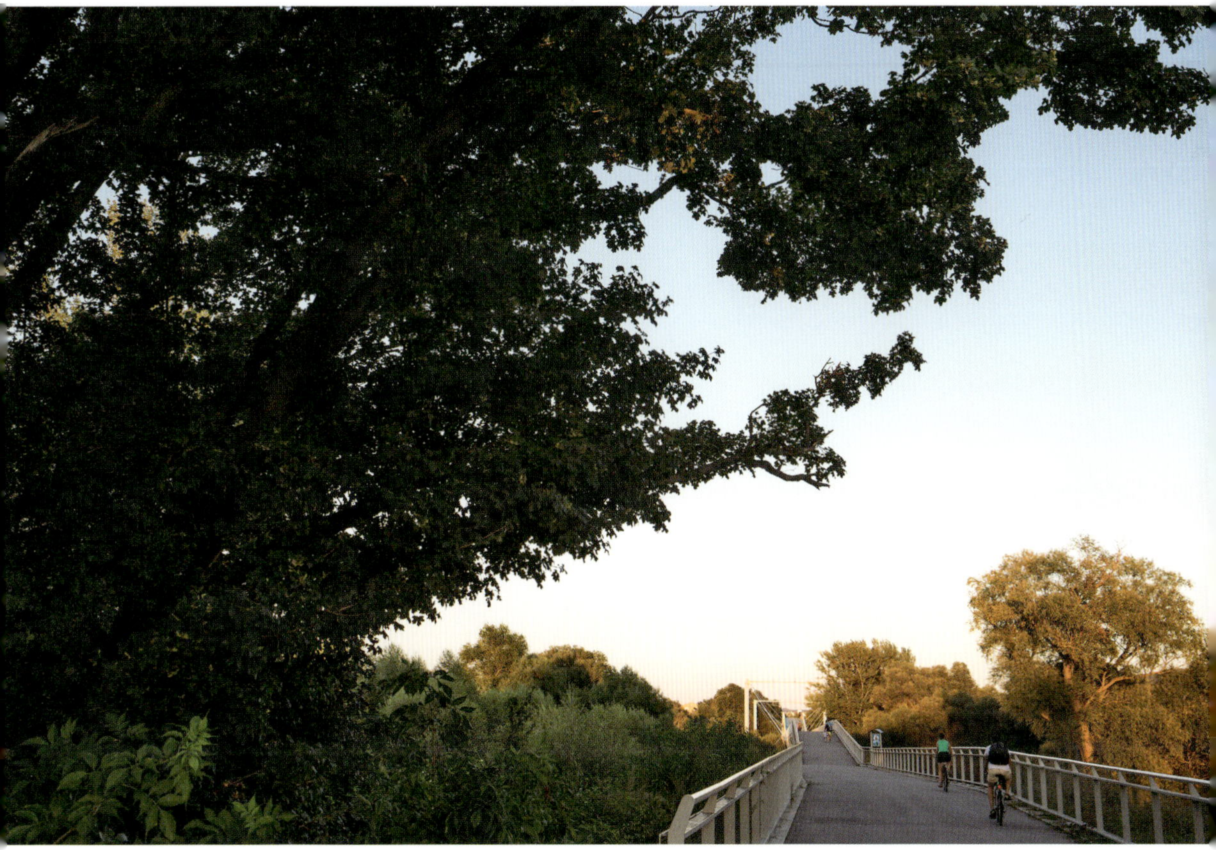

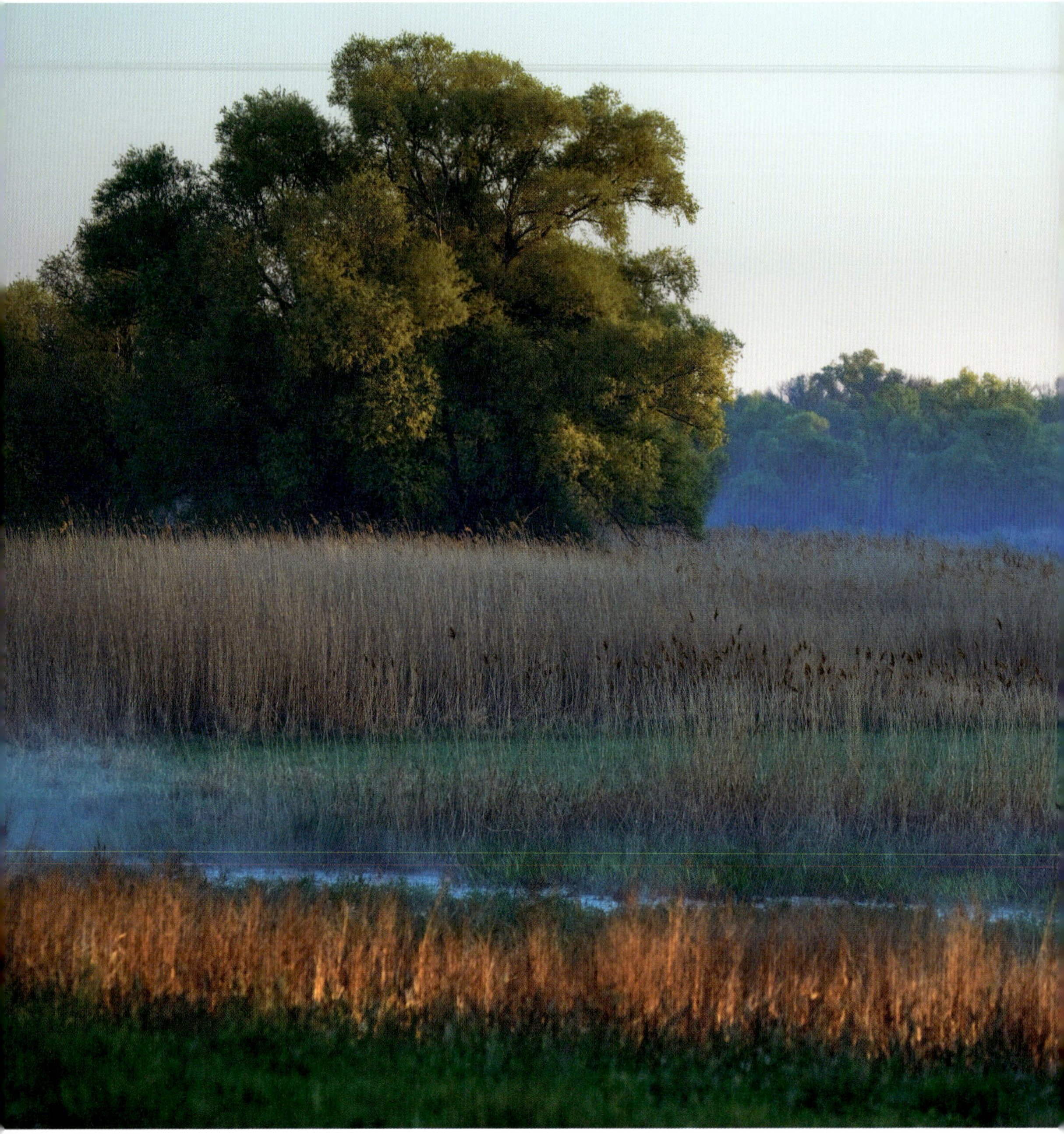

Nebel über den March- und Donauauen:
die Natur als unangefochtene Herrscherin

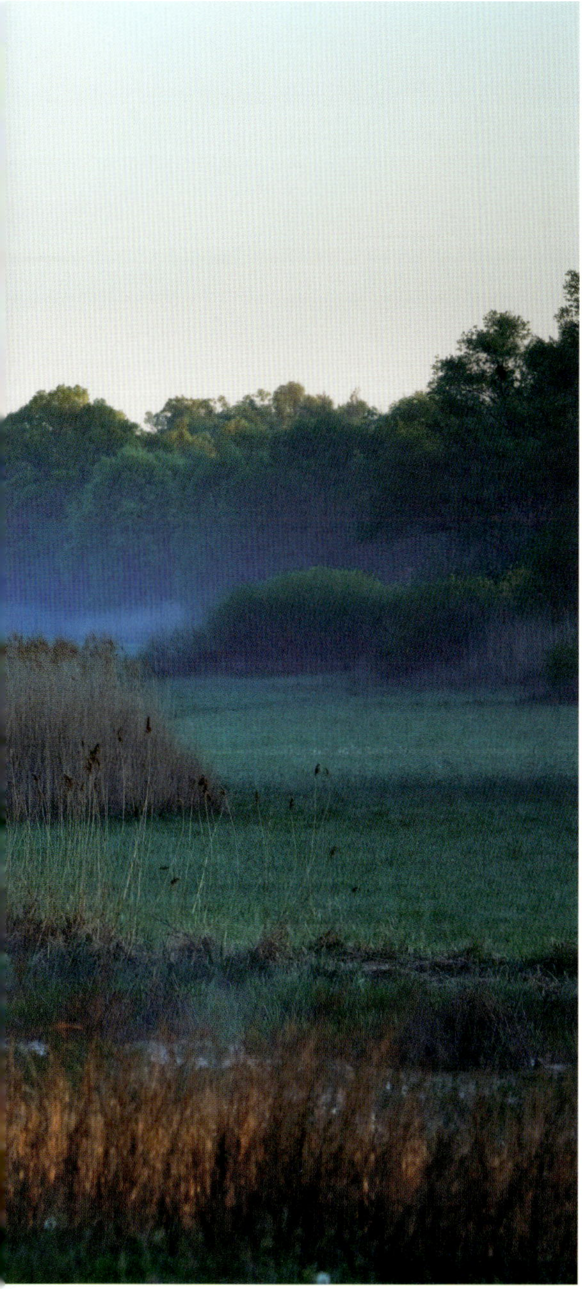

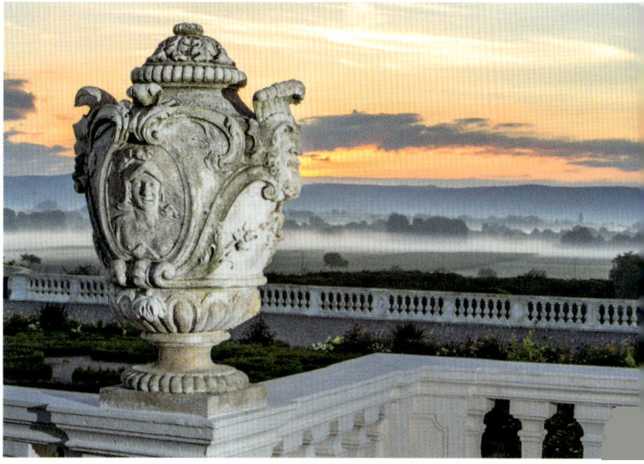

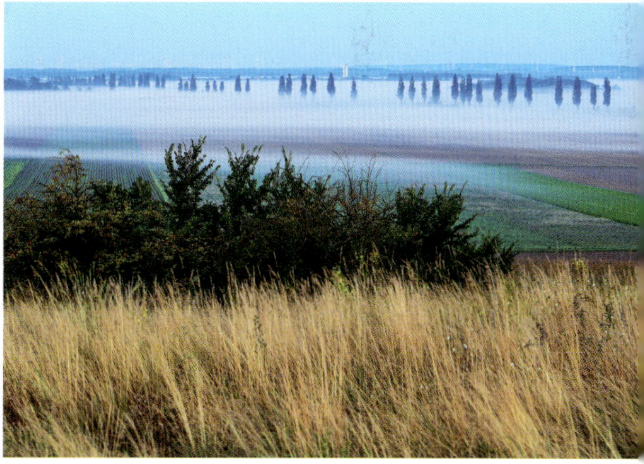

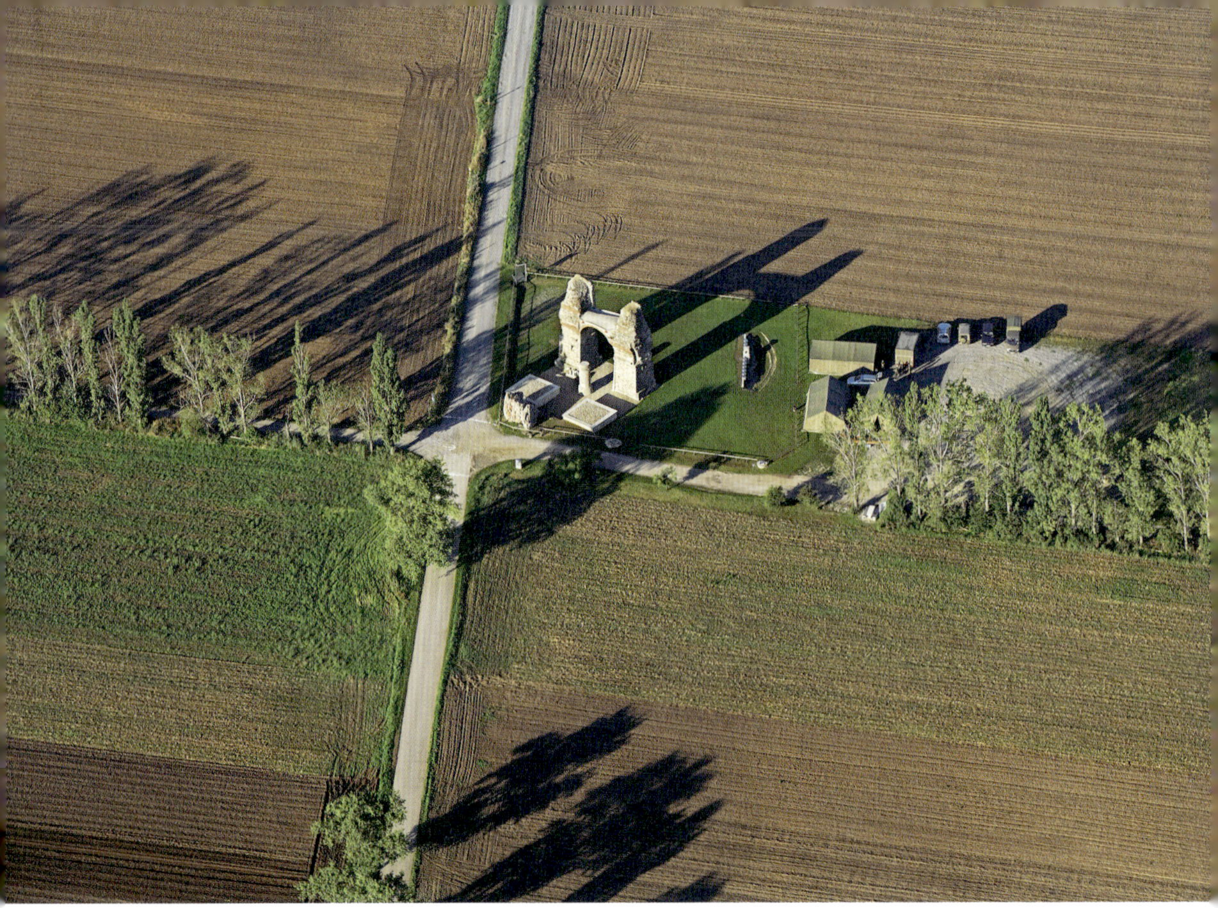

Reisewelten südlich der Donau:
Heidentor (oben), Hainburger Berge (rechts oben)
und Amphitheater in der Römerstadt Carnuntum (rechts unten)

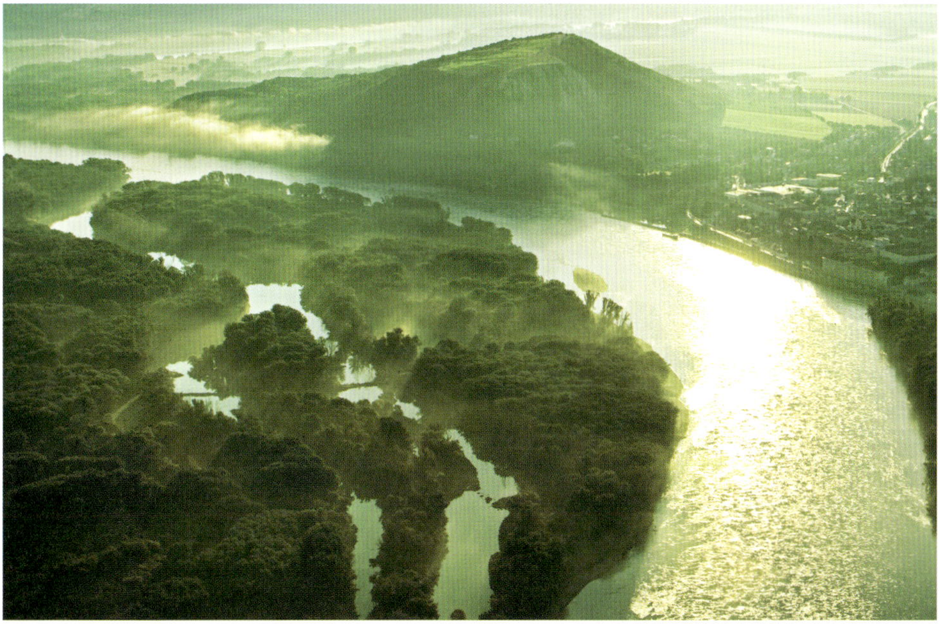
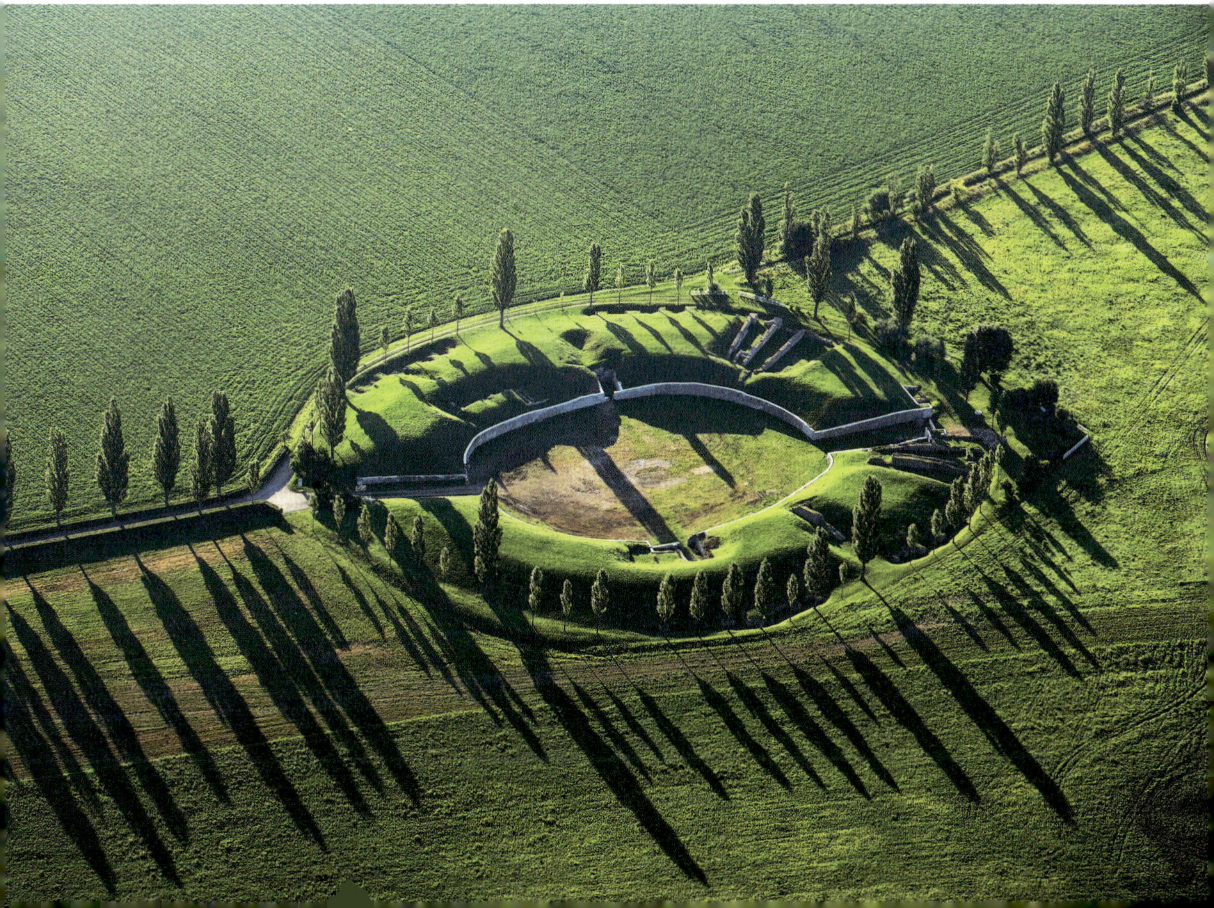

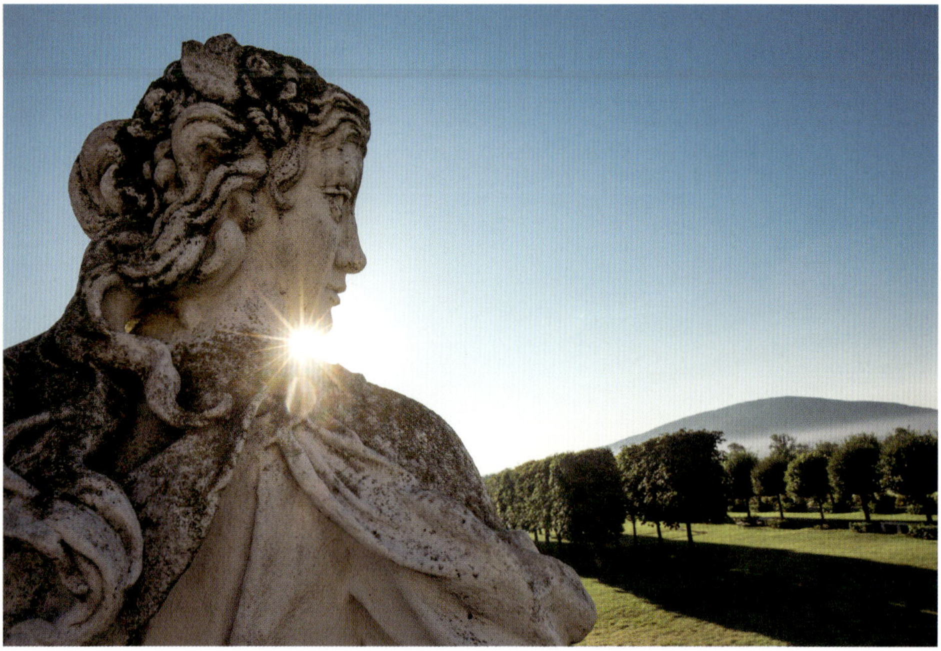

Zurück in Schloss Hof: Abschied …

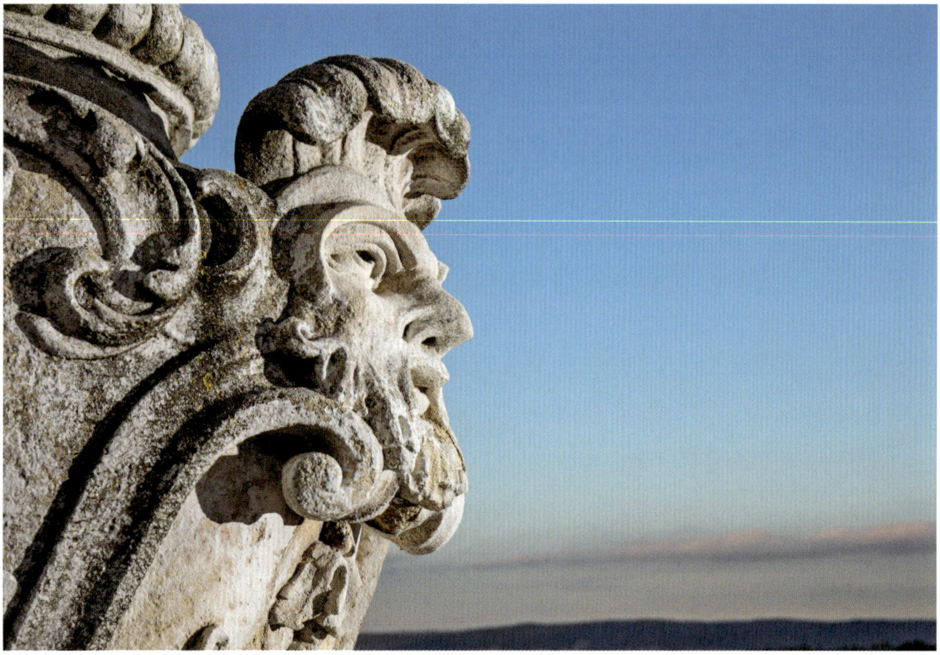

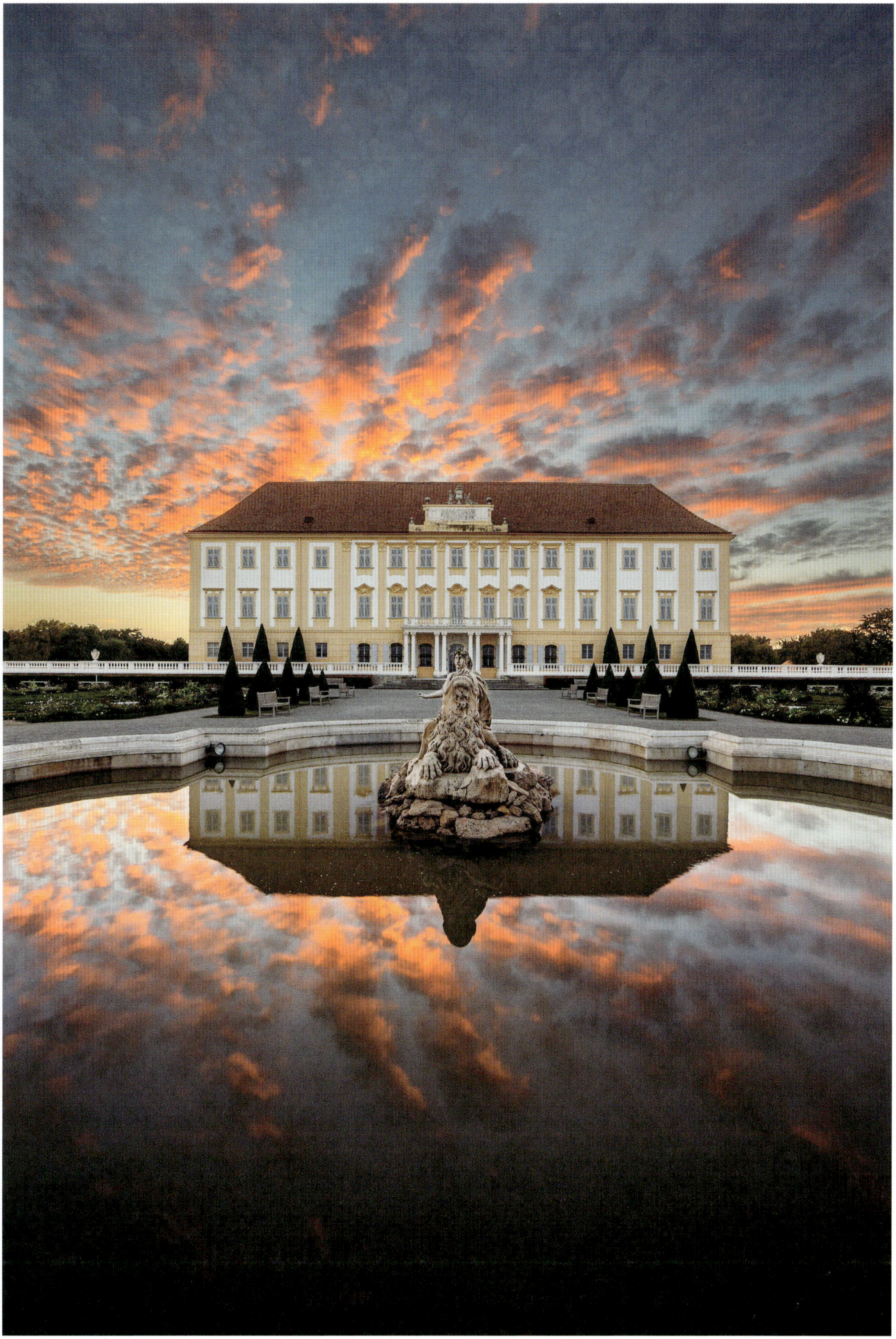

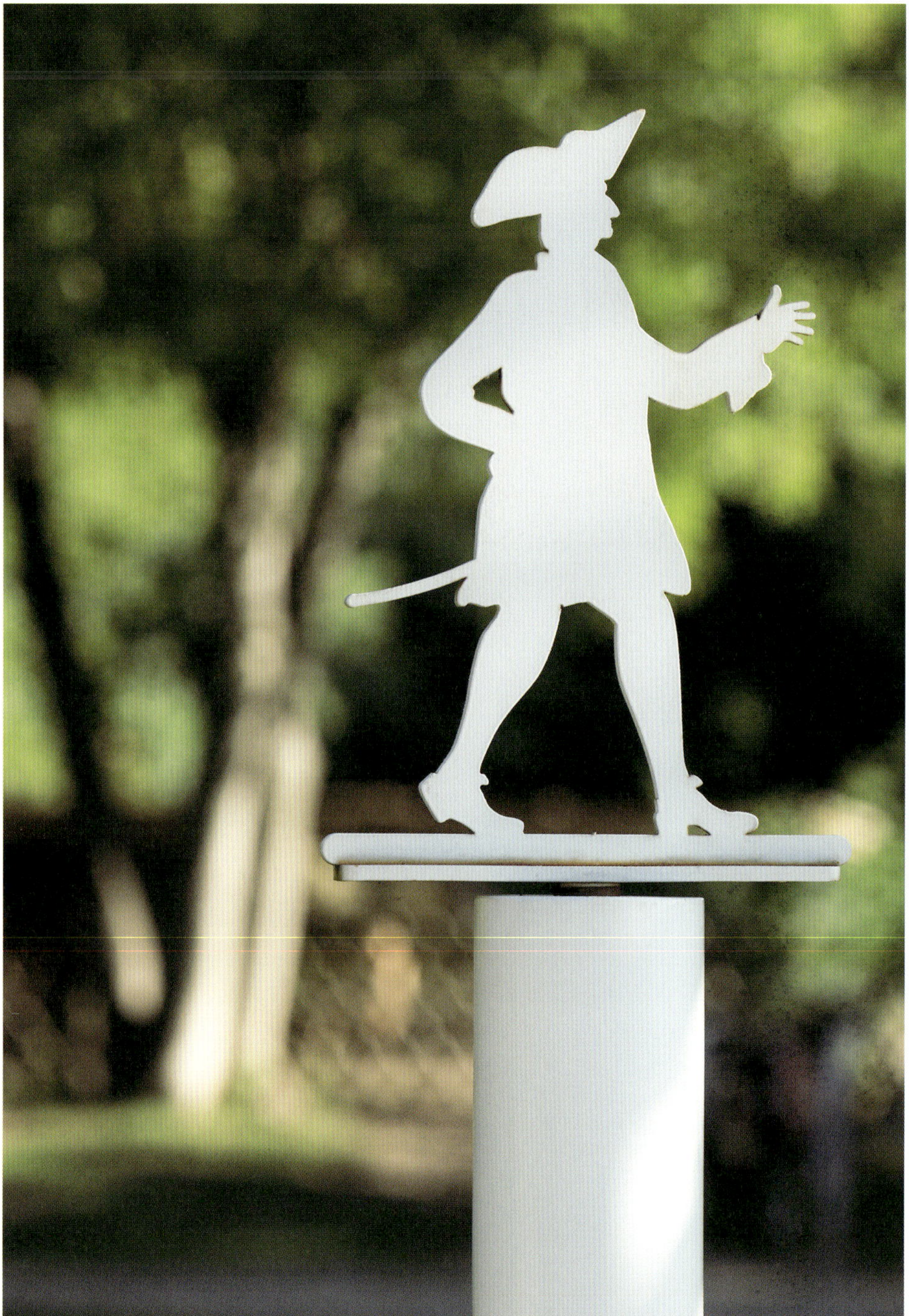

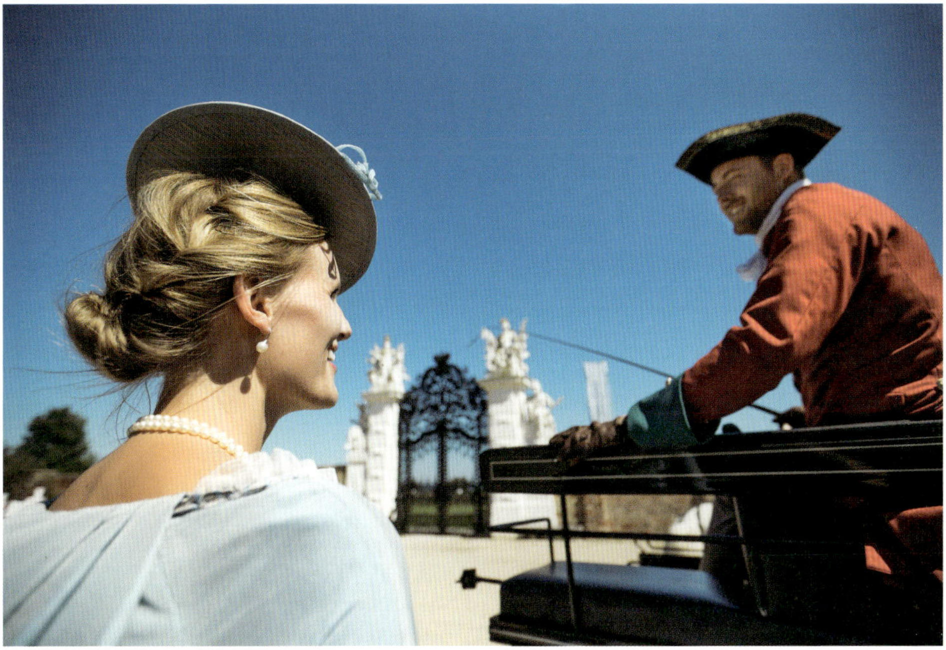

… und Wiederkehr!

Die Autoren

Mario Feigl, Mag. (FH), geb. 1973 in Mödling, ist im Marchfeld in Niederösterreich aufgewachsen und mit den Schlössern Hof und Niederweiden sowie mit der Region Marchfeld seit jeher emotional eng verbunden. Das Studium der Kommunikationswirtschaft schloss er mit der Diplomarbeit *Tourismus und Landwirtschaft – Chancen gemeinsamer Marken* anhand einer Studie über die Tourismusregion »Auland Carnuntum« erfolgreich ab. Das Veranstaltungsmanagement leitet er seit der ersten Sommersaison von Schloss Hof 2005.

Lieselotte Hanzl-Wachter, Dr. phil., geb. in Wien, Kunsthistorikerin, Forschungen und Publikationen zu Wohnkultur, Möbelkunst, Architektur und Nutzungsgeschichte der Residenzen des Wiener Hofes im 18. und 19. Jahrhundert. Ausstellungskuratorin. Rekonstruktionen der Originaleinrichtungen der Innsbrucker Hofburg und von Schloss Hof. Von 2003–2015 wissenschaftliche Leiterin der Marchfeldschlösser Revitalisierungs- und Betriebsgesellschaft m.b.H.

Katrin Harter, Mag., geb. 1977 in Oberpullendorf, ist Kunsthistorikerin und beschäftigt sich seit 2004 mit Schloss Hof. 2009–2012: Mitarbeit am Forschungsprojekt der Universität Wien über den Garten von Schloss Hof. Autorin mehrerer Artikel über den Schloss Hofer Garten, die Gärtner von Schloss Hof und zum Garten des Belvedere in Wien. 2015–2016: Mitarbeit am Forschungsprojekt über Schloss Niederweiden. Seit 2004 Kulturvermittlerin in Schloss Hof.

Elisabeth Jonasch-Preyer, Mag., geb. 1977 in Mistelbach, lebt in Pillichsdorf im Weinviertel in Niederösterreich. Ausbildung im Gastgewerbe, Tätigkeit im Tourismus. Studium der Slawistik/Polonistik an der Universität Wien, Fremdenführerausbildung am WIFI Wien. Seit einigen Jahren bereits als Kulturvermittlerin in Schloss Hof und Schloss Niederweiden tätig, daneben selbstständig als Fremdenführerin in Wien und Niederösterreich unterwegs.

Günther Kvapil, Ing., geb. 1968 in Wien, wuchs im Weinviertel in Niederösterreich auf, wo er auch heute noch lebt. Nach Absolvierung einer HTL war er einige Zeit im Anlagenbau beschäftigt, bevor er in der Technischen Leitung des größten Kinder- und Jugendtheaters Europas, dem Theater der Jugend, zu arbeiten begann. Seit 2003 ist er in der Technischen Leitung von Schloss Hof tätig und hat das Gesamtprojekt von Anfang an mitgestaltet.

Birgit Lindner, Mag., geb. 1968 in Hainburg/Donau, ist Historikerin und mit Schloss Hof und Schloss Niederweiden seit vielen Jahren vertraut. Sie arbeitet als Kulturvermittlerin, schrieb ihre Diplomarbeit *Vom Barockfest zum Sonntagsausflug* über beide Schlösser, gestaltete einen »Kulturpfad« in Niederweiden sowie eine Serie über Prinz Eugen in der Ö1-Radioreihe *Betrifft: Geschichte*. Zurzeit leitet sie das Gästeservice in Schloss Hof und Schloss Niederweiden.

Bernhard Rödl, Dipl. Ing., geb. 1958 in Neumarkt in der Oberpfalz, ist seit 2012 Leiter der barocken Gartenanlage von Schloss Hof. Das Studium der Landespflege absolvierte der gelernte Landschaftsgärtner und Diplomingenieur an der TU München/Weihenstephan. Der gebürtige Bayer lebt seit 1993 in Österreich. Als Bauleiter war er für die Herstellung von Außenanlagen, Gärten und Parks im Großraum Wien verantwortlich, darunter auch von 2003–2006 in Schloss Hof für die Revitalisierung der Terrassen 1–3 und des Gartenparterres der Orangerie Ost.

Franz Sattlecker, Mag. Dr., geb. 1953 in Schalchen, Oberösterreich. Studium der Betriebswirtschaft an der Wirtschaftsuniversität Wien, Mitbegründer der »Initiativen Wirtschaft für Kunst«. Von 1989 bis Oktober 1992 geschäftsführender Gesellschafter der Kulturmanagement BeratungsgesmbH, seit Oktober 1992 Geschäftsführer der Schloß Schönbrunn Kultur- und Betriebsges.m.b.H., Lektor für Kulturmanagement an der Universität für Musik und Darstellende Kunst, Träger des Goldenen Ehrenzeichens für Verdienste um die Republik Österreich.

Lukas Svoboda, geb. 1988 in Wien. Nach seiner Schulzeit begann er an der Veterinärmedizinischen Universität Wien Pferdewissenschaften zu studieren. Neben seiner Tätigkeit im Tierbereich von Schloss Hof betreibt er intensiv den Fahrsport mit Pferden und ist dabei national bis zur schwersten Klasse erfolgreich. Außerdem schloss er 2016 seine Ausbildung zum staatlich geprüften Fahrtrainer ab und gibt seine Erfahrungen und sein Wissen an Interessierte weiter.

Katharina Zoufal, Mag., geb. 1979 in Wiener Neustadt, Niederösterreich. 1997–2003 Studium der Zoologie in Wien. 2004–2007 wissenschaftliche Mitarbeit im Rahmen des Artenschutzprojektes »Waldrappteam.at«. 2006–2007 wissenschaftliche Mitarbeit im Tiergarten Schönbrunn. 2007–2008 Mitarbeit im »Kompetenzzentrum Streunertiere« bei »VIER PFOTEN – Stiftung für Tierschutz«. Seit 2008 Leitung des Tierbereiches in Schloss Hof.

Lois Lammerhuber stammt aus St. Peter in der Au, Niederösterreich. Er wurde drei Mal in Folge zum besten Reportage-Fotografen der Welt gewählt. Er ist seit 1994 Mitglied des Art Directors Club New York. Im Jahr 2014 wurde ihm das Österreichische Ehrenkreuz für Wissenschaft und Kunst I. Klasse verliehen.

Literaturverzeichnis

Sekundärliteratur:

Archiv Bundesdenkmalamt. Aktenbestand Niederweiden, Bestand ab 1945 Landeskonservatorat Niederösterreich. Die Schloßruinen an der March – wertvolle österreichische Baudenkmäler verfallen. In: Arbeiter-Zeitung. 30.10.1954. Zl. 7516v.1954.

Barta, Ilsebill. Familienporträts der Habsburger. Dynastische Repräsentation im Zeitalter der Aufklärung. Wien 2001

Bernoulli, Johann. Sammlung kurzer Reisebeschreibungen (Bd. 13). Berlin 1784

Bibersteiner, Anna H. Prinz Eugen Schlösser im Marchfeld: Schloßhof – Niederweiden. Gänserndorf 1989

Braubach, Max. Prinz Eugen von Savoyen. Mensch und Schicksal (Bd. 1–5). Wien 1963–1965

Brauneis, Walther. Die Schlösser im Marchfeld. St. Pölten 1981

Buchner, Robert. Das Jagdschloß Niederweiden. Diss. Wien 1937

Bundesdenkmalamt (Hg.). Orth an der Donau. Von der Wasserburg zum Renaissancekastell. Horn 2011

Danreiter, Franz Anton. Die Gärtnerey sowohl in ihrer Theorie oder Betrachtung als Praxis oder Übung. Augsburg 1731

Fritsch, Gerhard. Moos auf den Steinen. Salzburg 1956

Glüsing, Jutta. Der Reisebericht Johann Jacob Michael Küchels von 1737. Diss. Kiel 1978

Gordon-Smith, Maria. Pillement. Krakau 2006

Grossegger, Elisabeth. Theater, Feste und Feiern zur Zeit Maria Theresias 1742–1776. Eine Dokumentation. Wien 1987

Gutkas, Karl (Hg.). Prinz Eugen und das barocke Österreich. Salzburg/ Wien 1985

Haller, Max. Geschichte von Schlosshof. Cultur-historische Skizze des k. u. k. Lustschlosses Schlosshof a. d. M. Wien 1903

Hanzl-Wachter, Lieselotte. Prospecte von Neapel – Zur Provenienz einer Serie von Gemälden von Antonio Joli. In: Jahrbuch des Kunsthistorischen Museums Wien, Bd. 13/14. S. 270–283. Wien 2014

Hanzl-Wachter, Lieselotte (Hg.). Schloss Hof – Prinz Eugens tusculum rurale und Sommerresidenz der kaiserlichen Familie. Geschichte und Ausstattung eines barocken Gesamtkunstwerks. St. Pölten 2005

Harter, Katrin. Der Barockgarten von Schloss Hof und seine Skulpturenausstattung. Phil. Dipl. Wien 2006

Harter, Katrin. Die barocke Skulpturenausstattung des Gartens von Schloss Hof. In: Österreichische Zeitschrift für Kunst und Denkmalpflege. S. 468–487. Wien 2007

Hlavac, Christian u. a. (Hg.). Historische Gärten und Parks in Österreich. Wien 2012

Khevenhüller-Metsch, Rudolf und Schlitter, Hans (Hg). Aus der Zeit Maria Theresias. Tagebuch des Fürsten Johann Josef Khevenhüller-Metsch 1742–1744. Leipzig 1907

Lindner, Birgit. Kunst- und kulturhistorische Aspekte der Schlösser Niederweiden und SchloßHof im Marchfeld. Vom Barockfest zum Sonntagsausflug. Phil. Dipl. Wien 1999

Lorenz, Hellmut. Johann Bernhard Fischer von Erlach. Zürich 1992

Madritsch, Renate. Zur Geschichte der Restaurierung von Schloß Hof in den Jahren 1984–1985. In: Österreichische Zeitschrift für Kunst und Denkmalpflege, 40. Jahrgang. S. 76–86. Wien 1986

Margl, Hermann. Zur Ortung einiger Wüstungen im Marchfeld. In: Jahrbuch für Landeskunde von Niederösterreich und Wien. 39. Jahrgang. S. 175–201. Wien 1973

Maurer, Josef. Geschichte des k. k. Lustschlosses Schlosshof und des Marktes Hof an der March. Wien 1889

Maurer, Joseph. Einrichtung der Wohngemächer des Prinzen Eugen von Savoyen in Schlosshof. In: Berichte und Mitteilungen des Alterthums-Vereines zu Wien, Bd. 26. S. 163–168. Wien 1890

Mück, Emil u. a. Die Geschichte von Marchegg. Marchegg 2006

Popelka, Liselotte. Marchfeldschlösser. Wien 1959

Prinz Eugen und das barocke Österreich, Marchfeldschlösser Schlosshof und Niederweiden. Ausstellungskatalog des Niederösterreichischen Landesmuseums, Neue Folge Nr. 170. Wien 1986

Schad'n, Hans P. Wehrbauten, Erdställe und andere Schutzvorrichtungen. In: Der politische Bezirk Gänserndorf in Wort und Bild. Ein Heimatbuch für Schule und Haus. Gänserndorf 1970

Schmidt, Stefan. Das Schlosshofer Parterre und seine Rekonstruktion. In: Historische Gärten – Mitteilungen der Österreichischen Gesellschaft für historische Gärten. 11. Jahrgang. Wien 2/2005

Schweickhardt, Franz Xaver. Perspektiv-Karte des Erzherzogthums Oesterreich unter der Ens, Textheft zur Sektion XVI. Wien 1834

Sedlmayr, Hans. Johann Bernhard Fischer von Erlach. Stuttgart 1997

Seeger, Ulrike. Stadtpalais und Belvedere des Prinzen Eugen. Entstehung, Gestalt, Funktion und Bedeutung. Wien/Köln/Weimar 2004

Weinviertel Management (Hg). March-Thaya-Auen – Natur erleben. Auersthal o. J.

Witt-Dörring, Christian. Die Möbelkunst am Wiener Hof zur Zeit Maria Theresias (1740–1780). Ungedr. Diss. Wien 1978

Wienerisches Diarium. Beilage 1–23. Wien 82/1754

Wlha, Josef. Architecturbilder aus dem k. k. Schlosse Hofe. 3 Bände zu je 25 Photographien. Wien 1885

Zedinger, Renate. Um die Seele von der Last des Herrschens zu erleichtern ... – Franz I. Stephan und Maria Theresia in Schloss Hof. In: Hanzl-Wachter, Lieselotte (Hg.), Schloss Hof – Prinz Eugens tusculum rurale und Sommerresidenz der kaiserlichen Familie. S. 16–23. Wien 2005

Quellen:

Österreichisches Haus-, Hof- und Staatsarchiv, Wien. Herrschaftsarchiv Hof an der March. Bd. 3, 4, 36, 38, 39, 42, 43, 45, 47, 49, 50, 56, 73

Österreichisches Haus-, Hof- und Staatsarchiv, Wien. Generaldirektion der Privat- und Familienfonde, Kt 338, Az 3067, Kt 345, Az 1438

Österreichisches Haus-, Hof- und Staatsarchiv, Wien. Gemeinschaftsarchiv Schloss Hof, Essling, Eckartsau und Orth. Kt 6

Onlinequellen:

WWF Auenreservat und Storchenparadies Marchegg, Factsheet. Online unter: http://www.wwf.at/de/view/files/download/showDownload/?tool=12&feld=download&sprach_connect=1240 (15.9.2016)

KURIER, Erfolgreicher Brückenschlag über die March in die Slowakei. Online unter: https://kurier.at/chronik/niederoesterreich/erfolgreicher-brueckenschlag-ueber-die-march-in-die-slowakei/771.081 (10.9.2016)

Nationalpark Donau-Auen, Geschichte. Online unter: http://www.donauauen.at/der-nationalpark/geschichte/ (15.9.2016)

Nationalpark Donau-Auen, Zahlen, Daten, Fakten. Online unter: http://www.donauauen.at/der-nationalpark/zahlen-daten-fakten/ (15.9.2016)

Schloss Marchegg. Online unter: http://www.schloss.marchegg.at/de/sehenswertes/storchenkolonie (27.08.2016)